乡村振兴战略下的
乡村旅游发展与治理路径研究

杨光明 ◎著

中国书籍出版社
China Book Press

图书在版编目（CIP）数据

乡村振兴战略下的乡村旅游发展与治理路径研究 / 杨光明著 . -- 北京：中国书籍出版社，2023.11
ISBN 978-7-5068-9664-1

Ⅰ.①乡… Ⅱ.①杨… Ⅲ.①乡村旅游 – 旅游业发展 – 研究 – 中国　Ⅳ.① F592.3

中国国家版本馆 CIP 数据核字（2023）第 229103 号

乡村振兴战略下的乡村旅游发展与治理路径研究

杨光明　著

丛书策划	谭　鹏　武　斌
责任编辑	李　新
责任印制	孙马飞　马　芝
封面设计	博健文化
出版发行	中国书籍出版社
地　　址	北京市丰台区三路居路 97 号（邮编：100073）
电　　话	（010）52257143（总编室）　（010）52257140（发行部）
电子邮箱	eo@chinabp.com.cn
经　　销	全国新华书店
印　　厂	三河市德贤弘印务有限公司
开　　本	710 毫米 × 1000 毫米　1/16
字　　数	246 千字
印　　张	15.5
版　　次	2024 年 1 月第 1 版
印　　次	2024 年 1 月第 1 次印刷
书　　号	ISBN 978-7-5068-9664-1
定　　价	89.00 元

版权所有　翻印必究

目 录

第一章 乡村振兴与乡村旅游发展 …………………………………… 1
第一节 乡村振兴战略与乡村旅游研究 …………………………… 1
第二节 乡村振兴与乡村旅游发展的互动机制 …………………… 35
第三节 乡村振兴战略下乡村旅游的高质量发展 ………………… 43

第二章 乡村振兴战略下乡村旅游发展与治理的方向 ……………… 46
第一节 乡村振兴战略下乡村旅游规划与开发 …………………… 46
第二节 乡村振兴战略下乡村旅游规划的内容 …………………… 57
第三节 乡村振兴战略下乡村旅游规划的路径 …………………… 59
第四节 乡村振兴战略下乡村旅游规划的实践 …………………… 67

第三章 乡村振兴战略下乡村旅游发展与治理的创新模式 ………… 84
第一节 乡村振兴战略下乡村旅游供给推动型模式 ……………… 84
第二节 乡村振兴战略下乡村旅游需求拉动型模式 ……………… 91
第三节 乡村振兴战略下乡村旅游环境推动型模式 ……………… 97
第四节 乡村振兴战略下乡村旅游混合驱动型模式 ……………… 102

第四章 乡村振兴战略下乡村旅游发展与治理的技术、动力与保障 … 108
第一节 乡村振兴战略下乡村旅游发展与治理的技术 …………… 108
第二节 乡村振兴战略下乡村旅游发展与治理的动力 …………… 119
第三节 乡村振兴战略下乡村旅游发展与治理的保障 …………… 136

第五章 乡村振兴战略下乡村旅游发展与治理的实施策略 ………… 158
第一节 乡村振兴战略下乡村旅游品牌塑造 ……………………… 158
第二节 乡村振兴战略下乡村旅游产业融合 ……………………… 168
第三节 乡村振兴战略下乡村旅游文化发展 ……………………… 199
第四节 乡村振兴战略下乡村旅游环境营造 ……………………… 205

第六章 乡村振兴战略下云南乡村旅游发展与治理的实践探索 219
  第一节 乡村振兴战略下云南乡村旅游发展的治理措施…… 219
  第二节 乡村振兴战略下云南乡村旅游发展的实践案例…… 223

结 论…………………………………………………………… 236

参考文献………………………………………………………… 238

第一章 乡村振兴与乡村旅游发展

中国是一个农业大国,"三农"问题一直是社会发展中的突出问题。民族要复兴,乡村必振兴。乡村振兴战略是党的十九大提出的一项重大战略,是关系全面建设社会主义现代化国家的全局性、历史性任务,是新时代"三农"工作总抓手。在我国实施乡村建设的进程中,乡村旅游发挥了独特而巨大的作用,被证明是乡村振兴的一条高效之路。乡村振兴战略实施和乡村旅游高质量发展有着高度的契合性。因此,本章首先阐述乡村振兴战略与乡村旅游的基础知识,进而探讨乡村振兴与乡村旅游发展互动机制,最后分析乡村旅游的高质量发展。

第一节 乡村振兴战略与乡村旅游研究

一、乡村振兴战略

(一)乡村振兴研究情况

1. 国外研究

"乡村振兴"提法新颖,国外没有直接称谓的研究成果,但与实施乡村振兴战略内涵相近的涉及农村问题的研究较早,在查阅文献资料过程中,主要参考日本、韩国、美国学者对推动乡村振兴方面的系列研究,比如对韩国的新村运动和日本的造村运动研究。

（1）在农业转型发展和农业经济发展方面

美国学者西奥多·舒尔茨（Theodore W. Schultz）认为，小农经济是无法支持国家的经济增长，应当把弱小的传统农业改造成为有较高生产率的经济部门，这就要求必须把传统农业改造为现代农业，即通过采用市场方式调动农民积极性，并向农业投入新的生产要素和新技术来实现农业现代化[①]。

（2）在农业技术进步方面

日本学者速水佑次郎和美国学者弗农·拉坦（Vernon W. Ruttan）提出的"诱导创新理论"认为，农业发展的目的就是为了加速产出和加快生产率[②]。因此，农业生产率希望得到快速的增长，其中一个重要的条件就是技术的创新和制度的改革。

（3）在城乡发展方面

英国学者埃比尼泽·霍华德（Ebenezer Howard）提出，城乡分离的结构会逐步被城乡一体的结构所取代[③]。城市和乡村都既有优点又有缺点，城乡一体的新社会才能扬长避短达到最好的结果。

（4）在乡村振兴的要素方面

美国学者 Gladwin C. H., Johnson T. G., Korsching P. 等通过大量研究认为农民创业精神、发展农村金融、协助治理等是农村振兴的关键所在[④]。韩国学者郑起焕（2006）在他的研究中提出，韩国新村运动之所以成功，是因为它发起是基于农村地区的居民自治机制，而且期间政府还通过行政手段从政策、资金上给予了支援，进一步激发了居民参与自治的内生动力[⑤]。

[①] （美）西奥多·舒尔茨（Theodore W. Schultz）著，梁小民译. 改造传统农业 [M]. 北京：商务印书馆，1987.
[②] （日）速水佑次郎，（美）弗农·拉坦（Vernon W. Ruttan）著，郭熙保、张进铭等译. 农业发展的国际分析 修订扩充版 [M]. 北京：中国社会科学出版社，2000.
[③] （英）埃比尼泽·霍华德著. 明日的田园城市 [M]. 北京：商务印书馆，2010.
[④] Gladwin C. H., Gladwin C. H., Long B. F., Babb E. M., et al.Rural entrepreneurship:One key to rural revitalization[J].American Journal of Agricultural Economics,1989,71（5）.
[⑤] 郑起焕. 农村发展的新途径：韩国新村运动实例研究 [C]. 中国新农村建设：乡村治理与乡镇政府改革（2006 乡村治理与乡镇政府改革国际研讨会：论文专辑），2006.

2. 国内研究

习近平总书记强调,要优先发展农业农村,全面实施乡村振兴战略,将乡村振兴作为解决乡村地区发展不充分不平衡的主要途径。随着社会经济发展,农业农村问题研究已经成为政治学、行政学和管理学的综合研究。自乡村振兴战略提出以来,国内外学者对"乡村振兴"进行了广泛的研究,并且形成了相当丰富的建设性意见。从内容上看主要分为以下几个方面。

(1)对乡村振兴战略的时代背景及现实意义研究

如秦中春(2017)指出,从历史角度看,乡村振兴战略站在新的历史方位上总结了过去,规划了未来,为继续推进城乡一体化发展提出了新要求,为我们描绘了一幅乡村发展新蓝图。从实践角度看,乡村振兴战略是立足我国社会主要矛盾,回应老百姓所盼所想,始终坚持以人民为中心的发展理念,着力解决建设现代农业、建设社会主义新农村和提高农民生活质量等遇到的现实问题。[①] 范建华(2018)指出,实施乡村振兴战略的本质是回归并超越乡土中国,其本身是对近代以来革命先烈等爱国仁人志士理想的延续和发扬,核心是从根本上解决"三农"问题。[②]

(2)对乡村振兴战略的内涵、路径及对策研究

如廖彩荣、陈美球(2017)指出,乡村振兴战略是以习近平同志为核心的党中央领导集体,在我们主要社会矛盾发生改变的历史背景下,围绕"三农"问题,为聚力建设现代化的农业农村,加快推动我国从农业大国转变为农业强国而制定的重大战略。深入推进实施乡村振兴战略要坚持顶层设计,制定科学的战略规划;强化制度保障,统筹推进"五位一体"总体布局,协调推进"四个全面"战略布局;坚持以人民为中心,紧紧依靠群众;盘活各方面要素,特别是让人财物等要素充分流动起来;抓好工作部署落实,确保乡村振兴战略行稳致远。[③] 刘合光(2018)指出,当前关于新农村建设的路径探讨,主要集中在两个层面,一是农村内部,主要是以制度改革为中心,盘活土地等自然资源,完善户籍等相

[①] 秦中春.实施乡村振兴战略的意义与重点[J].新经济导刊,2017(12).
[②] 范建华.乡村振兴战略的时代意义[J].行政管理改革,2018(2).
[③] 廖彩荣,陈美球.乡村振兴战略的理论逻辑、科学内涵与实现路径[J].农林经济管理学报,2017,16(6).

关制度;二是农村外部,主要是通过逐步构建新型城乡关系,发挥城市现代对农村地区的辐射和带动作用。①唐任伍(2018)指出,要通过深化农村体制机制创新和改革,运用现代科学技术加快推进农业现代化,用社会主义核心价值观建设现代乡村文明,逐渐缩小城乡差距,构建城乡命运共同体,建立现代乡村治理体系等方式来实现乡村振兴。②

(3)对乡村振兴战略细分领域的专题研究

按照乡村振兴战略20字总要求,围绕乡村振兴战略与生态文明建设、乡村旅游、农村土地流转、乡村基层治理、文化发展等主题,学者进行了大量研究,如张小乙(2017)指出,要从农村基础设施,乡村医疗、教育等公共服务能力等硬环境和治安环境等软环境优化乡村营商环境。③韩俊(2017)指出,要以完善产权制度和要素市场化配置为重点,进一步深化农村改革;要实施"藏粮于地、藏粮于技"战略,保护并优化粮食产能;加快我国农业生产从资源消耗型往绿色生态发展型的转型步伐;利用好国内、国外市场和资源,构建农业发展新格局。④朱启臻(2017)指出,乡风文明对建设产业兴旺、生态宜居、治理有效以及生活富裕的乡村发生着重要影响,是乡村振兴的重要保障。⑤

(二)乡村振兴概念解析

农业、农村、农民"三农"是事关国计民生的大问题。改革开放初期,农村家庭联产承包责任制的推行,实现了农业的持续增产,基本解决了农民的吃饭问题。20世纪八九十年代乡镇企业的异军突起,为农村经济快速发展,农民大幅增收作出了突出贡献。进入21世纪,攻坚"三农"问题继续成为中央重中之重的工作。2004年以来,中央一号文件连续15次以"三农"为主题,体现了党中央举全国之力解决"三农"问题的信心和决心。2005年,党的十六届五中全会提出的社会主义新农村建

---

① 刘合光.乡村振兴战略的关键点、发展路径与风险规避[J].新疆师范大学学报(哲学社会科学版),2018,39(3).
② 唐任伍.新时代乡村振兴战略的实施路径及策略[J].人民论坛·学术前沿,2018(3).
③ 张小乙.环境优化先行:乡村振兴的突破口[J].决策,2017(12).
④ 韩俊.农业供给侧结构性改革是乡村振兴战略的重要内容[J].中国经济报告,2017(12).
⑤ 朱启臻.乡风文明是乡村振兴的灵魂所在[J].农村工作通讯,2017(24).

设战略,制定了"生产发展、生活富裕、乡风文明、村容整洁、管理民主"的工作方针,其突出的成果是大大优化了农村地区的公共设施和生产生活条件。经过改革开放四十年的建设,我国农村面貌有了很大改善;以世界7%的耕地,养活了占世界22%的人口;农民年人均纯收入也在2015年首次突破万元大关。虽然我国"三农"工作成绩显著,但不容忽视的是,农业对农村经济拉动的作用依然有限,农村对各类生产要素的吸引力依然有限,农民致富奔小康的支撑条件依然有限。正是在这样的背景下,2017年,习近平总书记在党的十九大报告上正式提出了乡村振兴战略;2018年出台的中央一号文件中共中央国务院《关于实施乡村振兴战略的意见》(以下简称《意见》)提出"到2020年,乡村振兴取得重要进展,制度框架和政策体系基本形成;到2035年,乡村振兴取得决定性进展,农业农村现代化基本实现;到2050年,乡村全面振兴,农业强、农村美、农民富"的奋斗目标。可以说,乡村振兴战略既是党中央新时期解决"三农"问题的宣言书,也是团结各方面力量决战"三农"问题的动员令。2018年7月,中共中央、国务院又印发了《乡村振兴战略规划(2018—2022年》,标志着乡村振兴开始全面实施。作为多年来困扰中国现代化的瓶颈性问题和事关社会稳定、国家富强、民族复兴的根本性问题,需要重点从路径选择、产业定位、治理变革、政策创新四个方面进行突破。

1.路径选择

"三农问题"的解决,不能就"三农"说"三农",而需要站在国家城乡发展的总体布局下来审视。中华人民共和国成立后相当长一段时期,为实现国家经济的快速发展,我们通过计划经济的手段,强行将农村资源向城市转移,由此实现了国家初步的工业化和城镇化。一方面,随着中国经济的快速发展和综合国力的增强,国家有能力系统地解决"三农"问题;另一方面,中国要实现全面现代化和未来可持续的发展,也需要采取更加有力的措施来弥补"三农"这块短板。而中国城镇化的发展,为新时期解决"三农"问题提供了新的可能,但是也对采取什么样的路径来解决"三农"问题带来了新的困惑。因此,乡村振兴战略首先就面临城镇化进程中路径选择的问题,这就是要以城镇化为"主旋律",还是要以立足乡村自身发展为主,来解决"三农"问题。

2001年加入世界贸易组织之后,中国城镇化进入高速发展期。正因为如此,2002年党的十六大报告提出的思路,更偏向于以城镇化为主来解决"三农"问题,因此强调"农村富余劳动力向非农产业和城镇转移,是工业化和现代化的必然趋势","消除不利于城镇化发展的体制和政策障碍,引导农村劳动力合理有序流动";也特别强调发挥小城镇在解决"三农"问题上的主力军作用。

2007年,发展思路又有了新的调整,党的十七大旗帜鲜明地提出"统筹城乡发展,推进社会主义新农村建设",从空间上明确要像城镇一样,把农村作为发展的重点,这就意味着"三农"问题不能脱离开乡村自身而得到解决;而在具体的策略上,大体采取了各种统筹均衡的思路,提出"建立以工促农、以城带乡长效机制,形成城乡经济社会发展一体化新格局";与此同时,中央也加大了对农村地区的投入力度,初步遏制了农村加速衰败的进程。

2012年,党的十八大报告对"三农"工作的部署总体上延续了十七大报告的思路,明确提出"城乡发展一体化是解决'三农'问题的根本途径",同时也要求"坚持把国家基础设施建设和社会事业发展重点放在农村,深入推进新农村建设和扶贫开发,全面改善农村生产生活条件。"

进入新时期,中国城乡发展出现了新的变化。

第一,城镇化的进程开始逐渐放缓,城市吸纳农村劳动力的能力开始减弱。随着资本有机构成的提高,单位投资吸纳就业数量减少是经济发展的普遍规律。同时,伴随人工智能等高新技术的发展,城镇居民自身也面临很大的就业压力,农村人口的就业空间无疑将变得更为狭窄。此外,随着中国经济进入新常态,能提供的就业岗位也在减少。

第二,大量进城农民工还没有真正在城镇落户,这部分群体能否真正进入城镇,还存在不少变数。在目前房价高企、就业压力增大的情况下,这部分群体最终是留在城镇还是回到农村很难确定。

第三,由于近年来国家在农村的持续投入,使得农村的人居环境和交通状况都有了很大改善,和发达国家相似的逆城市化现象也开始出现。

第四,作为一个拥有14亿多人口的大国,中国很难完全照搬人口相对较少的美国、日本等发达国家通过90%以上的城镇化率实现农业人口转移的道路,这就意味着未来在相当长一段时间内,中国还将有大量的人口把农村作为生产生活的主要场所。

正是基于这些情况,在2017年党的十九大报告中,正式提出"实施乡村振兴战略",并明确要求"农业农村优先发展"。按照这一方针,中央的"三农"工作策略实际上开始转变为通过促进乡村自身发展为主来解决"三农"问题,这既是中央的主动选择,也是客观现实的要求。尽管十九大明确了战略方向,但也应该看到,乡村振兴还是面临诸多的困难和挑战。

第一,乡村没有城市的规模和聚集效应,因此在经济效率上明显低于城市。虽然互联网为分散式经济发展提供了广阔的空间,但是如何在中国广大的农村提高经济效益依然是一个极具挑战性的问题。

第二,由于农村人口较少,公共服务设施的利用率大大低于城市,大规模地投入公共设施建设在经济上并不合算。正因为如此,尽管近年来国家在农村公共设施上投入很大,但基本上还是在弥补过去多年来的欠账,与城市的公共服务水平相比,农村的差距依然很大。

第三,在我国人多地少、农村经济活力未能得到充分释放的大背景下,很难留住农村的青壮年劳动力;加之在教育、医疗等公共服务领域的严重滞后,农村地区也很难吸引到外面的优秀人才。而没有优秀人才和优质劳动力的流入,乡村地区就难以获得持续增长的动能。

第四,尽管中央确定了农业农村优先发展的方针,但是国家和地方的财力依然要兼顾城市以及小城镇的投入,由于乡村地区投入周期长,回报收益慢,在当前地方债务高企的背景下,究竟能有多少资金投入乡村,依然存在很大的不确定性。

在这样的前提下,如何整合各方面的力量,将中央决策部署变成全社会共同的行动,最终激发出促进乡村发展的内生动力,将成为实施乡村振兴战略的关键所在。

2. 产业定位

产业发展是乡村振兴的重要前提。没有产业支撑乡村经济发展,没有产业发展创造更多就业岗位,仅仅靠国家财政资金投入来改善乡村环境,乡村振兴难以持续。正因为如此,"产业兴旺"被作为乡村振兴二十字方针的第一条。面对制约当前乡村振兴中"产业空心化"的突出矛盾,迫切需要结合市场趋势和乡村实际,找准产业定位,为乡村振兴提供源源不断的经济活力。

乡村产业发展，农业是根本。按照《意见》的要求，"产业兴旺"的首要任务是加快构建现代农业产业体系、生产体系、经营体系，加快实现由农业大国向农业强国转变。作为一个拥有14亿多人口的大国，中国的农业生产绝不仅仅是一个经济问题，更是一个政治问题。有鉴于此，中央明确提出要"确保国家粮食安全，把中国人的饭碗牢牢端在自己手中"。

但是，虽然中央提出了发展现代农业的一系列举措，但是以农业为主体的乡村也很难像城市一样成为经济的主战场。除此之外，乡村地区农业发展还面临提高农业生产效率和保持农村社会稳定的两难选择。必须正视的一个问题是，我国农业还承担着对数亿农民生活保障的任务，因此我们又不能简单模仿美国，一味追求农业经济效率，走大农场经济的道路，而只能选择"促进小农户和现代农业发展有机衔接"这具有中国特色的农业发展模式。因此，尽管农业还有很大发展潜力，但是在乡村振兴中农业最应该扮演的是"稳定器"的角色，很难主要承担起"产业兴旺"的重任。

从农业社会向工业社会演进，通过大工业发展推动人口在城镇聚集，是人类社会发展的普遍规律。这就意味着城市主要是工业发展的产物，乡村并不适宜大规模发展工业。但中国的发展路径比较特殊，由于过去的短缺经济和城乡二元体制，随着经济的逐步放开，自20世纪八九十年代起，一大批乡镇企业异军突起，成为国民经济的生力军，也迅速成为乡村地区的主导产业和农民增收的主要渠道。

鉴于仅靠农业和工业很难实现乡村产业兴旺，同时伴随中国从工业化中后期向后工业化社会跃进，中央越来越关注第三产业在乡村经济发展中的作用。在2015年中央一号文件中，首次提出推进农村一、二、三产业融合发展的思路。在此后三年的中央一号文件中，这一思路不断强化和深化，这也为未来乡村产业兴旺指出了新的方向。

乡村旅游和休闲农业的发展，不仅激活了乡村服务业的发展，也为一、二产业的发展开辟了新的市场。同样，在中国大陆，乡村旅游也成为近年来乡村产业发展的一大亮点。从中国目前农村发展的情况看，第三产业在促进乡村产业兴旺上的巨大潜力还远没有释放出来。未来一、二、三产业融合发展，不应该是没有主次的产业融合，而应该是以旅游、养老、电商等第三产业作为引领产业，通过吸引更多市场、资本、人才等资源向乡村汇聚,进而带动一、二产业发展的融合。当然,要在中国所有60万个村庄同步实现产业兴旺是一项不可能完成的任务。未来可行的产业发展路径,应该是依据不同的资源禀赋和市场定位,支持部分重点村率先发展特色产业,并促进乡村地区产业分工和农村劳动力在乡村之间的流动;同时,以产业为导向逐步实现乡村的重新整合,适度减少村庄数量;通过先富乡村带动后富乡村,最终实现共同富裕。

3. 治理变革

乡村治理是国家治理的基石。在中国漫长的君主专制时代,乡村治理更是关系到帝国的根本。尽管皇权不下县,但基于儒家思想的宗族治理依然在分散的乡村构建出一种超稳定结构。1949年中华人民共和国成立后,国家治理的重心主要放到城市,乡村更多被当作城市的附庸。在急速工业化、城镇化进程以及暴风骤雨的土改中,旧的乡村治理结构被摧毁,新的有效的乡村治理结构却没有建立起来。乡村治理失序,成为乡村衰败的一个重要原因。正因为如此,中央的乡村振兴战略把"治理有效"放到重要位置,并提出了建立"党委领导、政府负责、社会协同、公众参与、法治保障"的现代乡村社会治理体制目标。而实现治理变革,需要特别关注治理主体、治理方式和治理重点三个方面的问题。

没有有效有力的治理主体,就不可能实现乡村的有效治理。在中国乡土社会,由于有官员告老还乡以及耕读传家等传统,使得一批乡村精英能够成为治理的主体。伴随城乡差距的持续扩大,一批乡村精英通过外出求学的方式"跳出农门";此后一大批农民工通过外出打工远离农村,留在乡村的基本是老年人和妇女儿童。乡村精英的缺失,成为当下乡村治理中最大的难题。面对这一问题,国家层面采取了一系列措施。在《意见》中,明确提出党政一把手是第一责任人,五级书记抓乡村振兴的领导体制,这为乡村治理提供了强有力的外部支持。除此之外,近年来,中央还通过选派干部到贫困村担任第一书记,动员大学生到农村担任"村官"等方式为乡村治理提供人才支撑,这也在实际工作中发挥了积极作用。但是第一书记在农村工作时间只有一到三年,很难在乡村治理中持续发挥作用;而多数到乡村"镀金"的"大学生村官"由于缺少工作经验,也很难成为乡村治理的主力军。虽然部分高校毕业生、机关企事业单位优秀党员干部可能成为农村发展的带头人,但在多数乡村要实现振兴,带头人主要还应该在村一代、村二代中产生,而这其中最大的主体应该是具备一定市场经验的返乡农民工。

乡村治理的变革,还涉及治理方式的改善。目前中央的思路是通过自治、法治、德治的"组合拳"来治理乡村。在自治环节,比较核心的问题是权力的产生及监督。《意见》提出,推动村党组织书记通过选举担任村委会主任,虽然这一方式有利于更好地推动村务工作,但这也会在一定程度上造成党的领导和乡村民主之间的冲突和矛盾。如何在实际工作中化解这一矛盾,还需要做进一步的探索。而在乡村民主意识薄弱、民主经验不足的情况下,如何建立简洁、有效的监督机制也还需要结合实际逐步建立和完善。在法治和德治环节,主要的挑战来自确定二者之间的边界和主次。在传统中国乡村,由于是熟人社会,在祖祖辈辈生活的土地上,德治的感召力和震慑力很强。但在人口快速流动的现代社会,法治才是最有效的治理方式。目前中国的乡村正在加速演进,德治的力量已经弱化,但是法治的意识还没有很好地建立起来。因此是以恢复乡规民约、重新倡导新乡贤的德治作为主攻方向,还是以法治为主要方向,仅仅把德治作为特定发展时期的权宜之计,也是一个两难的选择。在目前这样一个过渡阶段,增强村民的法律意识,用法治来保底线,同时在此基础上重建符合现代文明要求的新道德、新风尚应该成为努力的方向。

乡村治理内容庞杂,这其中的重点是要在乡村振兴中实现利益的共建共享。过去乡村治理的主要任务是征收农业税、计划生育等事务;随着农业税取消、计划生育政策放开,现在乡村治理更多涉及土地流转、农业补贴、集体经济管理等方面的内容,而这些主要都与农民的经济利益息息相关。从一些成功地区的经验看,让更多村民共享乡村经济发展的收益是比较普遍的做法。比如,在山东的中郝峪村,首先让村民以房屋、山地、山林等资源作价入股,筹建成立了"幽幽谷旅游开发公司",每个村民股东一年之内有四次股份分红的机会;其次是帮助农户参与接待住宿或经营餐饮,年底按照合同参与公司分成,进而使村民能获取一部分经营性收入。

当然,面对中国乡村复杂的情况,外来资本进入乡村也有很多顾虑和风险。在这样的背景下,需要进一步明确政府、外来投资商、村集体、村民个人的责权利,将各方面的利益协调起来,才能形成乡村振兴的合力。

4. 政策创新

在市场经济条件下,资金、技术、人才的天平天然地会向城市倾斜,因此,没有强有力的政策支持措施,乡村振兴只能成为一句空话。在当前乡村振兴成为国家重大战略,农业农村优先发展成为基本原则的背景下,迫切需要一系列的政策创新来扭转城乡发展不协调、乡村发展不充分的问题。这其中,财政、金融、土地政策是重中之重。

近年来,国家对乡村发展的财政投入明显增多,2013—2017年,仅农林水支出科目,全国一般公共预算累计安排就超过8万亿元。财政投入力度的加大,极大地改变了农村的基础设施和人居环境。但由"三农"问题欠账太多,有限的财政投入和巨大的乡村发展需求之间仍然有不小的差距。除此之外,财政资金使用效率不高、财政支持渠道单一、经济欠发达地区财政支农动力不足等一系列问题依然突出。

未来除了要通过立法的方式来明确中央预算内投资优先向农业农村倾斜、地方各级财政对农业投入增幅高于经常性收入增幅等"硬约束"之外,还特别需要提高财政资金的使用效率。具体而言,财政资金的投入首先应该"保底线"。在江浙沪等经济发达地区,由于地方财政资金较为宽裕,社会资金参与度较高,美丽乡村建设取得了很大的成就;但在广大中西部地区的乡村,由于城镇化进程和经济发展相对滞后,以城带乡、以工促农力度明显低于东部经济发达地区。同样,在中西部地区,由于资源、市场、区位等条件不同,乡村发展也存在很大的差异。在当前扶贫攻坚的关键阶段,各级财政资金应该起到"兜底"的作用,用于弥补乡村振兴中最大的"短板"。

其次,应该"抓整合",加强涉农资金部门间整合与行业间资金统筹。目前各个相关部门都在投入资金参与乡村振兴,但是由于部门本位主义的存在,使得涉农资金的使用很难与地方的具体需求有效结合起来。因此,有必要加强统筹协调,发挥各自的优势,提高资金使用效率。最后,应该"重引导",要处理好政府和市场之间的关系,尽量发挥财政资金的撬动功能,积极探索财政资金贴息、奖补、保费补贴、风险补偿和设立专项基金等方式,引导金融和社会资本投入"三农"建设,发挥财政资金"四两拨千斤"的作用。

除了财政,金融也是制约乡村振兴的主要"瓶颈"。由于乡村经济发育滞后,使得农村在和城市竞争金融资源时,处于明显不利的地位。因此,要激励和约束政策并举,推动金融资金流向农村。

一是要实行奖励政策,鼓励商业性金融机构增加涉农贷款;探索符合乡村特征的抵押、质押政策,增加金融机构的贷款意愿;同时要放宽涉农不良贷款的容忍度,创新涉农贷款尽职免责等政策措施,降低金融机构的风险。

二是强化国家开发银行、中国农业发展银行等政策性银行在乡村振兴中的金融主体责任,要明确一定信贷比例专项用于乡村振兴;同时要把中国农业银行、中国邮政储蓄银行"三农"金融事业部、农村信用社等涉农金融机构支持乡村振兴的资金比例作为评估其业绩的重要尺度。除了外部金融的支持之外,乡村振兴还需要激活内部的金融动力。像李昌平等人倡导的村社内置金融模式,将村庄与合作社的内生的、具有合作性质的农村信用体系与乡村治理体系结合起来,既建立起了村民自己的金融组织,同时也实现了小农户的再组织化,在实践中取得了不错的成效。未来应该探索多种模式,推动外部金融与内部金融的联动与互补,为乡村振兴提供强有力的金融支持。

土地是农村最大、最具潜力的资源,在乡村振兴中,最核心、关注度最高的是土地政策。在党的十九大上,习近平总书记正式宣布第二轮土地承包到期后再延长30年的政策,让农民吃了一颗"定心丸"。应该说,现有的土地政策有效地解决了农民的生存问题,下一步政策创新的重点应该是如何让更多农民依托土地资源走上富裕的道路。目前中央采取的是一种渐进式的土地改革思路,即在严格保护耕地的前提下,通过试点盘活农村集体经营性建设用地和宅基地等建设用地,以逐步释放土地的经济价值。鉴于农村土地问题的复杂性,在保持乡村土地政策相对统一和土地改革可控的基础上,应该探索更加灵活的政策措施,提高政策的精准性和可操作性。比如,对经济发达地区和经济欠发达地区的土地、对城郊和边远山区土地、对进城农民和留守农民的土地、对发展不同类型产业的土地都应该有不同的政策。除此之外,还应该加快改变土地出让收益取之于乡、用之于城的状况,把主要的土地增值收益用于脱贫攻坚和乡村振兴。

乡村振兴是一项系统工程,只有既正视问题、实事求是,又解放思想、攻坚克难,才能在困境中找到出路,通过创造性的工作来实现乡村振兴的宏伟目标!

第一章　乡村振兴与乡村旅游发展

（三）乡村振兴的目标

实施乡村振兴战略的目标任务见图 1-1。

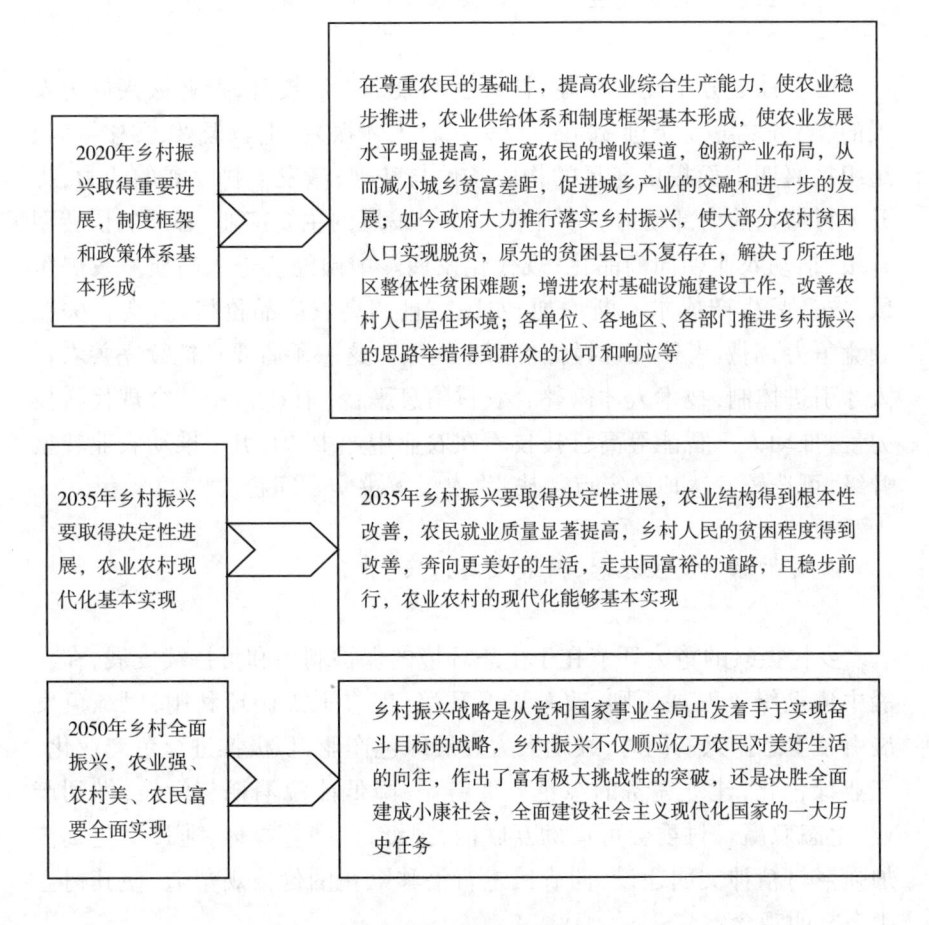

2020年乡村振兴取得重要进展，制度框架和政策体系基本形成	→	在尊重农民的基础上，提高农业综合生产能力，使农业稳步推进，农业供给体系和制度框架基本形成，使农业发展水平明显提高，拓宽农民的增收渠道，创新产业布局，从而减小城乡贫富差距，促进城乡产业的交融和进一步的发展；如今政府大力推行落实乡村振兴，使大部分农村贫困人口实现脱贫，原先的贫困县已不复存在，解决了所在地区整体性贫困难题；增进农村基础设施建设工作，改善农村人口居住环境；各单位、各地区、各部门推进乡村振兴的思路举措得到群众的认可和响应等
2035年乡村振兴要取得决定性进展，农业农村现代化基本实现	→	2035年乡村振兴要取得决定性进展，农业结构得到根本性改善，农民就业质量显著提高，乡村人民的贫困程度得到改善，奔向更美好的生活，走共同富裕的道路，且稳步前行，农业农村的现代化能够基本实现
2050年乡村全面振兴，农业强、农村美、农民富要全面实现	→	乡村振兴战略是从党和国家事业全局出发着手于实现奋斗目标的战略，乡村振兴不仅顺应亿万农民对美好生活的向往，作出了富有极大挑战性的突破，还是决胜全面建成小康社会，全面建设社会主义现代化国家的一大历史任务

图 1-1　实施乡村振兴战略的目标任务

(四)新时代乡村振兴战略的具体任务

1. 产业融合创新发展,促进产业振兴

由于社会分工逐渐明晰、社会生产效率不断提升,产业振兴成为发展的"当务之急"。产业兴旺可以为乡村人才振兴、生态振兴、文化振兴、组织振兴四方面提供充足的物质条件与基础,激发乡村发展的活力,提升乡村振兴的内部动力。农业作为乡村发展的主要产业,必须加快转型升级,推动农业朝向商品化、现代化发展。中国经济进入高质量发展阶段,农产品生产成本不断增加,农民一旦调高农产品价格,就会丧失核心竞争力,消费者往往选择低价商户购买。这一矛盾要求持续完善农村人才引进体制,技术人才需整合农村信息平台;在生产中结合现代科技力量,推动人工智能等高科技技术在农业生产中的应用;推动农业转型升级,可选较发达地区定点帮扶,为农民解决实际问题。

2. 贯彻绿色发展理念,促进生态振兴

乡村振兴的重大环节在于生态环境的保护利用和可持续发展,在发展中遵循绿色发展原则,改善城乡环境、促进资源循环利用,以绿色发展引领生态振兴。同时,鼓励大力发展绿色产业,积极推进绿色产业化、产业绿色化,建立完备的绿色产业链条,降低能源消耗与污染,做到产业、生态双赢。村委会可借助互联网、报纸、广播等媒体,通过文化宣传加强乡村精神文明建设,向农民进行潜移默化的价值观塑造,使其树立生态文明观念。[①]

3. 加强乡风文明建设,促进文化振兴

乡风文明是乡村振兴的象征。在乡村中培育和践行社会主义核心价值观,使传统文明与现代文明融合发展。为继承与发扬农村本土文化

[①] 胡俊生,王彦岩.新时代乡村振兴战略的内在逻辑研究[J].农业经济,2022(12).

和农耕文明,应合理使用乡村现有文化资源,提升乡村社会整体文明水平。不断补齐农村发展的"文化短板",注重对各地方优秀风俗的传承与保护,重视对农业、林业、牧业、渔业等产业文明的保护,让农民真正有家园的归属感,增强凝聚力和向心力,实现农村公共文化建设与农民的日常生产生活相融合。

4. 发挥党组织作用,推动基层干部人才振兴

习近平总书记强调,实现乡村振兴战略,关键在党组织。[①]在"三农"问题中,党起着总揽全局、协调各方的作用。农村基层党组织的党员干部肩负着巨大使命,这就更需要他们发挥坚韧不拔、吃苦耐劳、冲锋在前、享乐在后的战斗精神以及先锋模范带头作用,而基层党组织也更应该成为一个强大的战斗堡垒,坚决把党的农村工作各项方针以及决策路线落实到位。此外,培养一支扎根农民的、对农村有着深厚感情的高素质高水平农村党员干部队伍也格外重要,壮大农村干部队伍、培养高素质农村干部,同时提高党员干部的待遇,出台政策吸引高学历高水平人才到乡村帮扶,这些措施都有利于乡村振兴战略的实施。

(五)新时代乡村振兴战略的时代价值

乡村振兴战略是中共中央、国务院提出的重要发展战略,目的是解决"三农"问题,使农民构成多元化、农业发展多样化、农村发展包容化,对实现中华民族伟大复兴中国梦具有十分重大现实意义和深远历史意义。

1. 新时代乡村振兴战略的理论创新价值

(1)创新马克思、恩格斯的城乡融合观

乡村振兴战略既是马克思、恩格斯农民、农村、农业思想在中国的体现,更是对马克思、恩格斯"三农"思想的补充与创新。中国共产党的城乡融合观建立在马克思主义城乡融合观之上,依据中国实际情况产生,

---

① 鲁杰,王帅.乡村振兴战略背景下农村基层党组织的定位、困境与发展[J].西北农林科技大学学报(社会科学版),2021(6).

坚持中国特色并致力于解决中国问题。中国共产党的城乡融合理论是新时代乡村建设理论的重要组成部分。实施乡村振兴战略所构建的新型工农城乡关系,要将农业、农村问题放在第一位,从"以农哺工"到"以工哺农",城市带动乡村发展,加快农业、农村现代化。

(2)丰富中国特色社会主义理论体系

坚持以历史思维思考新时代中国乡村振兴。作为我国百年乡村建设的重要部分,乡村建设在每个阶段都有其特定的任务与目标。从民国开始,乡村建设的重点从重视农民文化教育转到农业配套设施建设,再到农民减负问题。21世纪后,农村生活环境也被纳入乡村建设中来。党的十九大后,公共服务的均等化、乡村文化旅游也得到了重视。

2. 新时代乡村振兴战略的现实指导意义

(1)为解决我国"三农"问题指明了方向

"三农"问题是事关国计民生的根本问题。没有农业、农村的现代化,就没有中国现代化。实施乡村振兴战略是解决"三农"问题的重要途径,同时是科学发展观在农业农村领域的延伸,为乡村发展规划发展蓝图,促进乡村高质量发展。

(2)为全球消灭贫困提供新方案

乡村振兴战略是中国为全球消灭贫困、消除贫困人口提供的一种全新解决思路,它彰显了中国特色。在中国,"三农"问题,究其根本仍是发展不平衡不充分的问题,而这一问题的解决事关当今中国社会主要矛盾的解决,因此乡村振兴战略是必须长期坚持的国策。同时,作为具有中国特色的"减贫方案",乡村振兴战略向世界上其他国家彰显着社会主义制度的优越性。

(六)新时代乡村振兴战略的实现路径

乡村振兴战略是新时代我党开展乡村振兴工作的重要指导方针。目前,我国乡村振兴战略在实施过程中存在一些问题,也面临着一些挑战,党中央针对这些问题,从全面深化改革促进农业农村发展、实现共同富裕、巩固脱贫攻坚战成果等方面,提出了诸多推进乡村振兴战略的意见与对策。

第一章 乡村振兴与乡村旅游发展

1. 坚持"以人为本",提高农民的参与度

作为乡村振兴战略实施的主要对象与最直接的受益者,农民是乡村振兴战略的主体,所以推进乡村振兴战略必须要树立以农民为治理主体、内部发展是主要推动力的观念,实现多元共治。在实施乡村振兴战略的同时,要加大对乡村地区人力、物资、财政的支持,赋予农民资产权益。在坚持农民主体地位的同时,也要从构建完善、快速、准确的信息反映渠道,提高农民满意度的社会调查等方面,建立以农民为主体的乡村振兴战略实施机制。

2. 深化农村重点领域改革

仅仅依靠种植农作物很难给农民带来更高的收入,政策的支持是农业快速发展的一条重要途径。深化对农村重点领域的改革,做到农业政策适时而变,因地制宜,紧跟时代发展的步伐,以此实现农村地区的可持续发展。此外,要深化农村集体产权制度改革,除了要保证农民日常的农业收入之外,还要分享增值收益、保护农民的合法权益,因此必须建立健全经济发展运行机制。此外,今后我国更应该大力发展农业科技,重视农民职业教育,提高农业机械化水平,实施退耕还林政策,坚守耕地面积红线,以此来实现农业的发展。

3. 巩固脱贫攻坚成果,做到脱贫不返贫

实施乡村振兴战略与打赢脱贫攻坚战具有密不可分的关系。共同富裕是社会主义的本质要求,摆脱贫困是勤劳朴实的中国人民自古以来的美好愿望。不论是"八个一批""十大工程",还是"六个精准",这些纲领性文件都为我国的精准扶贫指引了方向,指明了道路。建立"授人以渔"的长效扶贫机制,真正做到脱贫不返贫,如通过电商下乡来促进乡村产业发展、加大教育资源投入、点对点帮扶等,既扶贫也扶智,既富口袋也富脑袋,以此增强农村竞争力。

乡村振兴战略集历史性、复杂性、时代性于一体。立足于新时代的历史起点,乡村振兴战略不断在发展中焕发新的时代风采,以城哺乡、

以工哺农日渐成为中国发展的主线任务。中国共产党须坚持农业农村优先发展,按照乡村振兴的战略目标及基本任务,建立健全城乡融合发展机制和政策体系,推进乡村持续发展,加快解决"三农"问题的脚步。

二、乡村旅游

（一）乡村性

乡村性是游客所关注的、与都市风格不同的旅游资源特质,是吸引游客到来的决定性因素,是乡村旅游市场的卖点。关于乡村性的讨论,主要包括三个讨论点:(1)聚落形态:人口密度和住区规模;(2)经济状况:土地利用状况,以及农业和林业的地位;(3)社会文化:传统社会结构、社区身份和遗产(OECD,1992;Robinson,1990;Carter,1981)。

乡村性突出的地区,人口密度很低,居民点规模很小,而且相距很远。这些乡村地区存在着大片自然或半自然状态荒野以及未开垦的土地,耕地和森林主宰着聚落环境,经济活动以农业和林业为主导。弗林(Flinn,1982)指出了美国三种体现乡村性的传统社会结构:(1)小城镇社会:紧密团结,坚信民主,但往往不与自然密切接触;(2)农业社会:以家庭农业、农场生活和季节活动为基础;(3)乡村主义者:生活在城镇之外,重视开放空间,尊重自然和自然规律。[1]

鲁滨孙(Robinson,1990)认为,乡村性可以在一个滑动的尺度上进行评估,人口稀少的偏远地区是尺度的一个极端,而相反的极端为城市化地区。在这两个极端之间乡村性是渐变的,中间地带为城市最外边缘的郊区。[2]

乡村旅游发生于乡村地区,可以将其归纳为如下几点:(1)乡村空间辽阔,拥有自然资源和文化遗产的底蕴,具有传统社会特征;(2)乡村建筑和住区通常是小规模的;(3)乡村发展缓慢,且因为地理环境、历史文化和经济结构的不同而呈现出多样化的风格。乡村旅游不一定

---

[1] 王云才,郭焕成,徐辉林.乡村旅游规划原理与方法[M].北京:科学出版社,2006.
[2] 陈慧,马丽卿.基于游客感知的海岛乡村旅游产品开发研究——以舟山群岛为例[J].农村经济与科技,2017,28(5).

会体现出完全的乡村性特征,因为城乡一体化使有些乡村地区显示出一些城市特征,故有些乡村旅游目的地将会向大型城市度假村转变和发展。

在辽阔的乡村地域,由于远离工业化的浸染和大规模的来客造访,其自然资源和文化遗产的底蕴深厚且保存相对完整。乡村地区人口密度较低,表现出环境宽松、风景宜人、祥和宁静的氛围。由于长期的区位经济弱势,现代科技渗透不充分,都市化的影响较弱,乡村地域往往具有传统社会的特征。由于自然禀赋存在差异、历史发展进程不同、文化积淀形式多样化,乡村社会客观存在差异性和多样性。乡村旅游不一定会体现出完全的乡村性特征,因为城乡一体化使有些乡村地区显示出一些城市特征,故有些乡村旅游目的地将向大型城市度假村转变和发展。

"没有城市的城市文明"在美国日益发展,这源于受过教育的、独立工作的或退休的城市居民寻求乡村性而在乡村环境生活。这些新到农村的人们直言不讳地表达了对乡村性保护的意愿,特别关注以农业、林业、公园和小规模定居点为主的景观乡村性。很多农村地区妇女缺少工作机会,而旅游业历来能够为女性劳动力提供较多的就业岗位。因此,对于寻求就业的农村妇女来说,乡村旅游具有特殊的重要性。

乡村是人类早期聚居地,在人类发展史上具有"家"的属性。乡村自然风貌和长期的农业社会活动形成了内涵丰富的旅游资源,即乡村自然资源和乡村人文资源,其所蕴含的乡村性特质,在历史的描述中和人们的脑海中形成概念意象,即乡村意象,它由乡村认知意象和乡村情感意象两部分组成。乡村意象是乡村旅游资源的文化印记和心理共识,是乡村性特质抽象化集成的印象。而乡村意象进一步促成了乡村依恋情怀,即乡村依赖和乡村认同。这种乡村依恋情怀在乡村旅游者的心理活动中形成了旅游需求,进而体现为城市人溯源农耕文化地域、亲缘、血缘关系的旅游动机。

通过上述分析可知,乡村性的保持和提炼对于提升乡村游客原真性体验,促进乡村旅游健康发展具有重要意义。

中国已经完成了脱贫攻坚目标任务,在具有良好的交通条件和旅游资源条件的乡村地域,村民更加关注如何通过乡村旅游阻止返贫,并获得持续的旅游产业收益。都市居民在逆城市化思潮的影响下,更加关注和向往乡村地域良好的自然生态环境,并对其丰厚的历史文化和民俗风情怀有强烈的探究愿望。随着人们可自由支配收入的提高,在感知社会主义新农村崭新面貌的同时,乡村游客对乡村旅游管理水平和服务质量提出了更高要求。乡村旅游发展将由规模扩张进入质量提升时期,乡村旅游产品能否在质量上满足乡村游客的需要,成为乡村旅游市场竞争的关键点。

(二)乡村旅游研究情况

1. 国外相关研究

Ghazi J. M., Hamdollahi M. 等(2021)认为可以利用社会、历史、经济、文化的丰富性以及多样性的有利优势对矿产丰富的地区进行开发,强化发展旅游业为该地区提供多样化的就业机会。[①]Hevchenko H., Petrushenko M.(2021)提出乡村旅游是一种经济和环境活动,具有可持续和包容性,通过分析乡村旅游目标与可持续发展目标之间的联系,演绎发展的趋势以及可能性,使旅游业成为具有竞争力的相关服务市场。[②]Mwesiumo D., Halfdanarson J. 等(2022)通过多种方法收集数据,对可持续发展型乡村旅游开发项目的早期阶段进行了探索,通过定性分析,总结出发展初期实施的战术举措。[③]Dinis I., Simões O. 等(2019)提出旅游业在振兴乡村地区的作用得到了强调,旅游企业家及当地人民被认为是旅游发展进程中的核心力量,文章表明应更加关注个体企业及企业家在旅游发展进程中所发挥的作用。[④]Fleischer A., Tchetchik A.(2005)指出农村旅游企业作为农业的替代在农村地区发展起来,并

---

① Ghazi J M, Hamdollahi M and Moazzen M. Geotourism of Mining Sites in Iran: An Opportunity for Sustainable Rural Development[J]. International Journal of Geoheritage and Parks, 2021, 9(1).
② Hevchenko H., Petrushenko M. Rural Tourism within the Sustainable Development Goals: the Case of Ukraine[J]. SHS Web of Conferences, 2021, 95(1).
③ Mwesiumo D., Halfdanarson J. and Shlopak M. Navigating the Early Stages of a Large Sustainability-Oriented Rural Tourism Development Project: Lessons from Træna, Norway[J]. Tourism Management, 2022, 89(1).
④ Dinis I, Simões O, Cruz C, et al. Understanding the Impact of Intentions in the Adoption of Local Development Practices by Rural Tourism Hosts in Portugal[J]. Journal of Rural Studies, 2019, 72(1).

对旅游业和农业之间的相互关系在宏观层面上进行了讨论。[1]Kinya, Tamaki 等（2019）指出日本在地区振兴的框架下，推动地方可持续发展，并对日本旅游业可持续发展存在的问题进行讨论。[2]

2. 国内相关研究

（1）发展乡村旅游的重要意义

韩秀平（2021）提出在乡村振兴战略背景下，合理利用农业产业功能发展规律的基础上，对乡村的优质资源进行合理利用，将农业农村一二三产业的发展与农村旅游体系的建立、推广相结合，带动农业产业升级、优化农业结构、提高农民的经济收益从而有效解决"三农"问题。以浙江台州市乡村旅游发展为代表，提出优化农旅融合以及协同发展的路径。[3]徐淑红（2020）在乡村振兴和高质量经济发展理念的基础上，提出随着乡村旅游业的不断成熟，乡村旅游业成为推动农村经济发展以及提升乡村产业高质量发展的重要力量，乡村旅游对农村经济发展产生深刻的影响，并具有积极的推动效应。[4]黎洁，党佩英（2020）在乡村旅游对农户多维贫困影响机理分析的基础上发现村民积极参与乡村旅游建设能够有效减缓农民的多维贫困，从单维贫困来看，乡村旅游在经济、教育、生活水平和权益维度上都有明显的减贫效果。[5]李彬彬，米增渝（2020）提出休闲农业是以自然资源为基础进行产业的延伸和扩展，是实现乡村振兴以及发展乡村内生动力的有效手段。随着国内休闲农业的迅速发展，休闲农业经济影响作用日益凸显。[6]任强（2019）提出乡村旅游逐渐成为推动我国乡村经济快速提升的重要驱动力，乡村旅游

---

[1] Fleischer A, Tchetchik A. Does rural tourism benefit from agriculture?[J]. Tourism Management, 2005,26（4）.
[2] Kinya, Tamaki, Tatsuyuki, et al. Sustainable tourism industry and rural revitalization based on experienced nature and culture tourism[J]. Journal of Global Tourism Research, 2019, 4（2）.
[3] 韩秀平.乡村振兴战略下农旅融合协同发展模式与路径研究——以浙江台州市为例[J].中国商论,2021（9）.
[4] 徐淑红.乡村旅游对农村经济发展影响实证研究[J].社会科学家,2020（12）.
[5] 黎洁,党佩英,任林静.乡村旅游对贫困山区农户多维贫困的影响研究[J].人文地理,2020,35（6）.
[6] 李彬彬,米增渝,张正河.休闲农业对农村经济发展贡献及影响机制——以全国休闲农业与乡村旅游示范县为例[J].经济地理,2020,40（2）.

的发展在经济建设中处于关键位置。乡村旅游在促进推动绿色产业发展,解决农村剩余劳动力,促进产业结构调整与升级等方面产生了重大意义。① 程莉(2020)研究乡村旅游与农村经济之间的内在联系。研究发现城镇化、乡村旅游对推动农村经济发展影响深远。乡村旅游成为迎合现代旅游市场发展需求,有效扩大内需的重要载体,利用当地特有的乡村风土民情、种植文化、特色农产品、生态景观,为乡村旅游发展提供了一定的基础以及开阔的前景,成为乡村经济快速发展的"起搏器"。②

(2)乡村旅游绩效评价方法

马瑛、吴冰等(2021)运用层次分析法,借鉴前人的乡村振兴绩效评价体系,基于乡村旅游对乡村振兴的促进作用,从乡村振兴20字方针出发,创新的构建了乡村旅游引导的乡村振兴绩效评价体系。③ 黄玖琴(2021)提出乡村旅游近年受到广泛关注,政府在乡村发展过程中发挥着举足轻重的作用,游客是乡村旅游的参与者和消费者,游客在旅游过程中的消费体验对乡村旅游发展绩效有直接关系。以游客体验为落脚点,探究政府在乡村旅游发展绩效中所产生的作用,利于乡村旅游的发展。④ 白祥、彭亚萍(2020)认为发展休闲农业和乡村旅游是推动乡村振兴的重要手段,对休闲农业和乡村旅游可持续发展能力进行探讨,可为乡村振兴战略提供理论支撑。⑤ 赵希勇、张璐等(2019)为了促进乡村旅游资源开发的合理性,文章提出应对乡村旅游发展的一系列措施,运用综合评价指标体系指出当地不同区域县乡旅游资源的等级和开发潜力,旨在促进当地乡村旅游的科学发展。⑥

(3)发展乡村旅游制约因素分析

韩博然(2021)提出关于我国乡村旅游经济产业优化升级中的问题,例如乡村旅游缺乏整体规划,乡村品牌缺乏公众知名度,基础设

---

① 任强.乡村旅游对农村经济增长的影响及对策[J].社会科学家,2019(4).
② 程莉.城镇化、乡村旅游与农村经济增长[J].农业经济与管理,2020(1).
③ 马瑛,吴冰,贾榕榕.乡村旅游引导乡村振兴绩效评价研究——以太原市王吴村为例[J].中国农业资源与区划,2021,42(12).
④ 黄玖琴.政府作用、游客体验与乡村旅游发展绩效——以贵州省为例[J].社会科学家,2021(3).
⑤ 白祥,彭亚萍.新疆县域休闲农业与乡村旅游可持续发展评估[J].中国农业资源与区划,2020,41(6).
⑥ 赵希勇,张璐,吴鸿燕,那守海.哈尔滨地区乡村旅游资源评价与开发潜力研究[J].中国农业资源与区划,2019,40(5).

施较为落后等一系列制约乡村产业振兴发展的问题。① 伍翰文、谭超（2021）以湘潭七星村为例，对当地制约旅游发展的因素进行总结，对交通通达性、人才资源、产业开发等方面进行调研，指出当地乡村旅游发展存在的制约因素。② 赵威（2019）介绍了现阶段我国乡村旅游经济产业发展的限制条件，包括基础设施不完备、旅游产品同质化严重、未来发展动力不足、不具有市场优势、对生态资源的破坏、旅游服务管理体系不完善等问题进行分析。③ 庞筑丹（2020）提出乡村旅游已成为推动农业产业转型、推动农村经济增长的重要力量，我国乡村旅游产业现存在发展设计与思路雷同的问题。要解决旅游同质化的问题，首先要深挖当地人文民俗特色以及文化资源。④ 杨美霞（2020）认为乡村旅游目的地在开发过程中存在旅游资源特色的开发层次较浅、轻视农产品的生产、缺乏乡村特色等一系列问题。⑤

（4）发展乡村旅游实施路径及发展模式

胡译丹（2020）提出我国乡村旅游现正处于由初级阶段向高质量发展的关键时期。与此同时，在乡村旅游发展过程中显现出很多问题，人们对美好生活的向往应当与高质量的乡村旅游项目相匹配。为了达到乡村旅游高质量发展的要求，提出了促进乡村旅游优质发展的方法。⑥ 靳艳（2021）以乡村建设为背景，阐述了安徽省乡村旅游的基础条件和发展现状，针对现存问题，提出了丰富旅游产品内涵、树立品牌形象、完善基础设施建设等优化乡村旅游发展的手段。⑦ 吴瑾瑾，王斯（2021）认为乡村旅游应以互联网为传播载体，将当地特色与互联网进行融合，美丽乡村建设与互联网理念进行融合后，乡村旅游内涵也将优化升级。除了加快产品更新换代的速度，保证产品品质外，还应将现代化技术，

---

① 韩博然.乡村旅游经济产业优化升级策略[J].社会科学家,2021（4）.
② 伍翰文,谭超.乡村振兴背景下乡村旅游发展的问题与对策——以七星村为例[J].中小企业管理与科技（中旬刊）,2021（7）.
③ 赵威.乡村振兴背景下乡村旅游经济产业提升[J].社会科学家,2019（9）.
④ 庞筑丹.如何破解乡村旅游同质化难题[J].人民论坛,2020（4）.
⑤ 杨美霞.新旅游时代乡村旅游目的地构建中应关注的若干问题——以泰州为例[J].社会科学家,2020（4）.
⑥ 胡译丹.乡村优质旅游的动因以及路径研究——以浙江省为例[J].农村经济与科技,2020,31（22）.
⑦ 靳艳.美丽乡村建设背景下安徽省乡村旅游高质量发展路径探索[J].四川旅游学院学报,2021（4）.

智慧化管理应用于乡村旅游,推动其转型发展。① 陈晓莉(2021)指出在乡村振兴的大背景下,重庆处于低山丘陵区,在初级农产品种养殖方面存在较大的难度,乡村旅游将农业种植的劣势转换为优势,并据此提出适合重庆发展规划的乡村旅游新路径。② 杜春林、孔珺(2021)提出发展乡村旅游的前提是乡村绿色可持续发展,以本土资源为基础,因势利导提出乡村旅游产业振兴应发挥多元主体的协同作用,构建多元化、多层次的协调机制,克服管理程序中项目投入缺少前期市场调研、错误解读政策等问题,共同推动乡村旅游可持续发展。③ 王勇(2020)从多角度进行分析,只有平衡好政府与社会投入之间的关系、协调好经济效益与游客体验、处理好项目开发、三产融合、品牌形象及营销等方面现存的不足,乡村旅游才能实现长久及高质量发展。④ 张占仓(2021)围绕自然景观资源、地方民俗文化、旅游发展要素、对旅游项目进行整合形成规模效应,推动当地全域旅游进程快速发展,为乡村产业振兴提供了一条新的发展思路。对发展乡村旅游取得显著成效地区的成功经验进行梳理总结,厘清正面做法以及基本理论,为其他发展乡村旅游业地区提供借鉴及相关经验。⑤

(5)乡村旅游与乡村振兴关系研究

向延平(2021)提出乡村旅游是驱动乡村振兴前进的重要途径。从农业的角度出发对乡村旅游驱动农业发展内在机理进行分析,如乡村旅游促进农业现代化、农业转型升级、农业产业集群等农业发展,最终驱动乡村振兴。⑥ 邓小海(2021)指出乡村旅游的推进与解决绝对贫困和乡村振兴存在深刻联系,从脱贫迈向振兴,是一个漫长的发展过程因此需要转变乡村旅游发展动力,形成良性互动格局。⑦ 谭俊峰(2021)提

---

① 吴瑾瑾,王斯,陆尤,熊林.互联网大环境下乡村旅游助力乡村振兴路径探析[J].现代农村科技,2021(6).
② 陈晓莉.突出重庆特色 推动乡村旅游提质升级[J].重庆行政,2021,22(3).
③ 杜春林,孔珺."慢城"何以"快干":乡村旅游产业振兴的多元共治路径[J].西北农林科技大学学报(社会科学版),2021,21(2).
④ 王勇.高质量发展视角下推动乡村旅游发展的路径思考[J].农村经济,2020(8).
⑤ 张占仓.河南省自丘陵山区县域全域旅游发展模式研究[J].中州学刊,2021(4).
⑥ 向延平.乡村旅游驱动乡村振兴内在机理与动力机制研究[J].湖南社会科学,2021(2).
⑦ 邓小海.从"脱贫"迈向"振兴":乡村旅游发展的动力转换[J].贵州社会科学,2021(2).

出乡村振兴战略是新时代有效应对中国农业农村农民问题的行动指南,乡村旅游是以农业资源为基础的新型业态发展方式,与乡村振兴战略发展要求相契合,是加速推进乡村振兴发展的手段。[1]张众(2020)通过分析现阶段乡村发展的困顿以及乡村旅游发展面临的阻碍,研讨乡村旅游与乡村振兴战略之间的互动关联,乡村旅游对于贯彻农业农村发展的总要求,以及未来乡村振兴战略的推进具有独特的意义。对此,乡村发展旅游业应充分发挥创新驱动作用,把握乡村振兴所带来的机遇,对于乡村旅游发展中存在的问题迎难直上。[2]蔡建刚、周波(2020)理清乡村振兴、乡村旅游与脱贫攻坚之间存在的内在联系,在实践中要充分保证农民的主体地位不动摇,规范生产经营理念和产业思维。以乡村旅游产业作为乡村脱贫攻坚与乡村振兴的助推器。[3]屈学书、矫丽会(2020)认为乡村旅游具有关联度大、受益面广、拉动能力强等特点,在乡村振兴发展进程中发挥深刻的作用,通过研究乡村旅游一二三产业融合与升级,加快乡村经济发展的脚步,带动乡村振兴。从乡村振兴的视角来看,对乡村旅游总体发展情况进行研判,指出乡村旅游业发展已初具规模。然而,目前我国乡村旅游发展仍有不均衡、不充分的问题。[4]王璐、郑向敏(2021)认为乡村旅游对乡村振兴的带动与促进效用不言而喻,如今乡村旅游是国内乡村实现乡村振兴的重要抓手已经成为发展共识。[5]陆林,任以胜等(2019)认为发展乡村旅游与新时代国家发展战略相符合,促进农业产业提升发展质量及发展效率、农民生活富裕、农村社会内部繁荣稳定、进一步统筹城乡融合发展,是实现乡村振兴的重要途径。多层次发展旅游产业是助力乡村振兴的重要路径,可以从促进产业融合、提升人居环境、丰富精神文化生活、促进健康脱贫等方面助力乡村振兴。[6]

---

[1] 谭俊峰.乡村旅游助推乡村振兴路径[J].社会科学家,2021(3).
[2] 张众.乡村旅游与乡村振兴战略关联性研究[J].山东社会科学,2020(1).
[3] 蔡建刚,周波.乡村振兴战略下的乡村旅游与脱贫攻坚[J].贵州民族研究,2020,41(4).
[4] 屈学书,矫丽会.乡村振兴背景下乡村旅游产业升级路径研究[J].经济问题,2020(12).
[5] 王璐,郑向敏.乡村民宿"温度"与乡村振兴[J].旅游学刊,2021,36(4).
[6] 陆林,任以胜,朱道才,程久苗,杨兴柱,杨钊,姚国荣.乡村旅游引导乡村振兴的研究框架与展望[J].地理研究,2019,38(1).

（三）乡村旅游资源

旅游业在许多方面都是游客逃避现实的一种手段,大多数游客来自人口稠密的大型聚居地,他们在度假时寻求环境的改变。19世纪和20世纪的快速城市化产生了不同于农村"传统"社会的新社会结构,怀旧和逃避城市压力的动机,使城市居民成为乡村旅游的重要客源。乡村"性格"保留了旧的生活方式和思维方式,正是这种残存的特征,加上乡村的风景价值和娱乐机会,吸引了来自城市地区的游客。乡村地区在很大程度上是自然界和野生动物的宝库,对于游客来说,这会给人一种空间的印象,一种传统的非城市、非工业经济的自然环境。世界遗产约70%分布在乡村地域,在广袤的乡村,动植物种类繁多,自然风光、农业景观和聚落形态各具特色,农耕文化、传统文化、民俗文化和历史文化交相辉映,形成了丰富的乡村旅游资源。乡村旅游资源是发展乡村旅游业的吸引物,是吸引旅游者前来乡村地域进行旅游活动的因素,是乡村旅游供给的核心组成部分,它包括自然资源和人文资源两大类。乡村旅游凭借旅游资源和旅游设施提供旅游服务,具有乡村性的旅游资源、旅游设施和旅游服务是乡村旅游供给的三个重要组成部分。

（四）乡村旅游活动

在城市化问题日益突出的背景下,乡村旅游通常被认为能够满足日益增长的个性化旅游、原真性体验和传统文化认知的需求。教育水平不断提高、健康意识逐渐增强、交通运输的现代化以及乡村旅游设施相对完善等因素,也促进了乡村旅游活动的广泛开展,而乡村旅游的发展又对乡村地区社会、经济和文化的发展产生了积极影响。[1]

乡村旅游活动形式多样,除农业旅游和农庄旅游外,还包括生态旅游、康养旅游、体育旅游、研学旅游、艺术和遗产旅游。在民族地区,民族风情旅游成为游客关注的重点。和平、宁静和放松的乡村环境对乡村游客具有重要的意义。莱恩(Lane,1994)将假日活动分为三种,即典型

---

[1] 陈慧,马丽卿.基于游客感知的海岛乡村旅游产品开发研究——以舟山群岛为例[J].农村经济与科技,2017,28（5）.

的城市活动和度假活动、混合型假日活动、典型的乡村假日活动。

典型的城市活动和度假活动包括：城市观光；购物；高强度海滩度假；高强度下坡滑雪；城市遗产和文化假日活动；动物园游乐；健康度假；工业旅游；大型会展旅游；娱乐和赌博（部分西方国家）；度假胜地活动；基于人工设施的大型体育赛事旅游。

混合型假日活动包括：游泳；低等或中等强度海滩度假；中等强度下坡滑雪；需要半自然环境下人工设施的运动，如打高尔夫球；烹饪和美食旅游；公众假期活动；环境保护假日活动；教育假期活动；文化节日活动；行业假期活动；露营；观光和旅游；中小型会展活动；航行和巡航；海上垂钓。

典型的乡村假日活动可细分为：步行；攀登；探险；划船；漂流；越野滑雪；雪地旅游；低强度下坡滑雪；户外环境中的自然研究，包括观鸟和摄影等；狩猎；自行车旅游；骑马；景观欣赏；农村遗产研究；小城镇和村庄旅游；需要乡村环境的假日休闲；小型会议；农村节庆；垂钓；需要自然环境的体育活动。

佩拉莱斯（Perales,2002）认为，乡村旅游活动可划分为传统乡村旅游和现代乡村旅游两大类。工业革命以后的传统乡村旅游，主要表现为有乡村居所或亲缘关系的城市居民回家度假，也包括其他城市居民的乡村休假和康养。传统乡村旅游季节性强，开展的时间多集中在假日，没能给乡村地区带来市场规模效益和更多就业机会。[1] 20世纪80年代在西方社会兴起的现代乡村旅游，表现出与传统乡村旅游较大的差异，乡村游客的造访时间不仅分布在假期和夏季，而且近郊短途乡村旅游快速发展。现代乡村游客具有崭新的形象，他们追求环境质量和原真性，更深入地利用景观、环境、自然和建筑资源；不仅给乡村地域增加了财政收入，还创造了就业机会，给当地疲软的传统经济注入了新的活力。

乡村旅游活动还可以划分为景观游和乡村文化旅游两类。乡村景观游的游客，以欣赏乡村的自然风貌、聚落形态、农业景观和田园风光为旅游目的；乡村文化旅游的游客，以探索乡村农耕文化、民俗文化和历史文化为旅游目的。

---

[1] 李丽娜.生态观光茶园对产茶区乡村旅游发展的推动作用[J].农业考古，2013(5).

（五）乡村旅游的发展历程

1. 中国乡村旅游发展概况

中商情报网2018年8月发布的中国乡村旅游统计数据显示，2012—2017年间，中国乡村旅游人数呈逐年上升态势，2012年为7.2亿人次，2017年增至28亿人次，占国内游客总接待人次的56%，增长十分迅速。2012—2017年中国休闲农业和乡村旅游营业收入持续增长，2013年、2015年、2016年，较前一年均达到30%以上的增幅，2017年营业收入达到7400亿元，占国内旅游总收入的16.2%。随着余暇时间的增多、交通运输的现代化、人均可自由支配收入的提高，离开都市、回归自然、追求田园风情的乡村旅游具有广阔的发展前景。

在中国国民经济持续稳定发展的基础上，城乡一体化进程不断推进，国家实施乡村振兴战略，中国乡村旅游在市场需求的驱动下和相关政策扶持下也进入快速发展时期，并且在助力扶贫攻坚的过程中产生了积极影响。中国的乡村旅游不但具有产业规划，而且开始走上规范化发展的道路。2019年9月6日，为全面落实《中共中央国务院关于实施乡村振兴战略的意见》，推进全国乡村旅游重点村建设，促进乡村旅游产业提档升级，文化和旅游部办公厅、中国农业银行办公室联合印发了《关于金融支持全国乡村旅游重点村建设的通知》。乡村旅游目前已经成为中国乡村产业的重要组成部分，兼容乡村地区的生产生活方式和自然生态环境；乡村旅游的产业链横跨一、二、三产业，融合了城乡发展的新产业新业态，包含了绿色食品生产加工产业、旅游商品创意设计和生产加工产业。乡村旅游业将盘活乡村全域旅游资源，朝着融观光、研学、娱乐、购物和度假一体的综合性产业方向发展。中国乡村旅游业态形式不断升级，产业聚集度不断提高，市场规模和影响力不断扩大，由传统点式开发趋向联合线路开发和旅游目的地建设，产业经营模式从最初的"农家乐"向特色小镇和田园综合体的方向发展，"乡村旅游+"的经营模式焕发出勃勃生机。

2. 中国乡村旅游发展趋势

乡村旅游的发展助推了乡村社会化基础服务体系不断完善，打造出宜居、宜业、宜游的美丽乡村。在乡村旅游发展进程中，对村民的旅游接待礼仪培训和旅游服务规范培训，也极大提升了村民的精神文明建设水平。目前中国乡村旅游呈现出以下发展趋势。

第一，乡村旅游需求迅速增长。中国乡村旅游从20世纪80年代起步发展至今，业态形式不断丰富完善、经营模式更加科学合理、经营管理水平和服务水平不断提高，乡村旅游供给内涵不断向高质量的乡村旅游需求靠拢。在城市化进程中，城市居民对回归自然、回归传统、回归乡村的旅游需求不断增加。随着余暇时间不断增多，人均可自由支配收入不断提高，乡村游客的旅游动机被激发出来。加之交通运输现代化，提高了城乡之间的位移效率，乡村旅游蓬勃发展。

第二，乡村旅游业态呈现多样化。初级乡村旅游产品已不能满足大众所需，产品日趋精品化、高端化。当前乡村旅游产业规模不断壮大，新兴业态日益丰富，成为旅游经济新生力量和主要力量，形成了庞大的乡村旅游市场，乡村旅游业成为产业型、环保型、生态型、文化型、现代型的新型旅游产业。乡村旅游产业链逐步完善，在工业化和城镇化发展的进程中，农业现代化也同步进行。城乡统筹发展、建设新型农村、提升农民生活幸福感等工作不断深入。这一切都为发展乡村旅游奠定了供给基础。加之乡村旅游需求不断扩大，乡村旅游供给与需求相互促进，产业结构进一步完善。在国家大力发展乡村休闲旅游产业背景下，新业态与新营销不断融入乡村旅游发展进程。

第三，乡村旅游产业拓宽就业渠道。乡村旅游为当地村民提供了就业岗位，拓宽了农民增收渠道。在乡村旅游的经营过程中，村民作为所有者、经营者和劳动者，可谓"三位一体"，这种格局促进了劳动力、土地和资本相结合的旅游投入，充分发挥了村民自主经营、创造财富的积极性。在旅游资源富集的乡村地区，兴旺的旅游业带来乡村居民收入的持续增长，曾经的"空心村"吸引了外出打工的村民回乡创业，乡村自然旅游资源得到有效保护和合理开发，乡村文化旅游资源得到有效传承和发扬光大。

三、乡村旅游治理

(一)乡村旅游治理研究情况

随着社会经济的进步,乡村旅游不仅成为现代旅游业的重要分支,成为游客出游的主要选择之一;更是实施乡村振兴战略的重要力量,在带动群众增收致富、推进乡村文化传播、改善人居环境等方面都发挥着十分重要的作用,但同时农村地区发展乡村旅游也会导致对生态环境的破坏、居民恶习的养成、收入极端化等负面影响,这时就需要相关部门对相关利益群体进行有效的治理。在这样的现实背景下,学术界也开始了相关的学术研究。

通过查阅文献发现,乡村旅游的治理研究常常伴随着乡村旅游影响因素的探析,往往是因为乡村旅游的影响因素对于乡村旅游的治理现状有着一定的影响,所以接下来主要从乡村旅游的影响因素、乡村旅游治理这两个角度进行文献的梳理。

1. 国外乡村旅游治理的研究综述

国外的乡村旅游早在十九世纪二三十年代就开始了,它是起源于贵族之间的休闲活动,后期才逐渐大众化,而学术研究的出现早于上世纪五十年代,随着研究角度的拓宽,文献数量逐渐增多。

具体从两个方面进行阐述,在治理结构上,学者将乡村旅游的治理结构划分为三种类型:一是领导组织型,其权力较为集中,核心为领导组织,沟通是自上而下的,有独裁的特征;二是共享网络型,其权力是分散的,没有一个成员可以单独决定群体的发展,同时很少依赖于社会关系,主要靠自发组织来争取达到目的;三是行业组织主导型,其结构呈扁平化,作用主要凸显于合作时。[①] 也有学者提出四种类型的划分:包括市场型、社区型、网络型、层级型,主要的划分依据是上级干预与下级

---

① Parhad Keyim. Tourism Collaborative Governance and Rural Community Development inFinland: The Case of Vuonislahti[J]. Empirical Research Articles,2017(4).

管制的关系、执行者与操作的关系两个方面。① 在治理机制上,学者也强调了沟通的重要性,因为通过交流,可以增强主体之间的信任,所以在乡村旅游的治理中,协商机制的成效比选举更明显。

2. 国内乡村旅游治理的研究综述

我国对于乡村旅游治理的相关学术研究,很多是对于主体的剖析,一方面是公众在旅游治理中发挥着重要的主体作用,所以在制定相关的法律法规时,应充分考虑其需求和所提出的建议;② 另一方面,也要充分发挥治理过程中的主体责任,即在权力下放的大的政策背景下,要发挥基层单位的主体责任进行有效的治理,在此过程中,由于农民是乡村旅游的主要提供者之一,所以要十分注重农民所能发挥的积极作用。③ 也有很多学者强调联合治理的重要性,主要是因为在全域旅游发展理念的指导下,单纯的旅游业边界已经不再明显,所以需要各部门之间相互协调来发展当地的旅游,进而在治理方面,也需要从单个部门的治理向多部门的联合治理转变,最终实现"治理有效"的目标。由于在乡村旅游治理过程中需要横跨多个部门,所以在治理之初就应该建立一个跨部门的联合工作机制,做好顶层设计,避免出现相矛盾与互相推诿的现象发生。④ 此外,对于治理机制的研究也逐渐增多,黄鑫等(2020)对陕西省袁家村1949至2019年间的旅游治理历程进行了梳理,在此基础上总结出乡村旅游治理的演变机理,指出有效的治理机制需集体共治,并且要注重社区的精神约束。张凌嫒等(2021)以河头村旅游社区为例,进行了乡村旅游社区治理网络的多元主体研究,指出未来可将多元主体纳入公共利益范畴来提升旅游社区治理的能力。

---

① Hall C. M.A typology of governance and its implications for tourism policy analysis[J].Journal of Sustainable Tourism,2011,19(4/5).
② 刘梦华,易顺.从旅游管理到旅游治理——中国旅游管理体制改革与政府角色扮演逻辑[J].技术经济与管理研究,2017(5).
③ 魏九峰.我国乡村休闲旅游从旅游管理到旅游治理的发展逻辑与取向[J].农业经济,2019(1).
④ 马海鹰,吴宁.全域旅游背景下的跨部门旅游协同治理机制研究[J].旅游论坛,2019,12(3).

（二）乡村治理

"治理"一词最早出现于古希腊语，含有操纵的意思，但发展到今天，受意识形态的影响，其内涵仍存在争议。"治理"被广泛使用是源自1989年世界银行的报告，"治理危机"在报告中被提及，随后在1995年出版的《我们的全球伙伴关系》中指出，治理是通过各方共同行动，对公共以及非公共部门进行管理与协调，从而解决问题的一个不间断的过程。我国学者认为治理的主体是政治主体，治理的方式是公共权力的运用，治理的目的是有效的管理；并且随着时代的发展，相关定义也在不断的变化中完善，但是各国对于"治理"进行描述时所表现出的内涵是相似的，即各类直接或间接的利益主体参与到公共事务的管理中，运用系列偏重于政治的权力进行相关管理，最终达到多元主体共赢的结果。20世纪90年代以来，治理理论被广泛用于西方的各类学术领域中，同样也慢慢出现于我国的相关实践与研究中。基于我国早期农业大国的性质，治理理论在农业乡村方面的应用是有现实背景及基础的，所以"乡村治理"这一概念最在1998年被华中师大的徐勇教授团队所提出，为后续的学术研究奠定了一定的理论基础，我国学者后期也从治理对象以及治理目的两个角度来剖析乡村治理的内涵。根据前文的文献综述，本文从乡村治理的主体、客体、环境与目的四个方面来给出乡村治理的概念界定：乡村治理的主体是多元的，涉及包括政府、企业、村民、公益及非公益组织等在内的各方利益相关者；乡村治理的客体是关于乡村目前及未来发展中的经济、政治、文化、公共服务等各方事务；乡村治理的环境包括基础设施、治理团队、村民素质等内在的因素，也包括政策环境、发展规划等外在因素；但是最终的目的是通过大量的公共权力以及少量的非公共权力的运用，达到"治理有效"，从而实现乡村振兴。

（三）乡村旅游治理

随着农村社会的发展，开始在第二产业发展的基础上进行第三产业的挖掘，其中旅游业就是一个能够很好带动乡村经济的产业，即依托乡村独有的特色文化以及乡村景观来发展乡村旅游。乡村旅游的发展，并不是说可以独享其带来的一切优势与发展，同时还必须承担其在发展过程中所带来的弊端,从这个方面来说乡村旅游的治理迫在眉睫。同时在国家乡村振兴战略的领导下,延伸出乡村产业、人才、文化、生态以及组织五个方面的振兴,并提出了"治理有效"的目标,这就给乡村旅游的治理提供了政治上的保障与方向上的指导。

乡村旅游治理是乡村治理的其中一个方面,两者的内涵有着相似的地方;也可以理解为乡村旅游治理是乡村治理与旅游治理的融合,下面也从主体、客体、环境与目的四个方面进行阐述,乡村旅游治理的主体包括政府、企业、村民、村民自组织、外界公益非公益组织、以及游客在内的多元利益主体,各主体在政府部门的带头下,承担各自的职责与社会使命,其中村民作为乡村文化的创造者及传承者,与其紧密相关的个人或组织是乡村旅游治理中重要的参与主体;乡村旅游治理的客体包括公共服务的完善、主体利益的分配、生态环境的保护、体制机制的构建等关乎乡村旅游发展中的各个方面因素,其中利益的分配与环境的保护是乡村旅游治理中的重要两项,两者都与农民主体的切身利益相关,与乡村旅游的稳定发展紧密联系;乡村旅游治理的环境包括到治理人员的能力、被治理人员的素质等内在因素,也包括治理政策、治理方案等外在因素,只有两者相互协调,才能最终达到对乡村旅游"治理有效"的目的。

此外需要进一步剖析的是乡村旅游治理的内在特征,一个研究只有阐述清楚其内在特征,厘清其发展本质,才能够为后续研究奠定一定的参考。下面将从四个维度来阐述乡村旅游治理的特征。

首先是乡村旅游治理的历时性,首先需要明确的是治理行为不是一个单纯的独立存在的一个行为,而是一个相互互动的集体行为、相互影响的系统行为,并且这个行为随着时间的变化是有所差异的,比如随着时代的发展,乡村旅游治理主体由单一变得多元。这是从动态以及纵向的社会维度视角进行分析的,说明乡村旅游治理是一个涵盖"过去—现在—将来"的历史性变化过程,所在对某一乡村旅游案例地进行"治理"的学术研究时,需要剖析清其治理的历时情况:基于历史过去是如何治理的?现在治理是基于怎样的情况?剖析清楚才能更好地总结经验,指导未来的发展。

其次是乡村旅游治理的复杂性,主要体现在其众多维度的影响因素,一是治理主体的多元化,即涉及到企业、政府、居民、社会组织、个体公众等利益相关者,他们之间是一个社会网络,通过协商、博弈、共享等方式实现其利益的平衡与协调。二是治理客体的多样化,即治理的内容包括市场治理、企业治理、居民治理、生态治理等多维度,同时在乡村旅游的实地治理过程中,不能单纯"头痛医头脚痛医脚",要从系统的角度进行考量。三是目的的多元化,即在各级主体的努力下,不仅要促进地区经济的发展,更要实现社会、政治、文化、生态等多效益的和谐发展。四是治理手段的多样性,主要是指在数字化时代的发展背景下,乡村旅游的治理手段也在与时俱进,传统的并且富有成效的治理方式沿用至今,同时电子政务、智慧管理等新的治理方式也在发挥着巨大成效。但总体来说,乡村旅游的治理是复杂的,涉及到事物的方方面面并且人员冗杂,所以影响其治理成效的因素也是多维度的。然后是乡村旅游治理的可量化性,通过上一章的文献综述可以了解到,国外学者关于旅游治理的其中一个研究方向为"旅游治理评估",并且也制定了相应的治理评估体系,其中包含参与度、结构、效率等多个维度,但我国国内的旅游治理评估的研究仍是初始阶段,未来还需要借鉴大量已有的国外研究进行本土化的设计。"乡村旅游治理"作为乡村治理与旅游治理的综合维度,同样可以根据所构建出的指标维度进行量化,但是在此过程中要特别注意量化指标的规范性、科学性以及实用性。

最后是乡村旅游治理的可提升性,根据"治理"的内涵可知,"乡村旅游治理"的目的就是为了找出某一地区在发展乡村旅游时所遇到的困难、所表现出的不足,从而进行针对性地改善与提升。但是不同的治理方式所呈现的治理效果是不同的,所以为了提升乡村旅游治理的成效,需要根据实际情况进行治理方式调整,最终达到乡村旅游"治理有效"的目的。

第二节 乡村振兴与乡村旅游发展的互动机制

一、乡村旅游高质量发展是乡村振兴的重要驱动力

（一）乡村旅游发展有利于实现乡村产业振兴

乡村旅游发展促进三大产业融合发展，拓展农产品产业链和供应链，鼓励农民参与农产品开发、生产和销售，组织农民技能培训和科技学习，激励农民修缮民居和开办民宿旅馆和土菜馆，让农民生产生活就地商品化，有效优化了乡村产业结构，延长了传统农产品产业链，增加了农产品附加值。

（二）乡村旅游发展有利于实现乡村人才振兴

近年来，随着我国城镇化建设的脚步加快，农村人口大量向城市流动、转移甚至定居，农村"空心化"的现象日益严重。依托乡村旅游发展，有力地推动了乡村的人才振兴。一方面，乡村旅游的发展让很多有着乡土情结且具备一定专业知识或技能的中青年人才，回到自己的故土进行创业，进一步凝聚了乡村人气，汇聚了产业发展急需的人力资源，给乡村的发展带来了生机和活力，同时也有利于乡村家庭的和谐稳定、有利于乡村儿童的健康成长，对乡村未来的人才振兴奠定了现实基础。另一方面，通过发展乡村旅游，乡村居民扩大了与外界的交流，增长了见识、开阔了眼界，同时在提升乡村旅游服务与经营管理水平的过程中，不断迫使自己提高能力和素质，使得乡村在很大程度上实现了人才振兴。

（三）乡村旅游发展有利于实现乡村文化振兴

我国的很多世界文化遗产、非物质文化遗产都根植于乡村社会，是我国宝贵的精神财富。乡村旅游发展通过不断挖掘、展示当地农耕、村俗、服饰、餐饮、宗祠、建筑、民约等优秀民俗和地域文化,不仅可以让本地居民更加了解和熟悉先辈创造的悠久历史文明,增强他们的地方自豪感和民族认同感,还可以更好地传承、宣传和保护优秀历史文化。此外,乡村旅游发展有利于加强城乡文化交流,改变乡村居民落后的观念,通过城市居民的参与活动,可以把先进的理念、知识、科技带到乡村,促进乡村居民打破保守思想的束缚,乡村和城市两种社会形态和文化形态实现了碰撞和交融。因此,乡村旅游的开展,将乡村纳入更加开放、创新的社会发展大潮中,有利于乡村的文化振兴。

(四)乡村旅游发展有利于实现乡村生态振兴

乡村优美的生态环境是发展乡村旅游的核心竞争力。乡村旅游的开发直接促进了乡村生态环境的保护。发展乡村旅游,必然要对乡村的基础设施和周边环境进行改造、整治,尤其是对乡村道路景观、垃圾处理站、旅游厕所、网络通信能进行专项治理,切实解决乡村"脏、乱、差"的环境顽疾,从而吸引城市游客,这在客观上直接改善了乡村的生态环境。同时,村民在获得乡村旅游经济效益之后,就会从主观上意识到保护自然生态环境的重要性并将其付诸实际行动,以便持续受益。[1] 久而久之,这种客观上的被动整治和主观上的刻意保护,会在极大程度上实现乡村的生态振兴。

(五)乡村旅游发展有利于实现乡村组织振兴

发展乡村旅游必须依靠一定的组织,把人力、物力、财力积聚起来,合理调配资源,发挥协同效应,才能把乡村优质的自然、人文旅游资源转化为经济、社会、文化效益。在乡村旅游发展的过程中,极大促进了乡村相关组织的振兴。一是有利于基层党组织的振兴。基层党组织是乡村旅游发展中的组织堡垒,是乡村社会中具有较高政治觉悟、较强业务能力、较强奉献意识的"关键少数",在乡村群众中有较高的影响力和号

---

[1] 杨彦锋,等.乡村旅游:乡村振兴的路径与实践[M].北京:中国旅游出版社,2020.

召力。因此,乡村旅游发展一方面需要基层党组织的帮扶,另一方面也反过来极大地历练和激发了基层党组织,使得基层党组织的组织活力、治理效率得到显著提升。二是有利于各类经济组织的振兴。发展乡村旅游有利于壮大集体经济力量,助推集体经济的发展,加快土地流转,推动集约化、规模化经营;发展乡村旅游还有利于推动乡村旅游专业合作社的形成和发展,促进乡村旅游行业组织的建设、规范、壮大。[①]

二、乡村振兴是乡村旅游发展的总体指挥棒

乡村振兴战略是关于乡村发展的国家战略,是现阶段我国乡村发展的总指挥棒,具有导向性、整体性、全局性等特点。乡村旅游作为乡村发展的重要组成部分,必须要服务于乡村振兴的总要求,即坚持"产业兴旺、生态宜居、乡风文明、治理有效、生活富裕"。

(一)坚持产业兴旺,不断优化乡村旅游产业结构

从新农村建设的"生产发展"到乡村振兴的"产业兴旺"变化,可以清晰地看到,如今乡村产业具有更深的内涵、更高的要求。产业兴旺是乡村振兴的核心,也是解决农民收入低下、城乡发展失衡的根本举措。因此,发展乡村旅游,也要坚持走产业兴旺的道路,不断优化乡村旅游产业结构,形成富有竞争力和市场活力的乡村产业体系。

一是因地制宜开展乡村旅游,凸显产业特色。经过多年的发展,我国乡村旅游取得了显著的成绩。但不可否认,从整体规划到资源开发再到项目建设,创新性、特色性不够突出,导致乡村旅游产品同质化、低水平建设的问题极为突出。当前绝大多数的乡村旅游以乡村农事活动、田园采摘、农业观光为主,甚至有的地方还要保持乡村建筑风格的统一,"千村一面"的现象较为突出,容易使旅游者产生审美疲劳,无法满足旅游者日益增长的多样化、个性化需求,也不利于乡村旅游地的可持续发展。因此,未来的乡村旅游应该因地制宜、因村施策,凸显产业特色,努力构建"一村一品"和"特色小镇"的产业发展新格局。

[①] 贾未寰,符刚.乡村旅游助推新时代乡村振兴:机理、模式及对策[J].农村经济,2020(3).

二是加强乡村旅游产业融合,扩大产业综合效应。旅游业是具备食住行游购娱六要素的综合性产业,乡村旅游业也不例外。发展乡村旅游,带动当地种植业、养殖业、畜牧业、渔业、农产品加工业、工艺品制作业、物流运输业、餐饮住宿服务业、娱乐休闲业等多个相关产业的发展。乡村旅游打破了农村产业结构单一的状态,通过对农业资源、田园风光和人文景观的充分有效利用,使得第一、第二、第三产业的界限在农村不再泾渭分明。乡村旅游延伸并强化了农业的功能,让传统农业变身为综合发展的新兴产业。[①]因此,在乡村振兴的战略要求下,乡村旅游的高质量发展必须进一步加强三产融合(图1-2),形成"旅游+"的多业态跨界思维。此外,面对日新月异的数字经济,乡村旅游也要充分把握"互联网+"的发展趋势,积极推动智慧乡村旅游、数字乡村旅游的发展。

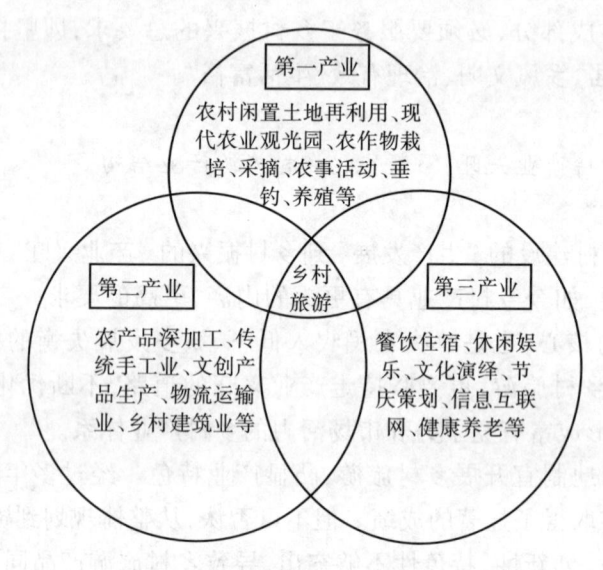

图1-2 乡村旅游促进一、二、三产业融合

三是做大做强乡村旅游龙头企业,发挥示范带动作用。龙头企业是实现乡村产业兴旺的生力军,是带动乡村旅游发展的重要主体,其在打造全产业链、构建现代产业体系、解决农民就业、提高产业效益等方面具有重要作用。2021年10月22日,农业农村部印发《关于促进农业产业化龙头企业做大做强的意见》,对龙头企业的发展提出了系列部署。乡村旅游要提高产业效能,实现产业兴旺,必须实施龙头企业培育

---

① 刘慧.发展乡村旅游与实现乡村振兴[J].农业与技术,2021,41(7).

工程,引导、扶持一批有实力的乡村旅游企业采取兼并重组、股份合作等形式,建立大型乡村旅游企业集团,进而发挥其在乡村旅游产业链延伸一、二、三产业融合中的带动作用和示范效应。

(二)坚持生态宜居,持续保护乡村旅游生态环境

生态宜居是乡村振兴的关键,是生态文明建设的重点。乡村旅游的高质量发展绝不是单纯追求经济效益,而是在保护生态、尊重自然的基础上乡村旅游的可持续发展。乡村旅游得以发展的根本原因就在于城市居民向往乡村清新的空气、潺潺的溪水、清脆的鸟鸣,如果没有了这一切,到处都是污水横流、垃圾遍地,乡村的田园风光、诗情画意就不复存在,乡村旅游便如无源之水、无本之木。因此,坚持生态宜居,积极践行"绿水青山就是金山银山",是乡村旅游发展必须遵循的法则。

乡村旅游产业的发展需要以资源开发和基础及配套设施建设为前提,从一定意义上讲,乡村旅游的开发势必会带来一定程度上的生态破坏。旅游开发商是以营利为目的的经济组织,往往会将生态环境的保护置于经济利益之后,部分居民由于缺乏长远发展眼光,也会出现急功近利的生态破坏行为。对此,政府应该发挥主导作用,在乡村旅游项目的规划、审核、开发上,提高准入门槛,严格审查开发商的资质,加强对乡村旅游开发和经营过程中的监督检查,严惩破坏生态环境的行为,要在开发中保护,保护中建设,对乡村设施进行合理的设计打造。

(三)坚持乡风文明,重点加强乡土文化保护传承

文化是旅游的灵魂所在,人们对乡村的向往,不仅在于乡村优美清静的自然环境,更向往和城市不一样的乡土文化。乡村是我国农耕文化、游牧文明、海洋文明的发源地,也承载了一代代人们对故土和家乡的美好寄托。习近平总书记曾说过:"要让居民望得见山、看得见水、记得住乡愁"。"乡愁"二字实际上就是乡村长期传承下来的风土人情,就是乡风文明的通俗表达,是乡村区别于城市文化的高度概括。因此,在乡村旅游发展的过程中,应改变过去重物质、文化的发展理念,加强乡风民风建设,重视乡村文化的保护和传承,让乡村成为文明之地、文化之地。

一是注重乡村符号的保留。现在很多地方发展乡村旅游喜欢大修大建,在项目开发和景观设计上突出城市化、现代化、人工化、科技化,拆掉了原有破旧、古老的村居,取而代之的是现代化的高楼大厦,与城市差别越来越小,离人们心目中乡村应有的样子越来越远。乡村成为人们无法表达乡愁的寄托地和净化心灵的栖息地,游客在乡村旅游过程中无法感受到原真性、原生态的乡风民俗,不但对旅游者失去了吸引力,反而增加了开发成本,得不偿失。因此,在乡村旅游发展过程中,应尽可能保留古村落、古建筑等物化乡村符号,遵循"修旧如旧"的原则对其进行保护性开发;深入挖掘地方民俗、民族文化、宗教等文化乡村符号,并进行创造性转化和创新性发展。

二是加强旅游道德的教育。在普通大众心目中,乡村就是人善景美、民风淳朴的地方,但在发展乡村旅游过程中,部分地区乡村文化有所衰落,产生了内容变异、形式低俗等问题,部分村民存在急功近利、欺客宰客、设置消费陷阱等行为,使得旅游者渐渐对乡村旅游产生了一定的负面情感。[①]

(四)坚持治理有效,深入推进乡村旅游治理优化

一直以来,由于乡村地区的治理水平处在一个比较滞后的状态,治理手段单一,治理方式简单粗暴,基层治理人员水平有限、思维陈旧,这些都严重影响了乡村治理的成效。[②] 有效的乡村治理可以让乡村旅游地拥有良好的发展秩序和更好的社会口碑,从而赢得更多的回头客。因此,乡村旅游发展必须坚持乡村有效治理,深入推进乡村旅游治理结构优化和治理水平提升。

一是构建三治融合的治理体系。随着乡村旅游的不断发展,外来人口不断增加,开放程度日益提高,乡村旅游地已经变成一个人口异质性、流动性的社会,原有的熟人社会网络体系被打破,适用于熟人社会的乡村治理方式,已经无法满足当今的乡村社会环境。党的十九大提出乡村振兴战略,并强调要健全自治、法治、德治相结合的乡村治理体系,

---

① 刘盛.乡风文明与乡村振兴:重要意义、现实难点与关键举措[J].农林经济管理学报,2018,17(5).
② 周荣华,谭慧存,杨启智.乡村旅游促进乡村振兴——成都农科村实践[M].成都:电子科技大学出版社,2019.

这正是根据我国乡村面临的新环境,对乡村治理作出的重要要求。要让村民广泛参与乡村旅游发展实践,定期召开居民大会、重大决策征求意见会,提高其在乡村旅游重要项目中的发言权和决策权,增强基层活力,提高村民自治能力。在乡村旅游土地流转、项目审批、资源保护等方面健全法律服务体系,加强村法律顾问工作,规范乡村基层执法程序,对违法违规的利益行为起到有效的约束作用,保证各利益主体行为的规范化,提高乡村旅游的法治水平。同时,深入挖掘中国乡村传统文化中的道德教育要素,将其与现代精神文明有效结合,不仅可以进一步提高乡村旅游德治水平,同时也为乡村旅游提供更优质的文化资源。

二是实施多元主体的协同治理模式。乡村旅游的综合性使得它的发展必然要求多方力量的介入,才能实现持续、健康的高质量发展态势。因此,现代化的乡村旅游治理模式,需要将当地农村人口、地方政府、旅游开发商、旅游者等多利益主体纳入治理体系中。各利益主体的利益诉求各不相同,各有侧重,既有交叉融合,又有分歧矛盾。当地农村人口是乡村旅游的参与者和主要受益者,地方政府是乡村旅游的主导者和协调者,旅游开发商是乡村旅游的生产者和服务者,旅游者是乡村旅游的消费者和体验者。只有明确各利益主体的利益诉求并加以满足,才能调动各方的积极性,推动乡村旅游的持续有效发展。

(五)坚持生活富裕,最大限度提高当地居民收益

生活富裕是国家实施乡村振兴战略的落脚点,是衡量乡村振兴工程成效的最重要标准。乡村旅游催生了就业岗位、创造了就业机会,实现了农民在家门口就业创业,切实增加了农民经济收入,提升了生活水平。同时,通过发展乡村旅游产业,活跃了乡村经济,增加了当地财政收入,改善了农村公共服务水平,也在很大程度上改善了当地农民的生活条件和社会福利,推动了乡村脱贫致富奔小康。但与此同时,在乡村旅游开发过程中,也不同程度地存在"旅游飞地效应"。当地农村居民出让了土地、房屋、劳动力等重要旅游资源和要素,但由于其现代化程度相对较低、经济基础薄弱、组织力量松散等原因,往往在乡村旅游利益相关者的利益分配中处于劣势地位,难以获得与其投入相匹配的乡村旅游绩效,严重影响了村民的积极性和乡村旅游的可持续发展。因此,在乡村旅游高质量发展的过程中,要牢牢把握"生活富裕"的战略目标,最

大限度提高当地居民收益。

一是强化居民利益参与机制。[①]当地居民在乡村旅游开发中的参与程度直接决定了他们所获经济利益的大小,为此要建立一套完整的居民参与机制,不仅要提升当地居民的参与广度,还要注意参与的深度,让更多的农民从事高附加值、高回报的经济活动,切实提高受益程度。可以通过加强对当地居民的教育培训,让他们具备从事旅游经济活动的素质和能力。同时,对于具备旅游创业能力但缺乏启动资金的当地居民,政府可以联合金融机构为其提供信贷支持,帮助其完善旅游经营环境。政府可以对当地居民自主经营的农家乐、旅社、餐馆等,给予一定时间内的税收减免,以此提高他们参与旅游创业和就业的积极性。

二是设置合理的利益分配机制。[②]合理的利益分配机制是保障当地居民受益的关键。在乡村旅游开发中,可以采用旅游收益的一次分配和二次分配相结合,实现效率和公平的兼顾。一次分配主要体现效率性,当地居民根据自己在旅游开发中付出的人力劳动、土地资源、房产农舍、设施设备、特产制作技术等的实际情况获得相应利益。为最大程度保障当地居民利益,可以对居民的资产进行合理的估价,将其作为资本融入旅游企业中去,而不采用所有权一次性让渡的方式。同时,旅游开发的持续推进,势必会对乡村地区造成环境污染、物价上涨、文化冲突等负面影响,这些影响对贫困人口而言是潜在的、隐形的,政府应给予当地居民一定的利益补偿。因此,为体现对处于相对弱势地位的当地居民的关爱,践行"生活富裕"的准则,乡村旅游开发的收益应倾斜于当地居民的第二次分配。政府应从旅游企业经营收入中提取一定资源使用费,同时划拨财政收入的一定比例,对当地居民进行利益的二次分配,确保他们真正受益。

三、二者的互动机制

乡村旅游发展是乡村振兴的重要驱动力,乡村振兴是乡村旅游高质量发展的总体指挥棒,二者的互动机制如图1-3所示。

---

① 李莉.基于贫困人口受益的旅游开发与旅游扶贫协同机制构建[J].商业经济研究,2015(19).
② 李莉.基于贫困人口受益的旅游开发与旅游扶贫协同机制构建[J].商业经济研究,2015(19).

第一章 乡村振兴与乡村旅游发展

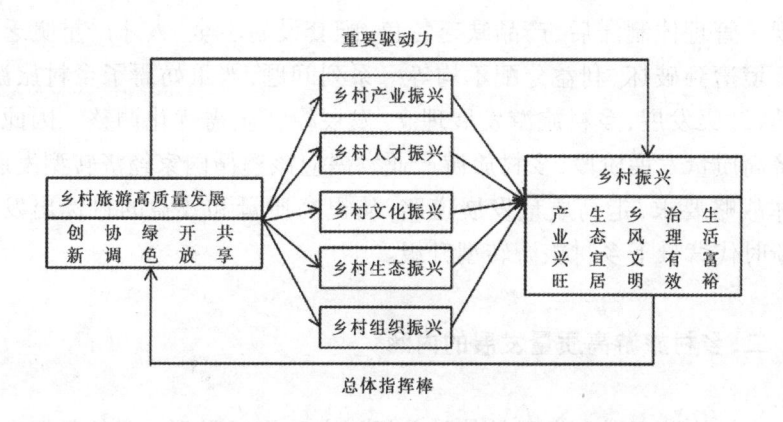

图 1-3 乡村振兴与乡村旅游发展的互动机制

第三节 乡村振兴战略下乡村旅游的高质量发展

一、乡村旅游高质量发展的背景

乡村旅游是以乡村自然风光、人文环境为吸引物,满足城市居民的休闲需求。[①] 中国是一个农业大国,具有广袤的乡村地域以及丰富的乡村自然资源和农耕文化,具备发展乡村旅游得天独厚的优势。近年来,我国的乡村旅游处于快速发展阶段,乡村旅游的人数持续增加,旅游收入也随之不断增长,乡村旅游已逐步成为我国旅游行业的重要组成部分。据有关数据显示:2019 年,我国乡村休闲旅游接待游客 33 亿人次,占国内游客总人数的一半以上。2020 年全国大规模爆发新冠肺炎疫情后,旅游业受到了重创。在疫情防控常态化背景下,回归乡土、崇尚自然、健康养生的乡村旅游成为旅游产业率先复苏的市场,多地政府明确提出,要把乡村旅游打造成后疫情时代文旅复苏的排头兵。

我国的乡村旅游自 20 世纪 80 年代至今已经历了 40 多年的发展,在规模和效益方面取得了显著成绩,在我国脱贫攻坚和乡村振兴中发挥了举足轻重的作用。但同时也要看到,在迅速的发展过程中,乡村旅游

[①] 杜江,向萍.关于乡村旅游可持续发展的思考[J].旅游学刊,1999(1).

出现了管理体制滞后、产品缺乏特色、配套设施不全、人才严重匮乏、乡村环境遭到破坏、利益分配不均等一系列问题,严重妨碍了乡村旅游的持续、健康发展,乡村旅游发展理念、发展模式亟需优化调整。因此,在经济高质量发展阶段,乡村旅游产业发展应该遵循国家经济转型发展的总体战略要求,走高质量发展道路,从提高质量和效益的目标出发,寻求新时代背景下乡村旅游转型升级。

二、乡村旅游高质量发展的内涵

乡村旅游高质量发展是伴随着经济高质量发展而出现的新概念,不同学者有不同的界定,目前尚无统一概念。于法稳(2020)认为,乡村旅游高质量发展在习近平生态文明思想指导下,坚持绿色发展理念,全面践行"绿水青山就是金山银山",基于乡村独特的人文、生态环境资源的利用与质量提升,以科学的乡村旅游规划为引领,以创新乡村旅游产品,增强"乡村性"作为旅游核心吸引物,以"+乡村旅游"实现产业融合发展为途径,为城乡旅游者提供充足、优质、安全、健康的绿色旅游商品,满足其日益增长的美好生活需要,实现生态与经济的和谐发展,以及生态效益、经济效益与社会效益的统一,助力乡村产业振兴和精准扶贫的一种发展模式。并且从七个方面深入解析了乡村旅游高质量发展的内涵特征,即以绿色发展理念为指导、以资源可持续利用为前提、以产业融合为路径、以提供绿色旅游产品为内核、以农业强农民富农村美为目标、以生态与经济协调发展为归宿。[①] 张琪(2020)认为,乡村旅游高质量发展是乡村旅游经济追求效率优先、质量第一的同时不断改善社会福利分配、生态环境质量,保持乡村地区"经济—社会—资源环境"系统实现动态平衡的可持续发展过程,可以从发展的有效性、稳定性、创新性、持续性和共享性五个方面进行高质量发展程度的衡量。[②] 吴彦辉(2021)认为,乡村旅游高质量发展是全面均衡的发展,是产业不断转型升级的发展,是企业保持产品质量可靠性与持续创新的发展。[③]

[①] 于法稳,黄鑫,岳会.乡村旅游高质量发展:内涵特征、关键问题及对策建议[J].中国农村经济,2020(8).
[②] 张琪.山西省乡村旅游高质量发展研究[D].太原:山西财经大学,2020.
[③] 吴彦辉.乡村旅游高质量发展:内涵、动力与路径[J].广西大学学报(哲学社会科学版),2021,43(5).

第一章　乡村振兴与乡村旅游发展

　　在广泛吸收不同学者观念的基础上,本书认为,乡村旅游高质量发展是在创新、协调、绿色、开放、共享的新发展理念指导下,以提高乡村旅游资源利用效益、提升乡村旅游产品质量为标准,注重经济效益、社会效益、生态效益相统一,最终实现农业强、农村美、农民富的一种旅游高级发展模式。

第二章 乡村振兴战略下乡村旅游发展与治理的方向

我国的乡村旅游经过不同的发展阶段,如今已经成为我国旅游业的重要组成部分,在减少城乡差异、促进现代农业发展、改善乡村环境、增加农民收入、解决贫困地区的贫困问题等方面发挥着重要的作用,在乡村旅游发展过程中涌现了一些乡村旅游发展与治理的经验与案例。这些经验与案例代表了我国乡村旅游发展的较高水平,也见证了我国乡村旅游从无到有、从弱到强的发展历程。

第一节 乡村振兴战略下乡村旅游规划与开发

一、乡村旅游规划

(一)乡村旅游规划的界定

旅游规划主要是根据乡村地区在其发展规律上的特点和其市场本身特点的不同,从而实现对其目标上的制定,为了实现这一目标,要求具体安排和统筹部署旅游各个要素。

乡村旅游是一种旅游所具有的特殊方式,对乡村旅游进行规划应顺应潮流、顺其自然,这样不仅能吸引游客,同时有助于保留乡村地区本来的生活方式,从而实现乡村的可持续发展,保证当地居民能收获一定的利益。就现阶段而言,我国在乡村旅游规划上还处于起步阶段,主要

第二章 乡村振兴战略下乡村旅游发展与治理的方向

内容是进行编制工作和开发性研究。

在理解乡村旅游规划的含义时,需要注意以下几点。

(1)旅游规划不仅是一项技术过程,同时也是决策的过程。除了科学规划之外,这一规划应具有一定的可行性,这样才能对"规划失灵"进行规避。

(2)乡村旅游规划不仅是政府行为,也是一种经济行为和社会行为。其不仅要求政府的积极参与,同时要求未来经济管理人员的参与,还要和投资方、当地群众进行结合,防止出现"技术失灵"的情况。所以,乡村规划体系应该是开放式的,要协调参与多重决策权,包括专家、官方企业、群众。除此之外,为了能更好地服务社会,还应该建立一种机制,从而有助于规划师对各部门决策者的意见进行协调,保证规划的完善。[①]

(3)乡村旅游规划不应该是物质的、静态的和蓝图形式的,它应该是一个过程,需要进行不断调整和反馈。在过程上,规划文本属于一个初始阶段,其中需要确定指导意见和目标。而对于未来可能出现的不同情况,乡村旅游规划的方法和思想应该具有一定弹性。

(二)乡村旅游规划的基本理论

1.区域经济学理论

(1)区位理论

区位指的是人类行为活动的空间,它是交通地理环境、经济地理环境、自然地理环境有机结合于空间地域的具体体现。区位理论是对地理空间影响各种经济活动分布与区位的说明探讨,它是对生产力空间组织进行研究的学说,其研究实质是产生的最佳布局问题,也就是怎样通过提高布局的科学性、合理性来实现生产效率的提高。最初,区位理论大多应用于城市区域优势、经济区划、交通网络、城市体系、厂址选择、城乡土地利用等方面,会对投资者与使用者的区位选择造成影响。一般而言,在选择区位时,投资者与使用者会尽量选择低成本的区位,也就是

---

① 房士林.当代乡村旅游事业的现状与展望[M].镇江:江苏大学出版社,2013.

在保证需求的基础上,尽量选择地租及其成本综合最低的地点。

(2)区位理论在旅游规划中的应用

区位因子主要包括社会、经济、人力、市场、交通、资源、自然等。在旅游规划的过程中,应努力寻求整体优势与区位优势,因为区位的好与坏,能够在很大程度上决定游客进入旅游地的便捷性,同时影响旅游地的游客容量与游览市场的大小,继而影响游客的访问量,以及旅游经济效益的高低。想要提高或发挥区位优势,旅游规划者在旅游规划的过程中应注重景点场所与旅游设施的选择,尽量提高游客的便捷性,让游客在旅游中缓解压力、放松心情,同时注意土地的有效利用与资源的有效保护,为旅游设施场所的选择与旅游产业布局提供保障。同时,这一旅游中心地在空间上会与周边旅游地之间存在信息服务、接待服务等关于旅游活动的联系,从而形成围绕旅游中心地的旅游地系统。受到地域规模的影响,不同的旅游地系统会有不同级别的旅游地中心、不同的市场范围以及不同旅游中心的均衡布局模式。

在界定旅游中心地方面,可将一定的标准作为依据,并进行判断,得出某一旅游中心地是否在该地区范围内。比如,某旅游地人均旅游收入在周边地区人均收入的占比较高;某旅游地推出的旅游服务或产品会被周边地区的大量客源市场所消费等。一般而言,旅游中心不仅有极为发达的交通,还会有内容丰富的旅游资源,因为这两个条件是成为旅游中心地的基本与必备条件。[1]

旅游中心地的市场范围不是模糊的,是可以通过大致判断得出的。通常情况下,随着旅游地资源吸引力程度的不断提高,旅游地的影响范围会不断扩大。当然,旅游地的影响范围不仅受到旅游资源的影响,还会受到旅游中心地市场范围与旅游产业配套服务设施不同程度的影响。总体而言,旅游中心地的市场范围是有上限与下限的,即使多么受欢迎的旅游中心地,其承受能力始终有一个界限。

旅游中心地的市场范围上限,即由旅游业的生态环境、旅游业的经济容量与社会容量、旅游资源的吸引力共同决定的接待游客数量与客源市场范围。需要指出的是,上限值应在上述变量中的最小值以内。

对于旅游中心地的市场范围下限,可以采用克里斯泰勒理论进行表述。在克里斯泰勒理论中,有"门槛值"这一概念,即提供一定服务或生

---

[1] 王鹏.国际区域旅游市场概论[M].北京:中国言实出版社,2007.

产一定产品所必需的最小需求量。这一概念同样适用于旅游地的研究，也就是旅游地必须提供最小需求量的旅游服务与旅游产品。

之所以在旅游规划的过程中，需要考虑关于旅游产品开发的需求"门槛"问题，是因为只有通过投入大量的人力、物力、财力，才能进行旅游产品的开发与推广，当市场对旅游产品的需求较弱，进而导致经济效益下滑时，旅游区是难以实现规模化经营的，并且旅游活动成本会有所增加。在旅游产品成本的影响下，人们对旅游的需求会逐渐降低，最终造成恶性循环。

受到旅游地市场范围的影响，旅游地中心会有不同的等级划分。一般而言，高级旅游中心地指的是提供的旅游服务能够通过吸引作用将市场范围提高相当大程度的旅游地点，而低级的旅游中心地能够提供的旅游服务市场范围较小，相比高级旅游中心地的吸引力较低。具体而言，高级旅游中心地提供的服务与产品具有质量好、品种全、功能多、档次高等特征，虽然价值相对较高，但也是在大多数人可承受的范围内，而低级的旅游中心恰恰相反，所提供的服务与产品在质量、品种、功能、档次等方面都与高级旅游中心地有一定差距，但胜在价格低廉。

2.集聚经济理论

对于一些著名的旅游区，虽然自身资源的价值较高，但可能受到游玩时间短、面积少、个体小等因素的影响，对游客的吸引力不强。这时就要联合周边旅游地或旅游点，通过共同的开发建设，提高整体性，以提高对游客的吸引力，最终形成集聚经济效益。一般而言，旅游集中发展的地区不仅能够提供多种旅游服务，还能提供较多游览、观光、娱乐的地点，并且土地利用率较高，土地的价值能够充分发挥出来。总之，旅游产业聚集布局产生的效益主要表现在以下五个方面。

第一，旅游产业集中布局，会提高吸引物的多样性，游客会因此有更长的滞留时间，进而提高旅游服务部分的经济效益。同时，能够提高区域旅游经济增长的稳定性，并且有助于大型或综合性旅游的形成。

第二，旅游产业集中布局，可以提高基础设施的有效使用程度，达到降低成本的目的。随着旅游业的不断深化发展与国民经济的不断提高，旅游市场规模越来越大，关于旅游的项目、商铺等能够更好地生存并发展。根据实际情况，在消费者充足的前提下，如果宾馆、饭店等相邻布局,更易于形成市场规模营销优势。

第三,旅游产业集中布局,能够提高旅游业相关设施的规整性,不仅在一定程度上保证了自然景观的自然性不受到干扰,而且有助于形成主体形象,能够更好地在促销活动中获得规模效应。

第四,旅游产业集中布局,便于对污染物进行集中处理,使旅游环境得到更好保护,免遭因意外情况造成的破坏。

第五,旅游产业集中布局,在使用旅游基础设施的过程中,不仅方便了游客,而且让当地人从中受益。当地人在使用基础设施的同时,能够提高与游客交流的便捷性,通过相互之间的交流,游客能够加深对当地文化的认识,受到更多的吸引。[①]

需要指出的是,事物的发展是需要通过不断实践的,在对旅游进行具体规划的过程中,采取中心布局,或是分散布局,都需要以旅游承载力为前提与基础,并充分考虑社会承载力、自然资源承载力、管理承载力等。当旅游产业集中时,虽然会产生集聚经济效益,促进旅游业的发展,但也会因"集聚"导致交通拥挤、供水不足、供电不足、土地价值上涨、环境污染加剧等各种问题的发生。因此,需要提前对旅游产业进行合理规划与布局,以最大程度地避免各种消极实践的涌现,在获取集聚经济效益的同时,为当地旅游环境建设出一份力。

二、乡村旅游规划的模式

乡村旅游规划模式的分类可从三个视角来分析:一是乡村旅游的地理区位;二是乡村旅游的资源内涵;三是乡村旅游的组织结构。

(一)从地理区位划分

1. 城市依托型

城市依托型乡村旅游指的是乡村依托大城市发展旅游业,将大城市居民作为主要客源,乡村旅游重点为大城市居民服务的发展模式。环城

[①] 简王华.旅游规划与开发[M].武汉:华中师范大学出版社,2006.

第二章　乡村振兴战略下乡村旅游发展与治理的方向

市乡村旅游是最为典型的城市依托型乡村旅游发展模式。

2. 景区依托型

具有市场规模的成熟景区是旅游业发展的亮点,周边乡村依托其客源市场的多样化需求,开展相关旅游服务供给,形成景区依托型的乡村旅游开发模式。农家乐是最为典型的景区依托型乡村旅游发展模式。景区依托型乡村旅游,依托景区的旅游资源吸引力、品牌形象、交通网络、旅游线路和规模市场,提供餐饮、住宿、交通、向导、购物和休闲娱乐服务,以多样化服务、灵活的经营方式和弹性的价格机制获得了乡村游客的青睐,带动了乡村经济的发展。在景区开发的带动下,周边从事乡村旅游的民众往往具有较强的旅游服务意识和旅游职业认同。随着乡村旅游管理水平的日渐提高,景区依托型乡村旅游业逐步认识到科学规划的重要性,将自身的发展与景区的发展密切联系起来,制定了乡村旅游发展规划,与景区开发协同发展。[1] 景区在景观建设和交通设施上的刚性投资较多,但鉴于淡旺季的客观存在,游客流量具有不稳定性,在住宿与餐饮上的投资具有均衡性,以防止淡季的供给闲置。在景区经营的旺季,旅游供给的不足往往由周边乡村旅游来弥补。景区依托型乡村旅游的田园风光和民俗风情,也往往是景区所不具备的,于是在旅游供给方面与景区形成了产品互补关系,因需求的存在而进一步发展。

3. 偏远地区型

偏远地区型乡村旅游,即远离都市的偏远乡村地区,利用旅游资源的原真性和特殊性开展旅游业务,并与国家旅游扶贫政策相耦合的乡村旅游开发模式。这种类型的乡村旅游大多区位偏远,交通条件不便。由于历史上长期的经济弱势,人口密度极低,外来访客较少,也正因为如此,这些地域生态资源无破坏、人文资源无干扰,自然景观壮美辽阔,乡风民俗保持了古朴气息和文化底蕴,对于那些逆城市化的践行者和热衷于异地异质文化的探寻者来说,具有一定的吸引力。加之国家产业扶贫政策的介入,这些地域的交通条件和基础设施建设逐步完善,形成了初

---

[1] 崔勇前.新时代乡村旅游发展研究[M].北京:中国商业出版社,2021.

步的旅游接待条件。偏远乡村地区可以利用古村落、古建筑、民俗风情、红色遗迹、历史遗址、田园风光、青山绿水和现代扶贫产业,把旅游与农业、体育、研学活动相融合,开展田园旅游、休闲农业、体育旅游、民俗旅游和研学旅游活动,形成农家乐、家庭农场和休闲农庄等多种旅游业态。大力开发绿色农产品与当地非物质文化遗产为特色的文创衍生品,让乡村旅游产品成为当地乡村风物的展示台,有效提高当地村民收入。在目的地建设的策略层面上,应当把田园理想和社区建设相融合,构建"居民空间+商业空间+休闲空间",留住乡愁、惠及民生、构建美丽、创造幸福,推进乡村振兴。

(二)从资源内涵划分

1. 农业依托型

农业依托型乡村旅游是指乡村依托当地农业内涵及表现形式进行旅游开发的模式。例如,江西婺源篁岭在田园景观型发展道路上,走出了"花海+乡村旅游"发展模式。在缆车入镇的过程中,游客满眼皆是锦绣风光。小镇内部也多方位营造花卉景观,并在阶梯布局的民居建筑之上展现"晒秋"的色彩。在"花海"的主题之下开辟了一条商业街道,以古朴的建筑风貌作为旅游购物和餐饮消费的背景。值得关注的是,农业科技在现代乡村旅游发展中发挥着重要作用。

2. 历史依托型

历史依托型乡村旅游,是指乡村地域依托乡村聚落景观、乡村建筑景观及其蕴含的文化精神进行旅游开发的模式。古村镇旅游是典型的历史依托型乡村旅游。古村镇具有古朴的建筑格局和建筑形式,以及丰富的历史文化内涵,具有重要的旅游资源价值。古镇旅游开发分为两大类,一是开放式,二是封闭式。开放式的,如陕西省礼泉县烟霞镇的袁家村,入园不收门票,依托西安都市圈的客源市场,采取村集体集约管理形式,以丰富的次级旅游项目获取收益,其特色饮食、乡村客栈、旅游购物和演艺项目成为村集体的主要收入来源。

3. 民俗依托型

民俗依托型乡村旅游，是指乡村地域依托乡村民族民俗文化、乡村制度文化和乡村精神文化进行旅游开发的模式。例如，西安市灞桥区的白鹿景区整合区域文化资源，以保护和传承地方特色为目的，以乡村制度文化和乡村精神文化体验为核心，通过高水平的规划和精心的院落建筑设计，营造民俗文化历史场景，配合美食、互动、体验、演艺，打造全方位的传统民俗文化体验地。

（三）从组织结构划分

1. 个体农庄

现代农业科技和现代经营理念促进了个体规模农业发展，在此基础上，个体农庄的乡村旅游开发模式表现为，在原有的农、林、牧、副、渔产业基础上开发旅游吸引物，进行旅游设施建设，设计具有乡村性的旅游产品，从而形成了具有完整接待能力的乡村旅游景点。个体农庄的发展，吸纳了附近大量闲散劳动力，将休闲农业融合到旅游服务业中，初步实现了一、二、三产业的融合发展。个体农庄多采用轻资产的自主运营形式，投资少、见效快、回报高，拓展了乡村土地升值空间。

2. 村办企业

村办企业的乡村旅游开发模式是自然村或行政村的"村有企业"开发、经营和管理的模式，实际控制主体是村委会。在这种模式下，村集体开发经营的自主性能够充分体现，村民参与度和积极性较高；在乡村旅游规划和开发的过程中，能够把体现当地乡风民俗的地域特色保留下来，突出乡村旅游资源的独特性和吸引力；管理者与村民具有利益的内在一致性，在思想观念、生活方式、文化认同等方面的冲突也比较少，在先进经营理念的指导下，可以促进沟通协作，提高经营管理效率。

3. 农户+农户

"农户+农户"的乡村旅游开发模式是乡村旅游发展初期经常出现的经营模式。[①] 乡村旅游开发初期,农民对外来经营单位心存疑虑,不愿将资本和土地交给企业进行管理,他们更愿意采用农户协作的经营方式,逐渐形成了"农户+农户"的乡村旅游开发模式。这种模式的经营方式机动灵活,资金投入比较少,且能够保留乡村旅游资源的原真性,乡村游客以较少的支出就能体验到当地的风土人情。但这种模式不易形成旅游规模经济,适合乡村旅游发展初期,只能满足少量旅游供给。

三、乡村旅游资源的分类开发

乡村旅游资源的基本分类是从人文地理学角度来阐释的,可分为乡村自然旅游资源、乡村人文旅游资源和乡村衍生旅游资源。

（一）乡村旅游资源的基本分类

1. 乡村自然旅游资源

乡村自然旅游资源,包括乡村地质地貌、乡村水域风光、乡村气候气象和乡村生物景观。

（1）乡村地质地貌,包括地质构造、岩石、化石、地壳运动遗迹、海岸地貌、山岳地貌、岩溶地貌、沙漠和草原地貌等。

（2）乡村水域风光,包括江河湖泊、瀑布溪涧、温泉、海域等风景。

（3）乡村气候气象,包括云雾、雨景、冰雪景、云霞、旭日、夕阳、日晕等景观。

（4）乡村生物景观,包括植物景观和动物景观。

[①] 雷晓蓉.乡村旅游资源开发利用研究[M].长沙:湖南大学出版社,2012.

第二章　乡村振兴战略下乡村旅游发展与治理的方向

2. 乡村人文旅游资源

乡村人文旅游资源是乡村地域文化的积淀,具有一定地域性、时代性、民族性特点,分为有形和无形两类。有形的乡村人文旅游资源包括特色地域建筑、典型民族村寨、聚落分布形态、乡村遗迹遗址、乡村古建筑、乡村农业景观、生产工具遗存、宗教建筑、特色服饰、特色饮食、土特产、工艺品和纪念品。其中农业景观最为丰富,包括水利工程、各形态的农田、农作物景观、养殖畜牧基地、园艺园林基地、农业科技园区、农业博览园、农业教育基地等形式。无形的乡村人文旅游资源以历史文化和传统文化为底蕴,呈现出乡村农耕文化、民族民俗风情以及传统礼制和礼仪等多种形态。①

3. 乡村衍生旅游资源

乡村旅游经济活动围绕着旅游资源,形成了直接服务于游客的多样化旅游设施,如农家乐、乡村客栈、休闲农庄和度假村,当基于这些设施的乡村旅游经济活动以独特的风格吸引了游客的注意时,也往往衍生出新的旅游资源。

(二)乡村旅游资源的主题分类

在乡村发展进程中,开发建设者为了突出特色,将乡村旅游资源的基本分类进行组合,衍生出多样化的主题分类。

1. 乡村农业景观

乡村农业景观主要是大规模连片农田、多种类型的经济果林与蔬菜园区,呈现出大面积的农林作物景观,并以山地风景和水域风光为背景和衬托,其特点是场面辽阔,具有浓厚的乡村风情。

---

① 龚勋. 现代乡村旅游开发及营销策略[M]. 成都:西南财经大学出版社,2013.

2. 乡村聚落景观

乡村聚落是村民们居住、生活、休息和进行社会活动的场所分布形态，也包括除耕地之外的生产劳动的场所分布形态，其分布形态包括如下。

分散型：这种聚落呈点状分布，每户房前屋后常有庭院。
集聚型：这种聚落呈团状、带状和环状分布。
特殊型：如水村、土楼、窑洞和堡寨。
乡村聚落景观具有历史性、传统性、整体性和独特性等特点，是当地村民社会活动的载体。

3. 乡村建筑景观

乡村建筑是乡村聚落的具体建筑形式，多取材于当地的石材和木材。不同地方的乡村建筑往往具有风格迥异的地域特色，从而给游客留下深刻的印象，建筑的特色往往是乡村之间区别的显著标志。乡村建筑以乡村民居为主体，还包括戏台、历史建筑、宗祠建筑、宗教建筑、园艺园林、休闲建筑等。在旅游业发达的乡村地区，规划齐整的乡村客栈群、食品一条街等旅游接待设施，也组成了乡村建筑的亮丽风景线。

4. 乡村农耕文化

农耕文化是农民在长期农业生产和农业生活中形成的风俗文化，它存在于人类历史的早期，对人类文明发展进程影响巨大。乡村农耕文化与生产力水平和自然地理环境密切相关，表现出不同的文明进程和文化特色，包括乡村物质文化、乡村制度文化和乡村心理文化三个方面。中国农业生产源远流长，农耕文明决定了汉族文化的特征。

5. 民族民俗文化

民族民俗文化包括民族文化和民俗文化两方面，民族文化和民俗文化发展演变的结晶，既有物质的形态，也有抽象的内容。狭义的民族民俗包括生产民俗、流通民俗、消费民俗、游艺民俗、信仰民俗、节日民俗。广义的民族民俗风情还包括乡村制度文化和乡村精神文化。

第二节 乡村振兴战略下乡村旅游规划的内容

一、乡村旅游配套设施规划

旅游规划的落实需要相关的配套设施保证其实现,而"配套设施"这一概念比较宽泛。从一方面来说,其指的仅仅包括娱乐、餐饮和购物等;但是从另一方面,除了原本的旅游设施之外的设施都可以被称为旅游配套设施。乡村旅游的配套设施主要指的是乡村旅游业在服务上所需的设施,其中包括多种设施,如服务设施、餐饮设施、住宿设施、交通设施、娱乐设施、邮电通信设施、水电设施、安全卫生设施等,其中很多行业还没有相应的行业标准规范。乡村旅游的特征就是田园生活和生态体验,对于乡村旅游来说,其配套设施应该是美观的、安全的、功能健全的、经济实用的,并且符合当地的主题,使得游客在接受各种服务时,都能感受到田园的美好。

二、政策保障机制

对于乡村发展而言,政策保障是必不可少的,也就是说政策保障是乡村发展重要的驱动因素,因此只有规划配套的政策,才是对乡村旅游发展更好的。首先,政府需要发挥主导作用,对乡村的旅游用地和财政金融进行保障,实现其发展。乡村旅游发展关键的制约因素就是乡村旅游用地,而乡村用地政策的制定需要提出相关的旅游项目和建设布局,同时探索土地的总体规划编制,建设配套的用地比例,保障乡村旅游用地;而乡村旅游所涉及的非建设用地,不仅要保障农村的土地承包权流转,同时也要有农村设施用地上的政策保障;乡村旅游项目所涉及的用地是农村原有的建设用地,对于现有的建设用地需要政府的协商解决。其次,在财政金融上,原则就是"政府扶持、业主为主、社会参与",实现乡村旅游投入机制的建立和完善,同时要加大财政力度;对于税收,要实施优惠政策,应该适当减免乡村旅游企业的税收;要设立乡村旅游重点扶贫基金,推进贫困地区农民致富;要进一步加大投资平台,积极吸纳外部资金,实现乡村旅游行业的更大投入。

三、人力资源保障机制

关于人力资源保障系统,主要就是为乡村旅游市场提供高水平的人才,实现人力资源的可持续发展保障。政府要加速乡村旅游的创业人才工程,尽可能加大乡村的人才培养力度,并相应加强乡村旅游经营管理人才队伍建设。要适当制定鼓励性政策,采用多种方式对人员进行培训,如政策法规、经营管理、配套设施、投资环境等。高校和旅游培训机构要对乡村人才培养起到带头作用。旅游职业教育是乡村旅游人才培养的新机制,应加大职业教育力度,建立乡村旅游培训基地,鼓励农村劳动力提升自身的乡村旅游职业技能。[1]

四、危机应对机制

乡村旅游主要开展的地区是乡村地区,往往远离城市,同时乡村地区的地形比较复杂、气象条件多变,所以乡村旅游在应对危机和风险上能力较差。因此,在乡村旅游发展规划上,要设置一个比较完整的危机应对机制,提升风险抵御能力和预测能力。危险应对机制一般主要有三种,即气象灾害上的应对机制、自然灾害应对机制、人为危机应对机制,这三类危机如果发生,要进行适当防范。

可见,旅游安全保障体系建设是至关重要的,其也是乡村发展的先决条件。各级旅游监管部门要建立和健全旅游安全保障机制;严格执行安全事故报告制度和相关的重大责任追究制度;完善旅游安全提示的预警制度,同时建立重点旅游地区专门的预警系统,如旅游专业气象、地质灾害、生态环境等;对于重大突发疫情可能在旅行途中散播的情况,要开展防护工作;推动建立旅游应急救援体系,完善应急处置机制,健全出境游客应急救助机制,增强游客保险意识。总而言之,要站在

---

[1] 张述林;李源;刘佳瑜.乡村旅游发展规划研究 理论与实践[M].北京:科学出版社,2014.

旅游者的角度开展旅游安全工作,在这一过程中,要和多个部门积极配合,如规范旅游者、旅游产品或服务提供者、各级旅游行政主管部门,从而提升旅游安全工作的水平。

第三节 乡村振兴战略下乡村旅游规划的路径

一、乡村休闲产业模式

20世纪中后期,很多发达国家的乡村旅游进入了观光休闲发展阶段,实现了旅游业与农业的结合,催生出全新的产业。在这一阶段,对庄园、农场等进行了规划建设,设立的休闲项目包括漂流、登山、滑翔、骑马、徒步旅行、参加农事等,还开办了各种形式的培训班、自然学习班、务农学校等,真正意义上实现了现代乡村旅游的开发与建设。从此,乡村旅游在单纯郊游的基础上,增加了越来越多的休闲娱乐活动。

乡村旅游不再局限于田园风光的欣赏,观光休闲农业园逐渐取代传统的乡村旅游模式。乡村旅游在观光基础上,加入了购、食、游、住等多种经营形式,随之出现了从事乡村旅游的专业人员。此外,乡村旅游不再是农业与旅游业的简单相加,已经从二者之间彻底独立出来,同时找到了农村与旅游业的交汇点,使二者在相互结合中共同发展,这是乡村旅游新兴产业产生的重要标志。

20世纪80年代,随着人民对休闲度假旅游需求的不断提高,观光农业园衍生出来的功能越来越多。比如,环保、教育、体验、度假、休闲等。乡村旅游的功能实现了对"生产、生活、生态"的贯穿,具有生产、生活、生态的多功能市民农园、教育农园、度假农庄、休闲农场等随之出现。20世纪90年代,乡村文化旅游逐渐兴起,并成为乡村旅游的主要内涵。后来,乡村文化旅游相继推出,包括节庆活动、农舍建筑、农耕文化、民族文化、民俗风情等,乡村旅游的文化品位与文化层次得到极大加强。比如,新西兰的"花园花展旅游""牧之旅"、德国的"市民农园""度假农庄"、韩国的"周末农场""观光农园"、日本的"都市农场"等。

下面讲述一下中国台湾地区休闲农业的发展。1965年,台湾的第一家观光农园成立,标志着台湾休闲农业进入了萌芽阶段。20世纪80

年代初,台北市政府推行"观光茶园"计划,表明政府已经重视休闲农业的发展,并作出相应的宏观指导。20世纪80年代末,台湾开始推行"农业+旅游业"性质的休闲农业。经过数年的发展,台湾休闲观光农业完善程度越来越高,呈现多元化发展趋势,主要包括教育农园、市民农园、休闲农场、休闲牧场、观光农园、农家民宿、乡村花园等多种类型。1999年4月30日,《休闲农业辅导管理办法》经修正后出台。此后,各级管理部门开始了相关政策的拟定工作,并确定了配套措施,将休闲农业纳入财政预算范畴。2001—2004年,台湾大力推动"一乡一农园区"计划,使得休闲农业得到迅速发展。经过几十年来的发展,台湾休闲农业呈现出多元化的发展趋势,主要包括教育农园、休闲渔业、休闲林场、休闲牧场、休闲农场、乡村民宿等多种类型。较为著名的有很多。比如,南投县埔里镇的台一教育休闲农场、台南市股乡溪南村的溪南春休闲度假渔村、南投县仁爱乡的清境农场、南投县仁爱乡的清境小瑞士花园、台中大坑风景区的新社庄园、宜兰大元山山麓农场园区的香格里拉休闲农场、苗县通霄镇南和里的飞牛牧场、台南新化镇的大坑休闲农场等。在发展休闲农业的过程中,中国台湾地区政府主要采取了以下措施。

(1)政府确立法律法规,在宏观上保证休闲农业的平稳、持续发展。20世纪80年代,为了确保休闲农业得到平稳、持续发展,台湾有关部门修订了一系列关于休闲农业的法律法规。20世纪90年代起,"农委会"颁布了《休闲农业区设置管理法》,其后经过10余次修改。同时,"观光局"推行检查凭证许可,开创开办关于休闲农业的验证许可制度。2001年,"国民旅游卡"消费政策出台,并支持、鼓励政府公务活动在休闲观光农业点举行。同时,将公务员的休假制度结合于休闲观光农业消费,以促进休闲农业的高速发展。此外,在政策支撑下,有计划地安排中小学生去休闲农场体验生活,并得到一定的学习,意图通过休闲农场,树立中小学生的生态环境保护意识,让中小学生在教育中完善人格。

(2)通过完善管理机构、加大政府支持力度,在宏观上引导休闲农业,以提高休闲农业的服务与管理。1998年,台湾休闲农业发展协会成立。台湾休闲农业以"农委会"为主管,以"经建会"与"观光局"为辅助管理。同时,在"农委会"下设立休闲农业管理及辅导处,并且各县市也有设立,最终构成由上而下的休闲农业管理体系。当休闲农场得到"农委会"的核准后,可在经营上享有优惠政策,通过"农委会"调拨专项经费以供发展。

第二章　乡村振兴战略下乡村旅游发展与治理的方向

（3）重视休闲农业发展协会发挥的作用。1998年，台湾休闲农业发展协会的成立，在一定程度上促进了休闲农业指导、服务与管理的加强。在具体工作开展的过程中，为了协助辅导从事休闲农业管理与服务的工作者，同时解决人力资源问题、提高经营企业的服务品质、推动服务营销等，台湾休闲农业发展协会制订了一系列辅导策略与执行方案。同时，台湾休闲农业发展协会肩负着社会教育责任，对台湾农业产业的规范化发展意义重大。此外，台湾休闲农业发展协会还重视企业的产品开发与宣传促销、休闲农业规划与检查评证等多个方面。

从上述介绍可以看出，不论是国外乡村旅游，还是中国台湾地区乡村旅游，都是以休闲农业与产业化规模化为基础进行建设的。同时，只有对农业经营组织进行合理的指导管理，促进农业产业的提升，才能更好地发展乡村旅游。

在我国乡村旅游发展的初期阶段，农家乐是乡村旅游的主要形式与内容之一。但由于缺乏产业支撑，难以靠个体经营扩大经营规模，也难以通过健全的产业链促成经营性收入的实现。比如，湖北省英山县大别山区的孔坊乡新铺村的农民，最初采用小块土地经营模式，但经济效益极低，为了解决面临的困境，村民们积极与湖北先秾坛生态农业有限公司开展协同合作，通过"公司+农户"这一模式，集约了数万亩土地资源，并以此为基础，创建了生态农业神峰山庄，发展乡村休闲产业与生态循环农业，种植灵芝、木耳、香菇、云雾茶、山野菜、有机稻米等，同时养殖羊、山鸡、黑禧猪等。其中，售卖鸡蛋的收益高达80万元，而绿色农产品方面的收入更是超过1亿元。同时，山庄每年客流量超过10万人次，可以说是大别山区休闲生态农业的典范。需要指出的是，在小农经济模式下，是完全难以获得如此高的经济效益的，只有突破小农经济，发展乡村休闲产业，农村才能建设得更加美好。

根据相关实践可知，乡村旅游想要从农家乐转型为乡村休闲产业，就要构建新型农业经营体系，培育新型农业经营主体，适度发展新型农业规模经营，在保护乡村不受破坏的前提下，尽可能地将乡村开发得更好。2016年中央一号文件要求："积极扶持农民发展休闲旅游合作社。引导和支持社会资本开发农民参与度高、受益面广的休闲旅游项目。"2014年中央农村工作会议提出："把产业链、价值链等现代产业组织方式引入农业，促进一、二、三产业融合互动。"而"公司+合作社+农户"这一创新合作模式，就是将农业产业作为基础，根据市场导向,在企业的带领下,农民在合作社这一平台上进行集约创新,最终形成行业协调、产业化经营、公司经营、合作经营、家庭经营的"五位一体",实现农户、合作社、企业相互协作、共同发展,这是传统农业转型为休闲农业,对乡村休闲产业模式进行创新,乡村旅游与休闲农业有效结合的成功模式。海南省三亚市亚龙湾"玫瑰谷"和"兰花世界",通过"公司＋合作社＋农户"这一模式,实现了三方共赢,成为这一模式鲜活的成功范例。

下面介绍一下海南省三亚市亚龙湾"玫瑰谷"。1997年开始,上海兰德公司于上海开展玫瑰鲜切花种植与销售项目,涉及华东六省一市的鲜花市场,建立了以上海与长江三角洲地区为中心的规模庞大的销售网络。2006年,该公司于海南初步试种热带玫瑰,并获得成功,打破了海南没有玫瑰鲜切花的局面。玫瑰谷一期时,开发种植的玫瑰鲜花有1000亩。三亚为了乡村旅游的发展,一直重视休闲农业产业的建设,其中包括节水灌溉示范基地,花卉科研示范基地,低碳、节能、环保示范基地,龙头企业带领农户致富的示范基地,热带玫瑰花繁育基地,现代都市旅游观光农业示范基地,高效农业示范基地,新型高产示范基地等生产性项目。同时,依托于玫瑰谷的鲜切花示范基地,以"公司＋合作社＋农户"为主要生产合作模式,逐步实现农民玫瑰花专业合作社的规模化,促成了近500户农民进行种植业的升级换代,使得三亚玫瑰鲜切花产业初步形成。随后,通过公司收购、分类、包装农户生产的玫瑰花,向包括华东地区在内的各大城市直接销售,并且供不应求。

在种植玫瑰之前,农民种植的水稻每亩年收入不超过1000元,而玫瑰的种植使农民的年收入翻了5倍。在公司的带动下,通过合作社这一模式,种植的每亩玫瑰年收入超过2万元。今时今日,玫瑰谷已经实现了乡村旅游与休闲农业的高度结合,成为集旅游休闲度假、玫瑰文化展示、玫瑰种植为一体的亚洲最大规模玫瑰谷。同时,将"玫瑰之约,浪漫三亚"作为主题,充分显示了玫瑰谷的美好,大大提高了对游客的吸引力。2014年第一季度,玫瑰谷的客流量高达9.25万人次,旅游营收高达400万元以上,还解决了当地一些农民的就业问题。习近平总书记曾视察玫瑰谷,说了这样一句话:"小康不小康,关键看老乡。"同时,充分肯定了玫瑰谷这一现代化的生产模式,对玫瑰谷的发展持积极态度。

海南三亚"兰花世界"同样采用了"企业＋合作社＋农户"这一创

第二章 乡村振兴战略下乡村旅游发展与治理的方向

新合作模式,带动了三亚15个兰花合作社,种植兰花的农户有2000人左右,种植面积350亩,每年每亩地平均收入超过4万元。同时,带动周边城市近千农民从事兰花种植生产,总种植面积在1000亩以上。当前,在整个海南的旅游景区中,"兰花世界"也是较为著名的。2013年,"兰花世界"客流量达22.8万人次,总营收超过1000万元,同时解决了100多位农民的就业问题。

目前,在我国乡村旅游发展的过程中,主要依托于以下几种休闲农业产业类型。

(1)对游客吸引力较大、经济效益较高的蔬果种植产业。比如,北京市平谷区以采桃、赏花为主的大桃种植业,北京市大兴区以葡萄、桑葚、西瓜、桃、梨为特色的"绿海甜"乡村旅游,新疆吐鲁番以葡萄种植为主的葡萄沟等。

(2)具有休闲观赏功能、形成产业经济效益的花卉种植产业。比如,山东菏泽、河南洛阳的牡丹种植园,北京市密云区以薰衣草种植为主的紫庄园,海南三亚的兰花世界、玫瑰谷等。

(3)草原旅游与草原牧业。比如,甘肃山丹军马场、新疆乌鲁木齐市南山牧场、内蒙古西乌穆沁旗诺干宝力格嘎村等。

(4)高效现代农业。比如,黑龙江省红旗岭农场、山东省寿光市"菜博会"等。

(5)以林业为基础的森林旅游与林下经济。比如,吉林省集安市林下参种植基地、吉林省钰清县兰家大峡谷森林公园等。

(6)竹木苗木种植产业。比如,河南省许昌市鄢陵县以苗木为依托的绿色产业,打造了"腊梅之乡"品牌等。

(7)柳编、草编、竹编等工艺品生产。比如,江西赣州乡村竹编、山东省潍坊乡村柳编、甘肃平凉市乡村草编等。

(8)河湖渔业养殖与海洋渔业。比如,吉林省前郭尔罗斯的查干湖"冬捕节",山东省长岛"渔家乐",海南三亚市"蛋家乐"等。

(9)特殊种植业与养殖业。比如,河南许昌、安徽亳州的中药材种植业,云南省西双版纳、畹町的孔雀养殖,湖南省新宁县高山牧场梅花鹿养殖,额尔古纳市部落驯鹿养殖等。

随着全国休闲农业和乡村旅游示范创建工作相继开展,逐渐形成了品牌带动效应与积极的典型示范,使得各地对此的重视程度越来越高,休闲农业与乡村旅游的社会影响力也越来越强。截至2017年5月,我国已有上万个遍布全国各地的休闲业园区与乡村旅游景区,农家乐也有150万家以上,年客流量约4亿人次,旅游收益高达3000多亿元,解决了400多万农民的就业问题,并使他们生活得越来越好。在这3000多亿元的营收中,农民直接获益高达1200亿元左右。在休闲农业与乡村旅游不断发展的过程中,不仅实现了乡村更好的规划建设,而且让更多农民丰富了自身生活,这对中国的现代化建设具有重要意义。

二、丝绸之路经济带旅游创新发展

《推动共建丝绸之路经济带和21世纪海上丝绸之路的愿景与行动》(以下简称《愿景与行动》)是"一带一路"路线图,也是丝绸之路经济带旅游创新发展之路的驱动力。根据《愿景与行动》[①],包括我国在内的"沿线国家交通、经贸往来、政府、旅游以及教育等方面的合作将面临巨大的机遇和改变"。具体而言,我国丝绸之路经济带旅游发展的创新驱动包括以下方面。[②]

第一,基于《愿景与行动》,以亚洲命运共同体的构建为战略高度,以"五通"作为合作重点,将对我国旅游发展的框架布局进行宏观上的重新规划。①国际合作:以"一带一路"的走向为依据,对海陆两大国际交通路线进行重点建设,共同打造四大国际经济合作走廊,即"中国—中南半岛""中国—中亚—西亚""中蒙丝绸之路(敦煌)国际文化博览会""新亚欧大陆桥",这些路线未来会是重要的国际合作旅游经济带。②国内布局:将各地区的优势充分发挥出来,提高对开放战略的积极性,促进各地域之间的互相协作,实现开放型经济水平的全面提升。以此为基础,确定了东北地区、西北地区、西南地区、内陆地区、沿海和港澳台地区在"一带一路"中的角色定位与发挥的作用。比如,内蒙古、陕西、宁夏、青海、甘肃、新疆等西北地区,为丝绸之路经济带的核心区,主要目标与作用是进一步深化与西亚、南亚、中亚国家的交流与合作;广西、西藏、云南、四川等为面向东南亚、南亚国家的重要省区。在未来相当长的一段时间内,西部11省区将围绕"一带一路"的目标,对丝

---

① 《愿景与行动》:分为8个部分,包括时代背景、共建原则、框架思路、合作重点、合作机制、中国各地方开放态势、中国积极行动和共创美好未来。
② 孟克巴雅尔.丝路文化视域下的旅游发展与实践研究[M].银川:宁夏人民出版社,2022.

第二章 乡村振兴战略下乡村旅游发展与治理的方向

绸之路经济带旅游进行不断创新,以推动丝绸之路经济带旅游的蓬勃发展。

第二,18个省区的旅游发展实现了与"一带一路"国家战略的结合。特别是处于"丝绸之路经济带"沿线,但经济发展较东部落后很多的西部地区,被确定为"内陆开放型经济试验区""内陆型改革开放新高地""丝绸之路经济带核心区"后,形成了面向南亚、中亚、西亚乃至欧洲的人文交流基地、商贸物流枢纽、对外开放的重要窗口。作为"一带一路"国家战略的重要地域,将提高内陆节点城市建设的速度,为支援乌鲁木齐、西安等内陆城市,将建设国际陆港、航空港,同时将深化沿边口岸、内陆口岸的合作,促进跨境贸易电子商务服务试点的开展。通过这些举措的实施,有利于我国西部省区走出国门,迈向国际旅游市场,并与之有深度的结合,使丝绸之路经济带旅游服务生产得到极大的发展。

第三,习近平总书记对"亚洲命运共同体"概念进行了深刻阐述,同时指出,应打造独具特色的亚洲合作平台,促进亚洲人民幸福生活与梦想的实现,并通过互联互通建设,促进各国文明之间的相互借鉴以及人民之间的深入交流,从而使各国人民在互信互敬中享受生活带来的和谐与安宁,共同编制与构建进步、富强、和平的亚洲。《愿景与行动》出台后,共建"亚洲命运共同体"的内涵被进一步落实,同时对丝绸之路传统友好合作精神进行了传承与弘扬,强调"一带一路"建设的社会根基就是"民心相通",只有各国人民之间做到团结友爱,"一带一路"国家战略才能发挥更大作用,并走得更远。《愿景和行动》指出,应进一步深化"一带一路"沿线国家或地区之间的文化交流、人才合作交流、志愿者服务、媒体合作等各个方面,通过扎实民意基础,促进双多边合作的深化。这说明了丝绸之路经济带旅游,将成为我国同南亚、中亚、西亚甚至欧洲国家之间促进民意相合的主要手段之一,以及各国文化与人民交流的重要方式与渠道。在"互联互通,旅游先通"的作用下,我国西部省区旅游业的地位将得到极大提升,成为国民经济发展中不可忽视的力量。而在新形势下,旅游业必将成为我国丝绸之路经济带沿线各省区创新驱动的重要产业,具有极大的战略意义。

三、乡村特色旅游活动规划

乡村旅游活动是重要的组成部分,好的旅游活动能够提高对游客的吸引力,进而获得更高的经济效益,而有缺陷的旅游活动是无法激发游客兴趣的,甚至有可能产生一定的反感情绪。下面对各种旅游活动进行简要介绍。

(一)采摘游

采摘游主要分为两种,即花卉采摘与蔬果采摘。其中,蔬果采摘还可以细致地分为大棚反季蔬果采摘与应季蔬果采摘。具体而言,春、冬两季主要是大棚反季蔬果采摘;夏季主要是苦瓜、豆角、茄子等时令蔬菜采摘,以及桃、杏等时令水果采摘;秋季主要是南瓜等时令蔬菜采摘,以及梨、苹果等时令水果采摘。最近几年,一些村庄采用果树嫁接的方法来提高经济效益,冬季采摘草莓等,即为反季水果采摘。对于花卉采摘,要保证游客及其采摘数量适宜,经过采摘的花可用于花茶的制作、永生花的制作、插花的练习等。

(二)观光游

观光游的对象主要包括人文景观、自然风光等,随着季节的变化,观光对象一般会产生一定变化,蕴含季节带来的美感。比如,春季万物复苏,树木与花朵纷纷开始成长,动物们脱离寒冬后更加欢快;夏季荷花盛开,蛙声、水声带来季节的呼唤;秋季稻田丰收,树叶逐渐发黄,经秋风扫过,纷纷脱落;冬季冰封万里,雪花点缀冬季的洁白与美好,而南国却是另外一番场景。通过对四季之美的欣赏与感悟,在农村的城市居民能够对自身的魅力有更加深刻的认知与理解。

(三)休闲养生游

休闲养生游主要目的就是休闲养生的旅游活动,其主要包括垂钓、徒步等休闲游玩活动;对于养生而言,其主要是针对三个方面进行活动策划的,也就是"养生运动、饮食养生、精神养生",同时其养生活动主要还包括瑜伽和太极拳;对于身体养生还包括了 SPA 和水疗;对于饮食上的养生活动就是素食品和素食的制作;精神上的养生活动就是感恩课程和道家课程。

(四)土地租赁游

这种旅游活动主要是通过对乡村居民在其土地上的租赁,同时对其自身要求上的提升,对土地进行一定产品的种植,其中包括有机蔬菜种植、粮食种植、家禽家畜养殖、花卉种植等。对于城市居民而言,其通过对乡村中的优秀种植人才在其种植技术上的学习,或者是对于乡村居民在其种植形式上的学习,实现对花卉的种植和保证食品的无公害性。

第四节　乡村振兴战略下乡村旅游规划的实践

一、四川三圣花乡旅游规划与开发

(一)四川三圣花乡发展概况

1. 三圣花乡简介

三圣花乡发展历史悠久,以花闻名,利用花卉资源发展起来的特色乡村旅游活动,国内外知名度都很高。三圣花乡既注重自然资源,同时也将文化放在了重要位置,是大陆乡村旅游的发源地。

2. 发展历程

(1)初步发展阶段

"三圣"源于三圣庙,三圣庙最初修建时是为了供奉炎帝、黄帝和仓颔,之后变为供奉刘备、关羽、张飞,"三圣乡"由此得名。"三圣乡"的花卉种植很有名,是成都重要的花卉集散地,所以叫作"三圣花乡"。20世纪,三圣花乡由于地处城乡结合部,对这里的规划是不能让其作为建设用地,因此经济十分落后。但在2003年,三圣花乡政府争取到了"四川首届花博会"的承办权,此次花博会一共举办了7天,共吸引游客103万人次。巨大的人流量为三圣花乡带来了发展机会,随着游客而来的就是对住宿、餐饮和各种基础服务设施的需要。于是一些居民就把自己的住宅改装成民宿,提供一些基本的餐食,三圣花乡的农家乐开始出现。居民的收入开始逐渐增加,收入的提高让红砂村率先看到了发展机会,凭借优质的花卉资源,创办了"花乡农居"品牌,同时开办农家乐为游客提供便利,整个红砂村逐渐成为一个特色生态旅游休闲地。有了红砂村的带动,其他村庄也开始利用村子的特色资源走上了旅游发展的道路,三圣乡"五朵金花"的发展格局逐步形成,三圣花乡的品牌也逐渐确立起来。

(2)蓬勃发展阶段

自花卉博览会之后,三圣花乡有了一定的知名度,为了加快发展速度,三圣花乡将五个村子的特色文化和资源进行了整合,最终形成"五朵金花"。"花乡农居"位于红砂村,这里种植花卉的历史悠久,种植规模很大,村民主要的收入来源便是花卉种植,是西南地区最早发展花卉产业的地区之一。"幸福梅林"位于幸福村,"幸福村"的名字来源于一个民间传说,这里的梅花种植面积大,品种多,是全国四大梅林之一。利用梅花资源,景区内修建了众多与梅花有关的人文景观。"荷塘月色"位于万福村,荷花多以观赏性荷花为主,景色别致,还会举办以荷花为主题的活动。东篱菊园位于驸马村,是一处拥有美丽菊花美景和丰富菊文化的观光休闲农业、乡村旅游度假胜地。江家菜地位于江家堰村,种植的蔬果在成都市有很高知名度。五朵金花不同季节各有其特色,五个景点,不仅体现了三圣花乡的旅游资源种类丰富而且品质较高。有了特色的旅游吸引物,加之三圣花乡的基础设施不断完善,旅游发展越来越专业化,基于乡村农业资源和乡村文化的旅游业快速发展起来。2005年,"三圣花乡"全年总计接待游客约750万人次,文化旅游创收近2亿元,农民人均收入达到6000多元。

(3)转型升级阶段

从2019年开始,三圣花乡开始提档升级,将资源优势和文化优势充分发挥,技术和文旅相结合、商业和文旅相结合,着重发展文化旅游产业。三圣花乡凭借着种植花卉的悠久历史,深度挖掘梅、菊、荷的深层文化内涵,让单一的花卉种植增加了文化附加值,提高了旅游资源的经济价值。依据不同花的文化内涵举办主题活动,例如在"幸福梅林"依托梅花所代表的品质内涵,打造了"岁寒三友"主题梅园,将传统的农业经济转变为现代休闲旅游发展模式,二者相互推动,使文化和农业相得益彰。其次,三圣花乡重视品牌推广,通过梅花节、菊博会等平台,对旅游产品进行包装,提高知名度。打造特色旅游项目,发展体验式旅游等发展模式,让三圣花乡的旅游得到了更好的发展,居民的收入也有了显著增加。三圣花乡的提档升级还吸引了不少外来投资者和返乡创业人员,为当地乡村振兴发展注入了内生动力,这为三圣花乡能迅速抓住机遇提供了坚实基础。据三圣花乡的负责人介绍,接下来景区会围绕"生态优先,绿色发展"理念,继续把"五朵金花"品牌做大做强,充分做强"旅游+"业态,把三圣花乡打造成全龄、全季、全时段的旅游首选地。[1]

表 2-1 三圣花乡发展历程

阶段	时间	发展特色	主要旅游活动
初步发展阶段	2003—2004 年	知名度提升,游客增加	赏花
蓬勃发展阶段	2005—2018 年	整合资源,收入增加	"五朵金花"主题活动
转型升级阶段	2019 年至今	文旅融合,做大做强	花卉体验活动

(二)四川三圣花乡的主要产品

1. 休闲度假产品

三圣花乡的农家乐是很多游客去旅游都会选择的休闲度假产品,三圣花乡目前共有农家乐 200 多户,分布在以"五朵金花"为界的区域内,大多数都是当地居民自主经营的。三圣花乡农家乐可以提供住宿、餐饮、娱乐、购物等服务。

---

[1] 丁国琴,谢萍.三圣花乡发展历程与持续发展对策研究[J].风景名胜,2019(11).

2. 观光产品

三圣花乡生态环境良好,当地政府通过实地调研三圣花乡的旅游资源,因地制宜,对景区进行合理规划和科学设计,推出了众多特色鲜明、景色优美的观光旅游产品。"五朵金花"就是三圣花乡最具知名度的观光产品,花乡农居、幸福梅林、江家菜地、东篱菊园、荷塘月色"五朵金花",各具特色,在花乡农居花卉种类众多,环境优美,是赏花的最佳选择。幸福梅林是赏梅品梅的不二之选,梅林区域还有带有川西民居特色的农户600多户,整个景区古朴素雅。

3. 体验产品

三圣花乡除了出名的"五朵金花"外,一些体验性旅游产品也获得了大众认可。如高架草莓采摘园和普通的大棚草莓采摘不同,这里的草莓是种在高架上的,在采摘时不用担心草莓会有淤泥和虫子,也不用游客低腰下去,能让游客获得良好的采摘体验。另外,三圣花乡的农家乐推出了很多体验型的项目,能够体验到新鲜采摘和自助烧烤的乐趣。

(三)四川三圣花乡旅游规划与开发的成功经验

1. 深度挖掘文化内涵,创新农村文化发展模式

只有有内涵的旅游才能促进三圣花乡的旅游可持续发展,三圣花乡的"五朵金花"处处都体现着丰富的文化内涵,以幸福梅林为例,深挖梅花的文化内涵,赋予了梅花更多的表现形式,建设梅花知识长廊,让游客能更加了解梅花;打造"精品梅园""梅花三弄"等主题梅园,让游客能更加近距离观赏到梅花;以梅花为原料,制作梅花有关美食,延长的产业链。除了在景区上下功夫,三圣乡还注重在细节上体现文化内涵,在农家乐的建造和取名上,居民对于自己的民居充分利用,按照川西民居的风格加以改进,每户的不同改造思路又让农家乐呈现出别样的特色。在取名上也是深思熟虑,充满诗情画意。在景区,居民为了丰富景

第二章　乡村振兴战略下乡村旅游发展与治理的方向

区的整体环境,会在自己的房屋墙上画画,以此来丰富景区。三圣花乡注重提升文化内涵,提升景区附加值,以农村为基本载体,以文化为灵魂,以文化旅游为表现形式,切实做到了文旅融合发展。

2. 政府的大力扶持和统一规划

发展乡村旅游离不开政府的政策扶持和资金投入,需要制定出科学的发展规划,找到正确的发展方向,让政府在乡村旅游的发展过程中起导向作用。三圣花乡自第一届花博会后,知名度和旅游发展都有了提升,但随着时代的发展,也遇到了一些瓶颈:如景区环境质量下降,景区产品出现同质化现象,游客的消费层次较低,景区之间缺乏整体规划。针对这些问题,锦江区政府首先加大对基础设施建设的投资,治理环境,健全了乡村道路,完善了乡村水电和公共厕所等基础设施。环境和基础设施的改善,为游客提供了更加舒适便利的旅游环境,也给居民带来了增值。其次政府以"花乡农居"为起点,寻找景区发展新模式,通过加大财政投入吸引社会资本的投资,引进文化创意产业、民宿 93 家,培育花创花艺企业 14 家,新增网红打卡地 12 处。在锦江区委、区政府的政策支持和资金投入下,三圣花乡景区的旅游发展模式和游客的旅游质量都实现量变和质变。"进可繁华,退可田园"的都市旅游新模式吸引了很多省内外游客。从 2021 年提档升级后开始营业以来,在节假日和周末的游客络绎不绝,频频入围四川省热门旅游景区。

3. 加强村民培训,保障村民利益

居民是三圣花乡旅游发展的主要参与者,村民素质的高低、服务能力的好坏,直接决定了游客的旅游体验。为了提升三圣花乡的旅游发展水平,成都市的旅游部门下发了《成都市农家乐旅游服务暂行规定》等文件,对居民进行严格培训,提高村民的综合素质,邀请专家对村民进行接待礼仪、烹饪技巧的培训,提高服务能力。三圣乡对农民参与旅游提供坚实的保障,原本农民的收入来源于单一的花卉种植地销售,现在转变为多种收入方式,即土地流转收入、农宅出租的租金、经营农家乐或到村里旅游企业打工赚取薪金、参与村集体经济、土地入股、建乡村酒店等经营企业,可保底分红的股金、达到社保条件后按股领取的养老

金或低保金。给了农民更多的收入保障和参与到三圣花乡旅游发展中的动力。

二、云南阿者科村旅游规划与开发

（一）云南阿者科村发展概况

1. 阿者科村简介

阿者科村是一个传统的少数民族村落,为了改善村民的生存状况,阿者科村积极将村内资源进行合理利用,既保护了村子的原始风貌,又将资源优势转化为了经济优势,给村民带来了可观的收入,是乡村旅游扶贫的成功代表。阿者科村是一个哈尼族村落,位于云南省红河哈尼族彝族自治州元阳县新街镇哀牢山的半山腰。那里的红河哈尼梯田是世界自然遗产也是国家第三批传统村落,阿者科村就坐落在梯田的核心区内,阿者科村里有60多户哈尼族人家,村内保留了比较完整地哈尼族风貌。原本哈尼族人民并不是生活在现在的区域,而是在高原上过着游牧生活。为了躲避战乱而迁徙到如今的云南昆明一带,一部分哈尼族来到了红河一带,开始在哀牢山上修建梯田,建造居住的蘑菇房开始了农耕文明,一代接着一代,阿者科村就在哈尼族人民的辛苦劳作中形成。阿者科村的居民有着哈尼族原始的自然崇拜,他们看重生态,从而形成了典型的"森林—水系—梯田—村庄"的山水格局。2014年被命名为第三批"中国少数民族特色村寨",是"全国乡村旅游重点村",也是"中国美丽休闲乡村"。

2. 发展历程

（1）无序发展阶段

阿者科村其实是一个不怎么富裕的地方,因为位于山区,道路交通不便,村民大多从事农业生产,阿者科村的气温和降水量非常适合种植水稻、玉米等农作物,很长的一段时间内保持着原始的种植文化,受外界的冲击和影响较小,因此保留了比较完整的民俗文化和传统节庆。电影《无问西东》曾在阿者科村取过景,电影上映后一度变为网红打卡地,一时间很多游客来到阿者科村游玩打卡,但突然爆发的游客量让原始的村子难以承受,接待能力不足,同时村民在面对众多游客时缺乏一定的组织,导致整个过程处在一种无序发展状态。并且很多村民也不知道如何参与到其中,只有任其发展,一些游客和居民的不文明行为让阿者科村的发展受到威胁。

(2)规范发展阶段

为了改善阿者科村的经济状况,增加村民的收入,元阳县政府邀请了中山大学旅游发展规划中心的专家,对阿者科村的旅游资源进行了翔实的调研,制定了专门针对阿者科村的"阿者科计划",阿者科计划的三大核心目标是文旅融合、遗产保护和乡村振兴,专家团队认为,首先应该对阿者科村的传统民居和特色梯田进行保护性开发,保护世界自然遗产是放在发展经济前面的。根据专家团队编订的计划,村子里成立了旅游公司,与村民签订协议,禁止出租和出售房屋,只有村民村寨的经营权归属于旅游公司。由旅游公司负责村子日常的旅游发展事务,最后取得的收入,公司和村民按照3∶7分成。同时,为了鼓励村民保护传统的村寨和文化,在收入分成时,将村民的分红按照四个部分逐一分发,分别是传统民居保护分红、梯田保护分红、居住分红和住宅分红,如果村民没有保护好民居和梯田,那么这一部分的分红就没有了。由于阿者科村的村民接受外界文化较少,所以会存在一些不文明的行为,"阿者科计划"通过村规来对村民进行约束,减少不文明行为,同时派驻专家对村民进行有关的旅游培训,提高村民的旅游素质。

"阿者科计划"从2018年开始实施,成立旅游公司,培训村民,整治落后乡村,开发旅游,到2019年开始第一次接待游客,同年进行了第一次分红,截至目前已经进行了6次分红,事实证明,阿者科村的发展潜力是巨大的。这几年来,不仅村容村貌发生了巨大改变,因发展旅游对村子基础设施的改造,环境的治理,改变了村落脏乱差的环境,不仅为旅游发展提供了良好的环境,也改善了村民的居住环境。而且村民的收入得到了显著增加,阿者科村的经济发展探索出了一条前景广阔的道路。

表 2-2　阿者科村发展历程

发展阶段	时间	特点
无序发展阶段	2018年以前	组织混乱,不文明现象频出
规范发展阶段	2018年至今	在保护地基础上发展旅游

(二)云南阿者科村的主要产品

1. 梯田景观

阿者科村寨三面都是梯田环绕,村落略高出一点儿,从上空鸟瞰全景,可以看到一颗拉长了尾巴的爱心,而这条"尾巴",就是通往村落的那条原始石头路。红河的哈尼梯田是世界自然遗产,知名度较高。阿者科村的梯田就位于哈尼梯田的核心区,阿者科梯田都是在哀牢山上建造的,从山脚一直到山顶,春季是观赏梯田最好的季节,梯田此时在云雾的笼罩下呈现出一种朦胧美,不仅可以看到迷离的云海,还可以看到鲜艳的花朵,梯田在云海和植被的映衬下显得更加有层次感。天气好的时候梯田倒映着天空,上面是蓝天白云,下面也是蓝天白云,景色十分优美。

2. 古老的蘑菇屋

蘑菇屋是阿者科村民历代所居住的房屋,也是哈尼族最古老的民居,因为其外形像蘑菇而得名。阿者科村中至今保存着60多座原始的蘑菇屋,是目前保存蘑菇屋最多,同时也是保护得最好的村落,所以十分珍贵,"阿者科计划"的专家认为,只有将这些古老民居保护起来,阿者科村才有能力吸引更多的游客来参观,因此禁止村民出租和出售房屋,保护民居也和分红挂钩。现在的蘑菇屋大多都被改造成了特色民宿,蘑菇屋承载着一代代哈尼族人民的文化,在蘑菇屋内可以体验到哈尼族特色风味美食,如哈尼红米饭和酸汤鱼。整个村子的民宿价格不算高,环境干净整洁,设施齐全,对于外地的游客来说,住一晚蘑菇屋,早上起来推开窗就能看到美丽的梯田,吃一顿特色的哈尼美食,才不虚此行。

3. 传统节庆和技艺

阿者科村内有很多传统的手工技艺传统节庆和服饰,传统节庆如祭龙节,是哈尼族最重要的祭祀节日,每年农历二三月间举行;还有尝新节,又称"吃新谷节",每年农历七月的第一个龙日举行。传统的技艺有草编手艺,制作传统服饰,还有榫卯手艺等。但是,现在年轻人掌握手工技艺的很少,传承也面临着后继无人的困境。[①] 阿者科村旅游公司成立后,鼓励掌握服饰、榫卯和竹编技艺等技艺的村民,在游客来访时,对游客进行这些传统技艺的展示,并向游客售卖有关的工艺产品,这不仅是对哈尼族传统文化的一种传承,让本村的村民意识到传统文化是可以被重新赋予价值的,还可以让外来游客了解传统文化,通过游客的口口相传和购买纪念品扩大当地文化的影响力。

(三)云南阿者科村旅游规划与开发的成功经验

1. 高素质人才的派驻和带领

云阳县政府为了促进阿者科村的发展,增加经济收入,联系到中山大学保继刚团队,携手元阳县委县政府指派的青年干部王然玄驻扎在阿者科村,指导村民执行"阿者科计划",村民高烟苗被村民们推选为村集体旅游公司总经理。中山大学团队从2018年"阿者科计划"开始以来,保继刚教授团队会同时派两名研究生驻扎到村里,每批任期至少半年。截至目前,已向阿者科村派驻了7批14名研究生。这些派驻的研究生会参与旅游项目前期的计划设计与后期的落地实施,对村民进行专业指导,帮助村民重点完成村集体公司旅游相关业务框架建设,通过实地调研,开发适合阿者科村发展的旅游产品,帮助村子的旅游公司进行旅游管理运营、加大旅游宣传力度,运用专业知识培养能够担任阿者科村旅游发展管理工作的人员,同时还担任支教老师,对村子里面的儿童进行教育。有专业人才的带领,阿者科村的发展才有了正确的方向,

---

① 张琳. 旅游视角下的乡村景观特征及规划思考——以云南元阳阿者科村为例[J]. 风景园林, 2017(5).

研究团队对阿者科村文化资源的整体发展规划,为哈尼梯田传承创新提供了新的契机。以前的游客来到阿者科村,总是简单地看一下、打个卡就离开,现在游客来到阿者科村,不仅会认真观赏梯田美景,住进原始的哈尼族传统民居蘑菇房,而且还可以体验原真性的文化旅游,购买到喜欢的旅游纪念品,这一切都离不开中山大学驻村研究生们的辛苦付出。

2. 注重资源保护和规则的制定与实施

阿者科位于哈尼梯田内部,是哈尼梯田遗产区的五个申遗重点村寨之一,哈尼梯田被评为世界文化遗产后,阿者科因其保存较好的民居——蘑菇屋备受瞩目,世界遗产带来的效应让阿者科外来游客数量增加,但随着社会经济发展,城市工业文明早已取代了农耕文明,阿者科村保留下来原始的农耕文明,其带来的价值无法使阿者科村获得进一步发展,因此大量的年轻人选择外出务工,加之阿者科村受地形因素的限制,经济发展缓慢。全村64户479人,人均受教育水平较低,面临着村寨"空心化""富饶的贫困"等问题。

"阿者科计划"为阿者科村带来了专业的研究人员,首先对村民进行集中培训和管理,提升村民对村内原始的居住环境和文化遗产的保护意识,比如耕作的梯田、居住的蘑菇屋,并且制定严格的分红制度,以分红的多少与保护程度挂钩来对村民进行管理和指导,通过对阿者科发展历史的追寻,寻找阿者科的旅游资源,从而设计旅游线路与产品。其次,为阿者科村的发展制定了详细的计划,计划分为三个阶段,从2018年到2030年,通过阿者科村旅游的带动,实现阿者科村从实现旅游脱贫—达到小康水平—全村基本实现旅游致富的蜕变,根据阿者科的现状而制定的三个发展阶段,这三个阶段主要集中于遗产保护、旅游开发与脱贫攻坚,并且规定了"四不"为底线来发展旅游,不得出租、出售、破坏传统民居,不得引进社会资本来发展旅游,不得让村民无序发展旅游业,不得破坏传统。[①]同时,在发展过程中,研究团队为阿者科制定了严格的

---

① 付正汇,程海帆.传统村落文化空间及其保护初探——以红河哈尼梯田遗产区阿者科村为例[C].中国民族建筑研究会第二十届学术年会论文特辑(2017),2017:38-44.

规则,这些规则能让每一位村民都参与到村子旅游项目的前期决策、中期评估、后期经营与管理中,村民是最了解和熟悉阿者科村的,通过村民的参与,了解他们的想法和意见,学习他们的知识、经验,让村民对村子发展产生一种责任感,把村子的发展看作自己的事,村民的态度由一开始的不理解到参与分红后的感激,村民态度有了很大的转变,参与度也明显提高。①

3. 乡村旅游扶贫的推动

国家提出,在"十三五"期间,力争通过发展乡村旅游带动全国25个省,2.26万个建档立卡贫困村,230万贫困户,747万贫困人口实现脱贫致富。②随着贫困地区对旅游发展的重视,乡村旅游产业规模不断扩大、业态不断丰富、内涵不断拓展。越来越多的游客开始将旅游的注意力从城市转移到乡村。阿者科村在没有开发旅游之前,经济发展十分落后,产业以种植业和畜牧业为主,村民的收入很低,很多文化遗产和资源都不为人所知,旅游资源的价值没有得到充分发挥,另一方面缺乏必要的资金进行保护。"阿者科计划"实际上就是一个旅游扶贫计划,让阿者科的旅游资源经过改造包装,以完美的状态呈现在游客面前。不依靠社会资本的支持,完全依靠村子的资源,收取入村门票,提供住宿和各种体验项目,增加村子收入。"阿者科计划"把阿者科作为乡村旅游脱贫的样本,不仅给元阳哈尼梯田的发展提供了新的思路,更是一种实践检验理论、实践创造理论的新路径,为全球旅游减贫提供了一个中国的解决方案,找到一条可持续的旅游减贫之路。③

---

① 薛春霞.成都乡村生态旅游[M].郑州:郑州大学出版社,2015.
② 余媛媛,何顺超.乡村旅游发展中文化资源传承创新的路径研究——以哈尼梯田阿者科村为例[J].百色学院学报,2022,35(1).
③ 周恒丽.旅游减贫理论下哈尼民族遗产区乡村旅游的实践效应研究——以元阳县阿者科村为例[J].山西农经,2021(15).

三、浙江莫干山乡村民宿旅游规划与开发

（一）浙江莫干山发展概况

1. 莫干山简介

莫干山是一个靠近大城市的乡村旅游目的地，优美的自然风光和特色民宿是莫干山吸引游客的最大优势。莫干山的民宿不同于其他地区的同质化民宿，充分利用了莫干山的文化和自然特色，形成了独具风格的民宿群，各种风格应有尽有，是中国乡村民宿的业界标杆。莫干山位于浙江省湖州市德清县的西部山区，是我国著名的避暑胜地之一，由于莫干山是天目山的余脉，绵延起伏的山峰造就了莫干山秀丽的风景。莫干山因"三胜"和"四优"而闻名中外：覆盖面积大、品种多样的竹林；变幻万千，仿佛与世隔绝的云海；以及百余道清澈美丽的飞瀑山泉为"三胜"；感受清新宜人、景色满目翠绿、避暑凉爽舒适、幽谷安静如世外桃源，清、绿、凉、静为"四优"，享有"江南第一山"的美誉。同时，湖州市是沪宁杭金三角的地理中心，地理位置优越、历史文化绵长悠久，这些有利的区位因素一起发挥作用，助推莫干山旅游业和乡村民宿更好更快地发展。

2. 发展历程

莫干山是国内较早开始发展民宿的地区，整个民宿的发展历经了四个阶段。

第一阶段为点状发展阶段，由于莫干山优美的自然风光，从 2003 年起，来莫干山旅游的人数逐年增加，2003 年后坞村建成能够到达天泉山的道路，为进入天泉山的山林提供了便利，提高了后坞村村民的经济收益，后坞村也随之发展，主要是为来访的游客提供一些餐食，并由此发展成农家乐，之后迅速发展成农家乐集聚区，后坞村的率先发展可以看作莫干山区域民宿旅游业发展的起点。2007 年一名南非商人来莫干山

第二章 乡村振兴战略下乡村旅游发展与治理的方向

旅游,莫干山独特的自然风光和悠久的人文历史深深地吸引了这名南非商人。他和妻子发现当地的部分闲置民居很有改造空间,于是就租下三九坞8栋老房子,经过一番改造加工,创立了莫干山第一个民宿品牌——裸心谷民宿,莫干山的民宿发展由此拉开序幕。[①]

第二阶段为三足鼎立阶段,随着裸心谷民宿的成功创办,越来越多的品牌来到莫干山投资民宿建设。2011年开始,由于政府的支持,莫干山旅游发展越来越朝着规范化发展,莫干山的民宿也搭上了这列快车,得到了快速发展,莫干山的各种住宿形式都得到了发展机会。此时的莫干山形成以"后坞—仙潭—劳岭"三足鼎立的民宿空间分布格局。

第三阶段为集聚区产生阶段,德清县在2014年开始使用民宿这个概念,出台了《德清县民宿管理办法(试行)》,德清县民宿的发展开始逐渐扩散,形成了四个区域两个核心的民宿发展区,首先是以后坞村为一级核心区,其次以仙潭、劳岭、兰树坑为二级核心区。

第四阶段为民宿均衡发展阶段,莫干山区域民宿数量增加,密度增加,由集聚区向强烈集聚区发展,形成以"后坞—仙潭—燎原—劳岭—兰树坑"为中心的环莫干山面状核心集聚区,并在莫干山镇周围形成了多处点状集聚的民宿集聚区。

表2-5 莫干山乡村民宿旅游发展历程

发展阶段	时间	发展特色	典型代表
点状发展阶段	2003—2007年	外国人开始建设民宿	裸心谷
三足鼎立阶段	2008—2013年	民宿类型多样化	莫梵
集聚区产生阶段	2014—2017年	民宿区域分散形成	莫干山
均衡发展阶段	2017年至今	形成民宿集聚区	后坞—仙潭—燎原—劳岭—兰树坑

---

① 杨海静,杨力郡.产业集群视角下莫干山民宿区域品牌发展战略[J].台湾农业探索,2019(2).

（二）浙江莫干山的主要产品

1. 外国投资者建设的民宿

第一种类型是由外国的投资者（来自南非和法国等国家），以及本地投资者投资建设的各种度假型别墅、休闲农庄等，这类民宿多被称为"洋家乐"，这种类型的民宿由于投资者多来自国外，借鉴国外的建设经验，资本雄厚，所以规模较大，经营模式学习国外，比较先进，在早期莫干山民宿发展过程中占主导地位，莫干山"洋家乐"成为"中国民宿的新样本"[1]。主要的民宿有裸心谷和法国山居，裸心谷是南非人高天成和他妻子一起创办的，之所以称为"裸心"，主要是源于人与自然和谐发展的理念，远离都市纷繁，放下心灵负担。在裸心谷，可以看到莫干山的美景，还可以享受到极度奢华的度假体验。法国山居是中国第一家法国乡村式酒店，装修风格典雅精致，是一个充满情怀的民宿品牌。

2. 本地居民经营的精品民宿

第二种为精品民宿，随着"洋家乐"品牌的成功发展，一些本地居民看到了商机，开始将自己的住宅改造成民宿，如大乐之野、清境原舍、莫干山居等一系列精品民宿。由于是本地居民经营，所以这种类型的民宿规模不大。

3. 周边投资者建设的民宿

第三种主要是周边地区的外来投资者来此投资建设的民宿，比如上海、杭州等周边发达地区的一些创业者，他们敢于借鉴国外的经验，开发具有莫干山特色的民宿。

---

[1] 汪骞,魏子皓,徐登峰,等.供给侧改革背景下的民宿发展对策研究——以浙江德清莫干山为例[J].山西农经,2018（13）.

（三）浙江莫干山乡村民宿规划与开发成功经验

1. 依托丰富的自然和人文资源

莫干山是国家 4A 级旅游景区、国家级风景名胜区、国家森林公园，莫干山的生态环境非常好，整个区域的绿化覆盖率高达 95%，因此莫干山的负氧离子是城市的 10 多倍，许多居住在城市中的人为了呼吸到更加清洁的空气，愿意来到莫干山开展洗肺健身游。同时，莫干山的春夏两季非常适合旅游，春季百花盛开，满山翠绿，风景十分优美，很多游客来此赏花、赏竹、赏云海。莫干山在夏季非常适合避暑旅游，早在 20 世纪初，莫干山就与鸡公山、北戴河、庐山齐名，被称为"全国四大避暑胜地"。莫干山的夏季很有特色，平均气温只有 24 度左右，特别凉爽，早晚的气温甚至会更低。莫干山属于亚热带季风气候，全年降水量较充足，这些先天的自然资源优势和地形优势为莫干山造就了优越的自然环境，植物资源丰富，景观优美。莫干山不仅自然资源丰富，同时有着丰富多彩的人文历史，可以追溯到春秋时期，铸剑师干将和莫邪在此铸成雌雄双剑，莫干山由此得名。后来，众多名人在莫干山留下诗文、碑刻，清末民初兴建的数百幢别墅，掩映在满山竹海之中，非常清幽，这些别墅分别代表不同国家的不同建筑风格，几乎没有雷同的，被称为"世界建筑博物馆"。除了名人别墅，莫干山还有许多历史悠久的寺庙道观，如云岫寺、圆圣古寺、黄庙等。莫干山开发由来已久，自然资源和人文景观相辅相成，能为到访游客提供洗肺健身游、春季踏青游、盛夏避暑游等特色旅游。这些资源优势为莫干山的民宿发展提供了良好依托，民宿的发展能够进一步助推莫干山的旅游业发展。

2. 利用沪宁杭"3 小时都市圈"的核心区位

莫干山坐落于浙江省北部的湖州市，距离上海、苏州、杭州三个经济发达城市的车程都在三小时之内，这三个城市的来访游客生活节奏快，工作压力大，对于暂时逃离城市生活，回归自然的愿望十分强烈。大多数游客在莫干山游玩都会选择入住民宿，因此莫干山的民宿发展拥有丰富的客源市场和广阔的市场发展前景。同时,这三个地方的游客收入水平较高,有能力支付民宿的费用。莫干山的区位优势不仅让莫干山民宿发展得到丰富的客源,并且来访游客质量较高,消费水平也较高,有利于促进莫干山民宿的高质量发展。到莫干山的游客大多会选择自驾游,首先是德清的外部交通非常便利,北部与上海、南京、安徽通过318国道相连,南部通过104国道与杭州相连,同时与320国道相连。便利的道路交通条件为来访的自驾游客提供了巨大便利。其次,德清的内部交通也十分便利,德清目前有两个火车站和一个汽车站,从杭州到德清坐火车不到2小时,乘坐高铁甚至只需要13分钟;从上海到德清乘坐高铁也要不到2小时,便利的内部交通为非自驾的游客也提供了便利,提高了德清的可进入性。

3. 把握乡村旅游的发展机遇

乡村旅游以旅游度假为宗旨,以村庄、野外为空间,以人文无干扰、生态无破坏、以游居和野行为特色的村野旅游形式。随着现代社会的快速发展,现代都市文明渐渐取代了农耕文明,人们的生活节奏越来越快,身体上的压力、精神上的压抑,让人们迫切想要返璞归真,在大自然中放松身心。莫干山靠近上海、杭州、南京这些大都市,都市的人们在现代社会的重压下,开始渴望回归乡野田园的宁静和平实,而莫干山刚好做好了所有准备,等待着游客的到来。莫干山的乡村旅游始于2005年,率先在浙江省实施生态补偿机制,开始实施"生态立镇、旅游强镇"发展战略,利用莫干山丰富的自然和人文资源,集中力量支持莫干山的民宿发展,并同时开展采摘农业、养生农业、户外休闲运动等产业,莫干山逐步成了多种民宿品牌共生发展,乡村旅游蒸蒸日上的综合旅游目的地,莫干山越来越成为海内外知名的国际乡村旅游度假目的地。为了更好地利用乡村闲置资源发展乡村旅游,莫干山探索出了乡村旅游发展新模式,为民宿发展提供了新的机遇,提升了民宿品质。莫干山在乡村旅游浪潮的推动下,没有将民宿发展为市场上大多数的类型,而是立足于莫干山的资源优势,让民宿发展呈现出特殊性。莫干山的民宿发展既有巨大的城市需求,又有丰富的乡土资源作为依托,彰显出了强大的发展潜力。莫干山上曾经被闲置的农房,现在每栋30年的租金高达100万元。民宿发展而带来的衍生效果,促使民宿配套产业、村民出租农房和流转土地等形式不断得到发展,让原本就存在潜在价值的资产变成了可以获利的现实资产。仅莫干山一带 60 多家洋家乐,带动的农民房屋出租收入、流转土地收入等财产性收入就超过 1.83 亿元。在如此形势下,莫干山民宿越来越被当地人所认同,越来越促进当地的发展,民宿的发展方向可以看出莫干山乡村旅游的发展重点,民宿对于莫干山来说是莫干山保持永久生命力的经济基础。

4. 借助当地政府的大力扶持

当地政府为了吸引年轻人返乡创业,促进产业发展和乡村振兴,为年轻人创业创造良好的环境,首先是落实各级创业奖励机制,通过奖励政策来引导年轻人。其次是鼓励当地的旅游企业加强对本地年轻人的录用和培养,培养成能够促进当地发展的年轻人。最后,引导成立年轻人返乡创业组织,通过结对帮扶的形式促进年轻人返乡创业。政府除了对年轻人创业的支持外,还对民宿的规范化发展做了努力,2015 年 5 月德清县以莫干山镇为样本,推出《德清县乡村民宿服务质量等级划分与评定》,这是我国首部县级乡村民宿地方标准规范,规范按照民宿的软件和硬件设施进行评分,将民宿划分为标准民宿、优品民宿和精品民宿,对于提高莫干山民宿的标准化和规范化有着重要的作用。2016 年该标准被国家列入城乡统筹国家标准制定项目,德清民宿标准正式被确立为国家标准。同时,设立了乡村旅游专项资金,加大了对乡村旅游的建设投入,在旅游各方面累计投入资金达 10.09 亿元,只有拥有足够的资金,莫干山民宿的发展才能有源源不断的动力。莫干山在政府对于乡村旅游的支持中,收获了促进发展的年轻后备力量,民宿发展也有了质量标准和充足的资金支持,必然会在这样有利的环境条件下发展得越来越好。

第三章 乡村振兴战略下乡村旅游发展与治理的创新模式

在乡村振兴背景下,乡村旅游发展不仅需要依赖最新的信息技术支持,而且还需要充分开发多种发展模式,同时结合一些传统发展模式,共同推动乡村旅游的高质量发展。本章主要研究乡村旅游发展与治理中的供给推动型模式、需求拉动型模式、环境推动型模式、混合驱动型模式。

第一节 乡村振兴战略下乡村旅游供给推动型模式

一、供给推动型模式的背景

20世纪60年代初,西班牙首创将乡村城堡改造为饭店,为过往行人提供食宿,之后将城堡附近的农场、庄园进行规划建设,提供骑马等娱乐项目,吸引了大批游客前来游玩。美国、法国、日本等国家纷纷效仿该模式,欧美国家的乡村旅游逐渐规模化地发展起来。

我国乡村旅游起步晚于欧美国家,最早兴起于20世纪80—90年代,当时多以分散式的一家一户农家乐为主要形式,为过往的行人提供乡村住宿,之后随着城市化和社会经济发展,农户们主动抓住机遇,将农家的一砖一瓦、一景一色、一饭一茶,打造成城里人休闲娱乐、回归自然的旅游目的地,农家乐模式逐渐成熟和发展起来。

在此后的发展中,乡村作为具有自然、社会、经济特征的地域综合体,凭借着优美的自然环境、特色的农域景观、悠久深厚的文化背景等

第三章　乡村振兴战略下乡村旅游发展与治理的创新模式

综合性旅游资源,在"食、住、行、游、购、娱"等多方面主动探索开发特色旅游产品,打破一家一户的模式,以整个乡村作为旅游目的地,为城市居民提供休闲娱乐、饮食游玩等服务,从而吸引大批客源,带动整个乡村经济的发展。随后,这种乡村旅游目的地主动推出产品带动乡村旅游发展的模式逐渐推广,在多地得以运用。[1]

二、供给推动型模式的典型案例

皇城村隶属于山西省晋城市阳城县北留镇,地处华阳山麓、樊溪河谷,村域面积 2.5 平方千米,为第一批中国传统村落,有着丰富的旅游资源,尤其是文化旅游资源。皇城村乡村旅游发展模式是典型的供给推动型模式。皇城村历经明清两代,因康熙皇帝两次下榻而得名,是康熙时期文渊阁大学士兼吏部尚书陈廷敬的故里,名人故居甚多。村内的皇城相府是集城堡、官宅、商院相结合的古建筑群,观赏和研究价值巨大;皇城村的重阳习俗是国家级非物质文化遗产;此外,皇城村枕山临水,山清水秀,临近九女仙湖、蟒河等多个景区,区域内生态农业景观丰富,自然环境优美。

三、供给推动型模式解析

(一)模式内涵

供给推动型发展模式,是指农村旅游目的地依托于农村区域内所具有的一切旅游资源,通过对旅游资源的分类、评价、开发、融合创新,积极打造独特的乡村旅游产品吸引游客,最终达到引导和促进乡村旅游的高质量可持续发展目标。[2] 供给推动型发展模式中围绕旅游资源而开展的旅游产品,在乡村旅游发展中起主导作用,其成长和发展与乡村的物质资源、非物质资源有着密不可分的关联。地方政府及村集体通过统筹规划、招商引资、营销推广以及管理等方面,在供给推动型模式中发

---

[1] 罗斌.我国乡村旅游发展模式研究[J].中国市场,2021(16).
[2] 许忠伟.中国旅游研究 2012[M].北京:旅游教育出版社,2014.

挥着关键辅助作用,产业融合不断对旅游产品进行创新和完善,延续乡村旅游的生命力,保持其高质量可持续发展。

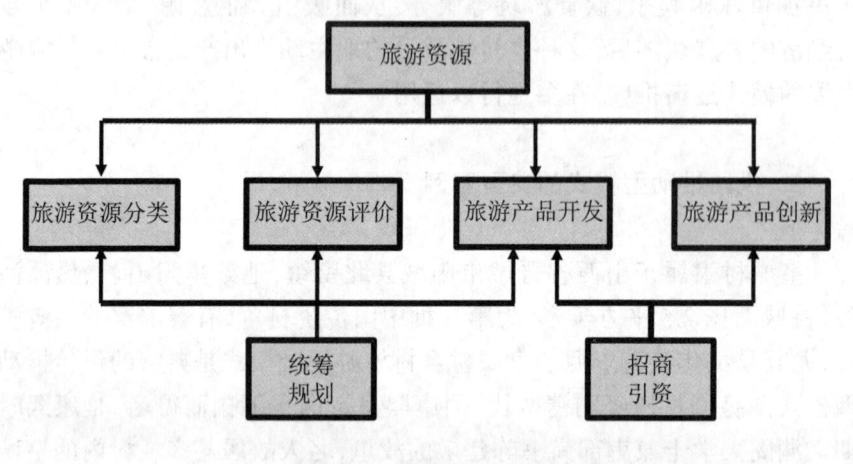

图 3-1 供给推动型模式

（二）关键因素

供给推动型乡村旅游高质量发展模式中,以下三个因素发挥着至关重要的作用。

1. 旅游资源

旅游资源是旅游业发展的前提,具有优势的旅游资源及其利用,对于供给推动型模式至关重要,是打造极具吸引力的旅游目的地的关键支撑。[①]首先,旅游资源的类别决定了乡村旅游目的地的发展方向,对乡村旅游资源进行分类,可以更好地促进旅游资源的开发。不同的旅游资源类别对应着不同的旅游发展方向,地文、水域、生物等旅游资源,决定该地以得天独厚的自然资源为发展依托,建筑、历史遗迹、人文活动等旅游资源,决定该地依托人文资源禀赋进行发展。其次,旅游资源的价值决定了乡村旅游目的地的发展重点,旅游资源类别从宏观上确定了大致方向,旅游资源的价值则从更为具体的微观层面指导旅游资源的开发

---

① 刘伟；朱玉槐. 旅游学[M]. 广州：广东旅游出版社,2000.

第三章　乡村振兴战略下乡村旅游发展与治理的创新模式

与规划。最后,旅游资源的开发决定了目的地旅游产品的最终呈现,所开发的最终实践成果,使得旅游资源从幕后到台前、从潜在变为现实,使得潜在的资源优势转化为现实的经济功能。故其高质量的开发是乡村旅游高质量发展的前提和基石。

2. 地方政府及村集体的重视

地方政府及村集体是乡村旅游供给推动型发展模式的重要推动者,其对乡村旅游的重视,在统筹规划、招商引资、营销推广以及管理等多方面发挥着重要作用,从供给侧为乡村旅游高质量发展保驾护航。

一是统筹规划方面。地方政府及村集体作为乡村旅游目的地长期以来的管理者,对其空间布局、人居环境、居民关系、产业脉络等最为了解,所掌握的信息全面,能够对乡村旅游的发展进行科学的统筹规划,充分利用各种资源要素使得价值最大化。

二是招商引资方面。乡村旅游发展的各个环节都需要资本的支持,资本是推动乡村旅游高质量发展的重要保障,是乡村旅游产业发展的动力源泉。地方政府及村集体作为旅游目的地的代表,招商引资成为其重要工作。地方政府对乡村旅游的支持程度直接影响着投资企业的投资意愿,只有当地方政府能够配置一定规模的实质资源,或提出具有显著符号性作用的制度举措,为乡村旅游开发营造积极的氛围时,投资企业的投资决策才更易下达。

三是营销推广方面。营销使得乡村旅游产品和服务得以推广,吸引客源,将乡村旅游项目落地变现。地方政府及村集体作为乡村旅游目的地的权威代表,以地方政府的名义,通过各种营销渠道推广乡村旅游产品,更具说服力。

四是管理方面。政府作用对乡村旅游发展绩效有着显著的正向影响。"无规矩不成方圆",缺乏有效管理,乡村旅游的规划将形同虚设,地方政府及村集体的有效管理是乡村旅游产品持续健康发展的保障,能够避免利益驱使下的冲突和不良竞争现象的发生,保证旅游质量,促进乡村旅游的发展。

3. 产业融合

产业融合影响着乡村旅游供给推动型模式的可持续发展。业态融合已然成为乡村旅游业态发展的一大趋势，利用制度、技术等方面的创新，促使乡村旅游业态和其他一二三业态的交叉融合、互补，形成了"旅游+"发展格局，从而产生多元化的乡村旅游新兴业态，促使新型旅游供给产品的诞生。通过创新供给，激发需求，提高乡村旅游产品的吸引力、竞争力和影响力。

乡村旅游作为综合性产业，天然就能与工业、农业、文化、体育等各行各业融合共存、协同发展，"旅游+文创""旅游+电商"等新颖的概念，揭示着乡村旅游产业的融合，但多是机械嫁接，浮于表面，若想保持持续吸引力、竞争力和影响力，产业融合的程度成为突破的关键点。产业融合的程度事关旅游供给产品的质量，影响着旅游体验和旅游满意度，深度的产业融合有利于保持旅游产品的持续生命力。

就文旅融合而言，我国乡村旅游在文旅融合的号召下，已经在产业业态、产业规模和产业链条等方面取得了丰硕成效，但依然存在乡村文化记忆中断、文化根脉植入不足等问题，产业融合深度仍有不足，导致游客的乡村文化核心体验和重游意愿受到负面影响，乡村旅游的可持续发展也随之受到威胁。

四、供给推动型模式的实施策略

供给推动型发展模式中一切围绕旅游资源展开，针对旅游资源的科学规划，从而开发出高质量的旅游供给是模式实现的关键。好的产品是成功的一半，供给推动型模式的实现还需要有质量的保障措施和拓宽的产品模式，保障措施使旅游产品能够顺利走向市场得以消费，拓宽产品模式则维持了旅游供给持久发展的吸引力（图3-2）。

（一）科学规划旅游资源开发

首先，对乡村地域类的旅游资源按照一定标准进行调查分析，进行旅游资源分类，摸清乡村旅游地的基本情况。

第三章　乡村振兴战略下乡村旅游发展与治理的创新模式

其次,通过旅游资源评价确定乡村旅游供给的主攻方向。在对乡村旅游资源分类调查的基础上,因地制宜选取指标,构建评价指标体系,按照一定的方法,对旅游资源在数量、等级、规模、开发前景等方面进行综合性评价,从而就旅游资源的开发价值、资源组合状况、发展重点等方面给出具体的指导建议,确定乡村旅游发展的总体构思。

最后,制定规划,进行旅游开发。在旅游资源分类与评价等理论指导以及规划前期准备工作的基础上,秉承主题性、参与性、多元化以及原真性等原则,对旅游资源进行充分性、高效率、可持续的开发,确定乡村旅游供给品的核心,依据发展乡村旅游的总体思路,提出产品策划开发、土地利用规划、交通、游览线路等方面的具体措施。

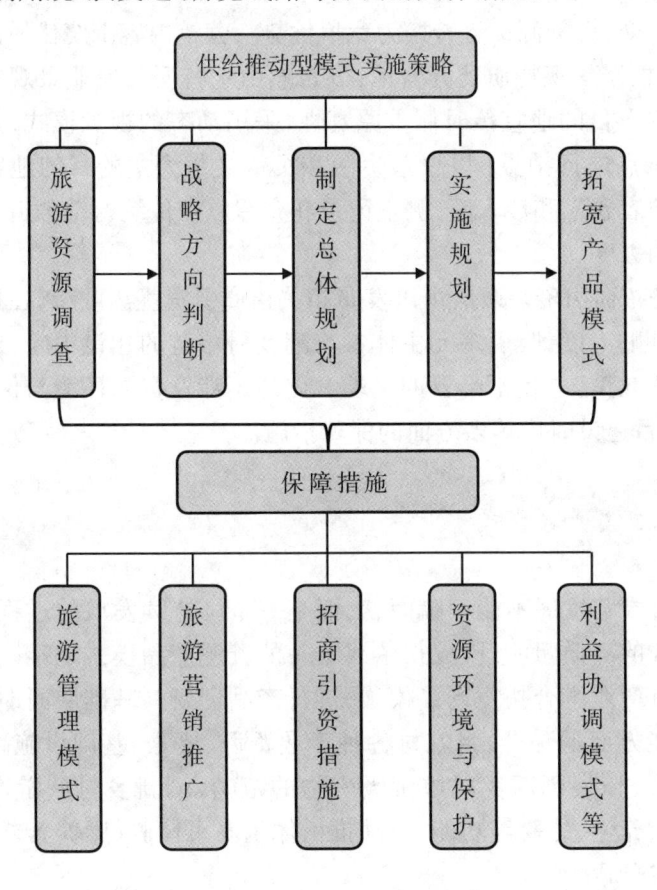

图 3-2　供给推动型模式实施策略

（二）制定保障措施

无论是开发规划还是后续的运营管理，都需要制定相应的保障措施，为乡村旅游开发、后勤保障等提供相应的支持。

一是乡村旅游管理模式。供给推动型模式中，乡村旅游目的地依靠旅游资源主动推出旅游产品，涉及地方政府、企业、农户等多方主体，较为常见的管理模式有"政府＋企业＋农户"模式、"股份制"模式、"政府＋公司＋农村旅游协会"模式等，需因地制宜选择合适的管理模式。①

二是营销推广。通过营销保障乡村旅游目的地的优质旅游产品成功走向大众，将资源优势转换为竞争优势。营销内容围绕优质的旅游供给展开，根据景观特质展开营销，以自然山水特质与农业景观特质为主的乡村旅游目的地宣传时侧重原真性，采用动态的视觉模式，选择视觉较好的景点进行拍摄；以聚落生活和民俗文化为主的目的地宣传时需增加消费者卷入和涉入度，侧重记录和介绍。在传统营销渠道上增加网络营销的力度。

三是招商引资。政府可以发布相关招商引资优惠政策，在税收等方面加大补贴力度，吸引多元主体参与到乡村旅游的建设中来，还需明晰产业投资政策，避免不必要的争端。此外还涉及资源环境与保护、利益协调、项目建设时序等多方面的保障措施。

（三）拓宽产品模式

乡村旅游发展不能一蹴而就，而是一个可持续发展的过程，供给推动型模式的高质量实现，仅仅依靠单一的资源产品模式是难以实现的，需要通过产业融合拓宽产品模式，进行产品创新。基础层面即资源、文化和功能方面的融合，将农村各种产业资源、要素、基础设施融入乡村旅游发展，拓展创新乡村旅游吸引物的范畴，创新乡村旅游产品的休闲、康体、养生、体验等功能，主动推出休闲农事体验、康养养老、文创制作等旅游产品。

提升层级产品与品牌融合，与乡村地域内有着较强产业品牌效应的

---

① 贾荣.乡村旅游经营与管理[M].北京：北京理工大学出版社，2016.

产业联合，塑造统一的乡村旅游品牌，例如皇城村与周围的村庄联合，五村一体共同塑造"皇城相府"这一旅游品牌。支撑层面即技术方面的融合，将物联网、云计算、现代农业等优势技术广泛应用于农村产业，提升旅游价值，主动推出智慧农业、智慧乡村康养等旅游产品。

第二节 乡村振兴战略下乡村旅游需求拉动型模式

一、需求拉动型模式的背景

随着城市化进程的推进，城市覆盖范围越来越广，越来越多的人涌入城市寻求发展，城市的居住环境恶化，狭窄的居住环境、拥挤的街道、雾霾、节假日人流高峰、工业化食品等，这些都与人们追求美好生活的愿望背道而驰，寻求一方净土成为人们的迫切需求。人们的消费水平不断提高，旅游观念也在不断转变，旅游需求更是呈现多元化、个性化。

当一次次难得的节假日出游变成摩肩接踵的看人海模式时，传统的热门旅游地不再是游客的首选。人们看惯了城市的高楼大厦、钢筋水泥、瓷砖玻璃等千篇一律的城市景观，开始寻找充满特色的小众景点。乡村的优质环境以及田间小路、小筑庭院、成片的田野等特色景观，满足了城市人们寻求净土和"求新求异"的需求，成为旅游的首选。此外，抛开以上现实层面的需求，从精神层面而言，当下人们生活在高压力、快节奏、高竞争的环境之下，"内卷""社畜"等词便反映了这一社会现象，乡村远离喧嚣，犹如陶渊明笔下的桃花源，乡村生活成为人们的理想生活，乡村成为人们释放压力、寻找初心、短暂逃离现实的选择。

二、需求拉动型模式的典型案例

北京作为首都，市周边就产生了许多由游客需求引导的乡村旅游目的地。以北京市昌平区长陵镇中部的康陵村为例。康陵村地处北京市昌平区十三陵镇西北部，耕地面积324亩，山场面积1525亩，植被茂密。村民以林果业为主业，主要生产柿子、梨、苹果、桃、杏、枣等干鲜果品。康陵村四季分明，自然环境优美，春天桃花、杏花争相开放，夏秋两季百果飘香,冬季雪花青松映衬红墙黄瓦,村貌奇特,民风淳朴,历史悠久,享有全国生态文化村、中国美丽休闲乡村等称号。[①]

康陵村靠近十三陵旅游区,距昌平20千米,东邻108国道,距离北京市区仅45千米,位于京郊一小时旅游圈范围内,交通便利,耗时短,成为北京市民周末休闲度假的良好选择。康陵村的近七成游客为北京本地人,另外三成为游览十三陵的过境游客,可见北京市为其主要客源市场。康陵村在发展林果业的同时也不断发展民俗旅游业。目前,康陵村以民俗旅游和林果业为主导产业,将传统种植农业变为体验休闲产业,能提供各种应时的野菜以及农家饭菜,开展包含酸梨、柿子、李子等各类优良水果在内的优质观光农业采摘,已形成了种植业、养殖、绿色消费、休闲观光旅游和新型生态村于一体的农业综合产业园区,可以满足广大城市居民体验农村生活的多元文化旅游需求,春饼宴更是成了康陵村民俗旅游的金字招牌。

此外,康陵村的整体环境提升改造工程已全部竣工,路面得到升级,旅游厕所、停车场等基础设施不断完善,是北京市首个高德地图"乡村旅游标注村",旅游接待能力也大幅提升。经过多年的发展,康陵村旅游收入不断增加,从原来的三万元到突破一千万元,实现京郊低收入村、低收入户致富增收,村民的生活水平显著提高,生活幸福指数提升,村民从旅游经营中获得了丰厚的回报。

三、需求拉动型模式解析

(一)模式内涵

需求拉动型模式是指以人们的旅游需求为主,并在政府适当的管控下开发乡村旅游产品,推动乡村旅游的发展,使得乡村通过旅游获益(图3-3)。其中,人们的旅游需求是多种多样的,受休闲观光、求新求异、返璞归真等多种旅游动机的影响。需求拉动型模式中,乡村旅游目的地背靠庞大的客源市场,客源市场的乡村旅游需求对乡村旅游的发展起主导作用,引领着乡村旅游的产品开发方向,随着旅游需求层次的不断递

[①] 吴颖林.乡村旅游发展模式比较研究[J].合作经济与科技,2019(18).

第三章 乡村振兴战略下乡村旅游发展与治理的创新模式

进,旅游产品不断升级,乡村旅游发展的质量水平也不断提升,政府管控作为保障因素存在。

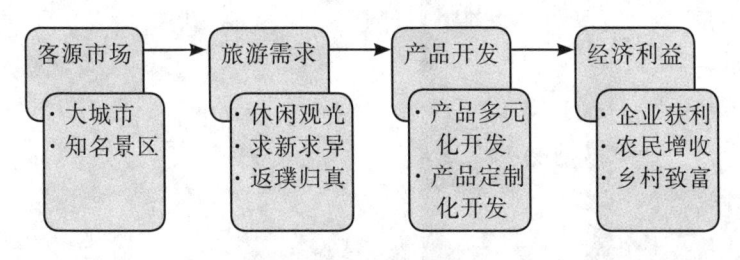

图 3-3 需求拉动模式

(二)关键因素

需求拉动型模式作为乡村旅游高质量发展模式之一,以下四个因素至关重要。

1.客源市场

充足的客源市场能够提供强大的需求拉动力。客源主要有大城市和知名景区两方面,并依靠便利的交通条件作为保障。

一是依托大城市保障客源。数量上,第七次全国人口普查显示,城镇人口占总人口的比例为63.89%,一、二线城市更是乡村旅游客源的重要组成部分(图3-4),占比高达70%。需求上,城市人口受生活压力、环境污染等多重因素的影响,更具备乡村旅游的动机。自2020年开始,新冠疫情蔓延,跨省熔断机制下,微旅游日渐火爆,成为城市人的热门选择,从而推动了城市周边乡村旅游的发展。北京蟹岛便是依托北京这一国际都市的客源发展乡村旅游。

二是依托知名景区保障客源。知名成熟的景区具有强大且经久不衰的核心吸引力,具备广阔的市场,人流充足,周边乡村地区往往借助这一优势发展乡村旅游。鄱阳县礼恭脑村便是依托鄱阳湖湿地公园发展乡村旅游。此外,依托大城市或者景区发展乡村旅游还需依靠交通进行保障,交通影响着乡村旅游目的地的可进入性,旅游目的地与城市或景区之间的交通通达度高的地方,往往能获得更多的客源。

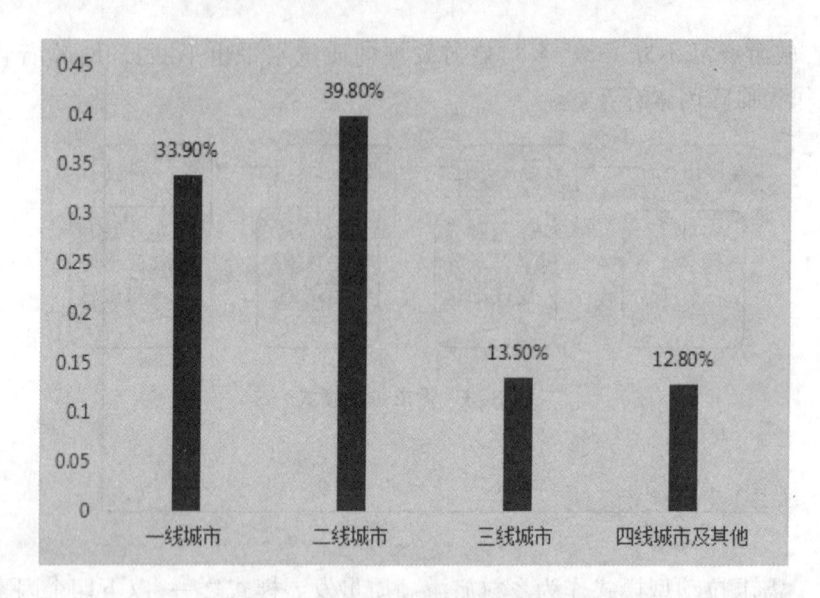

图 3-4 乡村旅游客源城市分布占比

2. 旅游需求

旅游需求作为乡村旅游目的地的主导,影响着旅游目的地的产品打造,乡村旅游消费需求主要分为物质性需求、体验性需求和精神性需求三类。物质性需求往往通过乡村自然资源和农业生产得到满足;体验性需求下则催生了农事体验、民俗手工艺品制作等产品,强调游客的参与感;精神性需求侧重自我满足和实现,侧重文化旅游、乡音情结、研学等。

此外,旅游需求的改变和升级,促使旅游目的地在产品和服务上也不断改变和创新,现阶段物质性需求类的产品已不再是游客的首选,游客更倾向于体验类产品,满足精神需求类的产品作为自我实现层面的存在,也越来越受到消费者青睐。人们的旅游需求表现得越来越细致,富有创意,极具个性,催生了许多定制类、创意类乡村旅游产品,例如定制化农旅套餐。

3. 旅游经济利益

需求拉动型模式中,乡村旅游目的地背靠城市或景区,强大的客源

第三章 乡村振兴战略下乡村旅游发展与治理的创新模式

市场促使广大社会企业和村民,依据游客需求对乡村进行旅游开发。资本是逐利的,巨大的资本投入使得产出成为利益相关者关心的问题。只有当旅游开发者获得足够的回报时,才能持续进行投入,继续探析客源市场消费需求的变化,并进行旅游产品和服务创新升级,同时吸引更多资本入驻,获得更多资金支持,发展更多的旅游项目,更好地满足游客日益多元化的旅游需求,从而保证该模式的长期有效高质量运行。

4. 政府管控

需求推动型模式中游客需求占主导,属于典型的市场导向。乡村旅游具有公共产品属性,推动乡村旅游发展的同时也存在一些风险,出现市场失灵,导致乡村旅游资源开发重经济利益,轻视社会效益和环境效益,缩短旅游产品生命周期,出现不良竞争、利益冲突等现象;甚至会出现盲目迎合市场需求,造成社会文化、历史遗迹等具有重大价值的事物遭到不可挽回的破坏。在此之下,需要政府进行宏观调控,加以管理,保证旅游项目符合国家社会经济发展规划和环境与生态等要求,把关需求拉动型模式下乡村旅游发展的质量,划定底线,合理配置资源与分配利益,避免不良竞争,化解利益冲突。

四、需求拉动型模式的实施策略

(一)市场分析

需求拉动型模式作为需求主导的高质量发展模式,其实现最为关键的环节便是市场分析。

首先,科学调研客源市场,包括基础层面和核心层面的调研。基础层面包括客源市场旅游者的数量、年龄、收入、消费等级等;核心层面包括乡村旅游动机、乡村旅游偏好等方面。综合各方面的信息,运用定量或定性的方法,对所搜集到的资料进行调研分析,了解客源市场旅游消费者对产品内容、价格、功能等方面的意见和要求。

其次,根据调研结果及分析,按照旅游者需求等标准,将客源地的旅游消费总市场细分为若干个子市场,并确定目标市场。不同子市场之间旅游者的乡村旅游需求存在着明显差别,根据所选择目标市场的旅游消费者存在的个性需求,开发满足目标市场群体的差异化产品,把潜在的旅游市场需求转变为现实的旅游消费力。

最后,了解产品的市场占有率、市场反馈等信息,从而对旧有产品进行改造升级,调研新的市场需求,从而开发新的旅游产品,根据需求调节供给,平衡产销。

(二)旅游产品开发策略

旅游资源、旅游体验、旅游服务、旅游文化等共同构成了旅游产品,用来满足市场的旅游需求和欲望,但客源市场不同的旅游个体需求不一,要求旅游产品开发时从旅游消费者的角度出发,以客源市场需求为导向进行产品开发。具体的开发策略包括两种,产品多元化策略和产品个性化策略。

一是产品多元化开发策略。不同旅游动机对旅游产品开发的要求不同(表3-2)。在市场分析的基础上,根据客源市场的主流乡村旅游动机开发出乡村旅游主导产品,根据其他旅游动机开发出其他不同类型、不同内容的产品及服务,从而实现多元经营,在最广范围内满足旅游者的多样消费需求。例如开发高端、中端、低端三个档次的旅游产品,满足不同消费能力消费者的需求。

二是产品定制化开发策略。旅游个性化需求日益凸显,定制游进入蓝海时代,需要开发定制化、主题化的旅游产品以及更高质量的服务水准,从而满足旅游主体的特定需求,例如针对探险旅游群体,开发漂流、野外攀岩等刺激性旅游产品。

表3-2 基于旅游动机的旅游产品开发要求

旅游动机	旅游产品开发要求
欣赏田园风光,回归自然	美化乡村环境,保持乡村景观原真性
体验乡村生活和民俗风情	游客直接参与农事活动和民俗活动
娱乐野趣	垂钓、捕鱼、漂流、采摘等
求知教育	农业园参观及农业知识讲解、人文景点介绍

（三）政府适当管控

需求拉动型模式作为市场导向的发展模式，其高质量发展需要政府制定适当的管控措施，避免市场导向的负面效益，对市场进行干预以保障其高质量发展。法律政策方面，政府通过制定和运用经济法规来调节经济活动，明晰产权；制定相关法律法规维护乡村旅游利益各方的合法权利，限制垄断和反对不正当竞争；加强执法检查与执法协作，规范生产经营者的活动和市场秩序；建立体现生态文明的奖惩机制，制定环保政策，维护乡村空间脆弱的生态环境等。财政手段方面，划定产品价格的合理区间，进行价格控制，抑制严重溢价、乱收费等现象；对符合绿色环保要求的企业进行补贴，减收税费，健全正向激励机制，以支持节能减排，维护乡村生态空间。教育手段方面，政府通过宣传、动员、感化、鼓舞等，与乡村旅游的各经营主体进行沟通，将相关政策理念灌输到企业以及个体经营者的行为模式中，促使其朝高质量发展目标前行。

第三节　乡村振兴战略下乡村旅游环境推动型模式

一、环境推动型模式的背景

2022年中央一号文件《中共中央国务院关于做好2022年全面推进乡村振兴重点工作的意见》发布，对于乡村旅游助推乡村振兴给予了充分肯定，还指出广泛动员社会力量参与乡村振兴，深入推进"万企兴万村"行动。乡村旅游作为推进精准扶贫和乡村振兴的有效策略，深受国家重视。在此大环境的推动下，政府、企业纷纷参与到乡村旅游的发展中来，助推乡村旅游高质量发展。

二、环境推动型模式的典型案例

五村镇巴某村地处广西壮族自治区百色市田阳区南部大石山区，全村总面积14.2平方千米，辖8个屯14个村民小组，户籍人口425户

1648人，其中劳动力880人，有733人外出务工，占全村总人口44.5%，有耕地面积1478亩，人均1.11亩。2015年底精准识别后，全村有建档立卡户254户1021人，贫困发生率为61.95%，为"十三五"时期深度贫困村。

广西壮族自治区文旅厅高度重视巴某村旅游建设项目，依托巴某村山清水秀、气候宜人的自然禀赋，以及毗邻华润供港基地的优势，因地制宜大力发展乡村旅游。首先重塑乡村特色，不断推动乡村治理现代化。巴某村积极推进乡村风貌治理、乡村环境改造以及乡村配套设施建设，例如开展特色住房外立面改造、实施农村污水处理工程、完善路网体系、安装人饮净水设备等。采取"公司+合作社+基地+农户"的模式，通过合作社统一流转土地，引进恒茂旅游、华润五丰等公司，打造18℃巴某凉泉度假村，实施500亩桃李基地、1100亩油茶示范基地、200亩铁皮石斛基地、150亩高标准葡萄及野菜园等项目，带动群众合作发展特色旅游产品、农特产品，发展观光农业产业，形成种植、养殖、旅游为主的三大特色产业，积极创建自治区级生态旅游示范区。2019年底，巴某村实现高质量脱贫，乡村振兴建设率先走在全区乡村前列，逐步实现为同类地区推出好经验、好做法的总目标，荣获"全国乡村旅游重点村""中国美丽休闲乡村""广西五星级乡村旅游区""广西十大最美乡村"等荣誉称号。

三、环境推动型模式解析

（一）模式内涵

环境推动型模式是在国家大力提倡精准扶贫、乡村振兴等背景下，以政府为主导，农民为主体，辅以企业合作，将乡村旅游产业与脱贫致富相结合，实现乡村旅游高质量可持续发展的一种模式（图3-5）。该模式一般分布在我国西部偏远地区的贫困乡村。

第三章 乡村振兴战略下乡村旅游发展与治理的创新模式

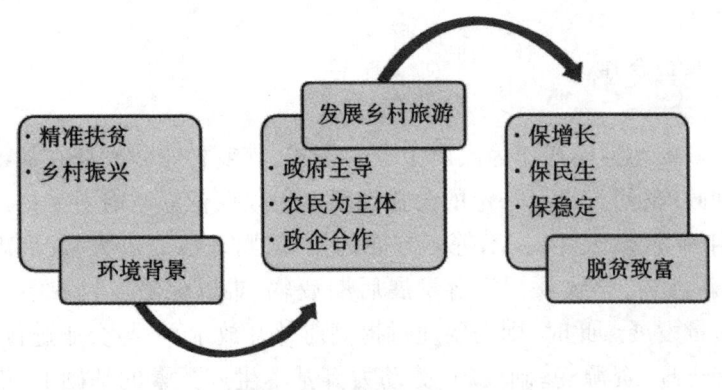

图 3-5 环境推动型模式

(二)关键因素

环境推动型乡村旅游高质量发展模式中,以下四个因素至关重要。

1. 以农民为主体

环境推动型模式中需要始终坚持农民的主体地位,坚持政府主导和农民主体的有机统一,构建政府主导与农民主体有机衔接和良性互动的善治格局。环境推动型模式作为适用于偏远地区的乡村旅游高质量发展模式,要充分调动各种资源和各类主体活力,尤其是激发农民的发展潜能,让当地农民参与到乡村旅游的发展中来,挖掘农民的主体优势。

首先,农民是偏远地区发展乡村旅游最有效且长久的人力储备。乡村旅游的发展为农民提供了就业岗位,促进了农民增收。与此同时,农民也承担了乡村旅游相关的生产建设、经营服务等工作。

其次,农民是乡村旅游最大的竞争优势。乡村所特有的民风民俗是久居于此的农民在长期生产建设过程中所创造的,以农民为主体能够保持乡村原生的田园风光和淳朴的生活方式,保留原真性,而原真性正是乡村旅游的魅力所在,以吸引游客的到来。[1]

---

[1] 王云才.中国乡村旅游发展的新形态和新模式[J].旅游学刊,2006(4).

2. 政企合作

环境推动型模式作为政府主导的模式，其乡村旅游发展在初期更多是一种政府行为，带有一定的公益性质。但仅仅依靠政府对乡村旅游进行长期的资金、人才、技术等多方面的投入，财政压力过大，发展思维单一，创新性弱，导致乡村旅游发展后期疲软，难以保障乡村旅游的可持续高质量发展。此时，则需要通过提高对外开放水平，与企业进行合作，在拥有土地、资源、基础设施、劳动力等基本生产要素的基础上，借助企业所拥有的资金，以及信息、技术、高级人才、营运能力等较高层次的生产要素，来发展落后地区的乡村旅游，并且企业所处的领域影响着乡村旅游的发展方向，例如华瑞五丰带领巴某村发展种植业，企业的多元化促使乡村旅游产业朝多元化方向发展，多业态融合，扩展产业链。政企合作有助于补足政府单一主导下乡村旅游发展方面的短板，经济体制灵活化，为中后期的乡村旅游发展续航。

3. 经济效益

将乡村旅游产业用于脱贫致富，是因为乡村旅游作为第三产业，相较于发展一二产业而言，投资收益高，对乡村空间的破坏性较小，能够长期可持续发展，能够有效地增加农民收入，促进保增长、保民生、保稳定，能够从根本上防止返贫。此外，只有当农民因为参与乡村旅游的发展而获益，企业的投资得到回报，发展乡村旅游见到实效，政府、企业、农民等多方才有动力继续发展乡村旅游，探索乡村旅游后续高质量发展路径。故经济效益是衡量该模式发展质量重要指标的同时，也是该模式持续发展的有效动力。

四、环境推动型模式的实施策略

（一）充分发挥政府主导作用

政府作为环境推动型模式的主导，需要充分发挥作用。首先，加强基础设施建设。加强基础设施建设主要包括两个方面。

一是乡村配套设施。依据乡村特色,开展特色住房外立面改造,动员群众拆除危旧房,建设小景墙、小庭院、小菜园等,改善乡村建筑风貌;开展安全饮水、污水治理、街道硬化、无害化卫生厕所改造、清洁能源利用、"三清一拆"和垃圾治理、村庄绿化、农村电子商务网点建设、生态扶贫农田水利、高效节水灌溉等美丽乡村工程项目,改善乡村群众生产生活条件。

二是旅游配套设施。首先,健全停车场、驿站、风景道、指引标识系统等乡村旅游交通设施,以及游客中心、住宿、餐饮、娱乐、购物等乡村旅游接待服务设施。对旅游配套设施进行乡土化改造、功能性升级,与信息化接轨,满足人们的高品质生活需求。其次,加强从业人员的职业技能培训。当地农民转换为旅游服务人员,角色的转换要求职业技能转变,迫切需要采取脱产学习、现场教学、实际模拟等多种方式,进行沟通、礼仪、语言、专业技能、业务能力等多方面的相关培训,提升乡村旅游服务品质。最后,激发市场活力,吸引社会企业。结合乡村特色打造符合市场需求、形式多样的旅游产品体系,出台旅游优惠补贴政策,发行旅游消费券,完善营销策略,吸引客源,激发市场活力;结合旅游产业发展需求,出台招商引资补贴政策,吸引社会企业参与到乡村旅游发展中来,实现投资多元化和产业业态多元化。

(二)延伸产业链条

延伸产业链条是扩展乡村旅游效益的有效方式,包括横向扩展产业链和纵向扩展产业链两个方面。受地区经济落后的影响,旅游产业与其他产业间缺乏横向合作,缺乏产业联动,融合度低,导致产业链过窄。为此,需要加强产业链条中同级产业核心部门的协同意识。通过建立产业融合的环境机制、引进产业融合人才、建立乡村旅游产业园等多种措施,以乡村旅游发展为核心,加强旅游产业与文化、体育、康养、互联网等产业的融合,横向拓宽乡村旅游产品的功能。乡村旅游产业链条上游为农林牧副渔等产业,中游为农家乐、采摘园、度假村等核心乡村旅游产品,终端为旅游产品的消费者。通过将特色或者创意产业融入旅游产业链条、将群众镶嵌到乡村旅游产业链条,以及引进旅行社、旅游平台等中介机构等多种措施,纵向拉长产业链条,拉长产业链条的同时还需优化配置相关产业,进行纵向深化,推进乡村旅游全产业链发展。

(三)坚持群众路线

环境推动型模式的主体是农民,发展成果要惠及农民,这就要求始终坚持群众路线,让当地群众广泛参与。

第四节 乡村振兴战略下乡村旅游混合驱动型模式

一、混合驱动型模式的背景

推动乡村旅游高质量发展是利用乡村资源、供给侧结构性改革、助力旅游产业升级、满足市场需求、顺应环境趋势的必然要求。供给方面,旅游业持续高速发展,已经成为世界最重要的经济部门之一,而资源更是旅游业发展的前提和支撑。每个乡村都拥有着独特的自然环境、人文风俗等旅游资源,发展旅游产业具有天然的优势,不少乡村抓住机遇,纷纷利用所拥有的资源,推出农业观光、民俗体验等旅游产品,一改乡村单纯发展农业的传统。需求方面,随着城市进程和都市人口的快速增加,使得公园、绿地、休闲活动空间和设备不足,迫切需要开拓新的旅游空间。加之人们生活节奏和生活压力加大,城市生态环境远不如乡村,人们对美好生活的需求越来越强烈。随着经济的发展和人们生活水平的提高,人们的旅游经验和旅游经历逐步丰富和提高,传统旅游形式如观光游、景点游,已不再能满足旅游市场多元化的旅游需求。乡村生态环境优美,民风淳朴,别具一格,成为人们追求美好生活、满足多元化需求的最佳旅游形式,作为新的旅游空间深受旅游市场喜爱。

乡村旅游对于推进乡村现代化和经济全面发展有着重要作用,符合国家发展的需要。综上,在供给、需求、环境等多方因素的驱动下,发展乡村旅游是大势所趋。

第三章 乡村振兴战略下乡村旅游发展与治理的创新模式

二、混合驱动型模式的典型案例

安吉县隶属于浙江省湖州市,位于长三角腹地,县域面积1886平方千米。安吉县的乡村旅游发展历程经过了三个阶段。在乡村旅游培育阶段,工业发展导致生态环境恶化,在"生态立县"发展战略和"绿水青山就是金山银山"理念的指导下,在各级政府部门的主导下,通过政策、资金的支持,利用县域内拥有的资源大力推动乡村休闲旅游的发展,开办农家乐,发展农业休闲观光。在乡村旅游的发展阶段,开展美丽乡村建设,将安吉县域当作景区进行规划,高标准编制了《安吉县旅游发展总体规划》,着力打造一村一业、一村一品、一村一景。[①]通过建设"大、好、高"的旅游项目,改变了传统乡村旅游"散、乱、差"的局面;通过产业集聚,引领安吉县农业规模化发展方向,以市场为导向发展创意农业;通过市场化机制,让农场开发不同类型、不同层次、不同规模的乡村旅游产品,着力打造地区特色发展模式,促进乡村旅游产业转型升级,朝高质量方向发展。目前,安吉县的乡村旅游发展进入了成熟阶段,与时俱进,进行科学规范的管理,在乡村振兴战略指引下进一步提升旅游产品供给质量,拉动市场需求,与农民共享发展红利。

三、混合驱动型模式解析

(一)模式内涵

混合驱动型模式是在乡村旅游的发展过程中,供给、需求、环境等多方因素共同作用,政府指导、市场经济、农民参与三者相结合,驱动乡村旅游高质量发展的模式(图3-6)。政府高度重视旅游业的发展,在不同的发展阶段扮演着不同角色,企业和农民是乡村旅游的主要参与主体,是利益的主要获得者。但此类发展模式中,很难区分主导因素,不同阶段有着不同侧重点,驱动因子也不尽相同,随之具体的发展路径也会有

[①] 江林茜,张霞.乡村旅游经济发展模式初探——以成都农家乐为例[J].求实,2006(1).

所改变,具有强烈的阶段性特征。

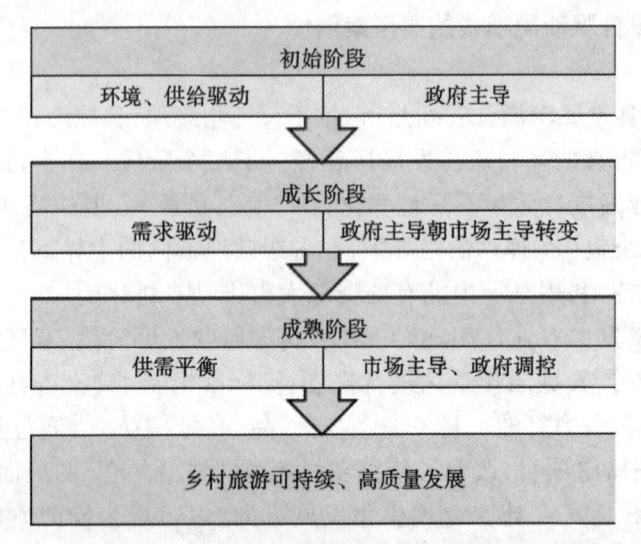

```
┌─────────────────────────────────┐
│           初始阶段                │
├───────────────┬─────────────────┤
│  环境、供给驱动  │     政府主导      │
└───────────────┴─────────────────┘
              ↓
┌─────────────────────────────────┐
│           成长阶段                │
├───────────────┬─────────────────┤
│    需求驱动    │ 政府主导朝市场主导转变 │
└───────────────┴─────────────────┘
              ↓
┌─────────────────────────────────┐
│           成熟阶段                │
├───────────────┬─────────────────┤
│    供需平衡    │  市场主导、政府调控  │
└───────────────┴─────────────────┘
              ↓
┌─────────────────────────────────┐
│      乡村旅游可持续、高质量发展      │
└─────────────────────────────────┘
```

图 3-6　混合驱动型模式

（二）关键因素

混合驱动型模式作为乡村旅游高质量发展模式之一,以下三个因素至关重要。

1. 鲜明的阶段性

混合驱动型模式作为多因素驱动、多利益主体参与的高质量发展模式,难以区分该模式下乡村旅游发展全阶段的主导驱动因素、首要主体,不同阶段有着不同的侧重点,具有鲜明的阶段性特征。以安吉县乡村旅游发展历程为例,初始阶段是环境推动下,利用政策、资金、资源等条件,以政府为主导带动农户发展乡村旅游;成长阶段是政府引领下,以市场为导向,吸引企业入驻,利用市场机制开发多元化产品,高质量发展乡村旅游;成熟阶段,政府化身"保安",以企业、农户为乡村旅游的经营主体,供需协调下推进乡村旅游可持续发展。

第三章　乡村振兴战略下乡村旅游发展与治理的创新模式

2. 政府职能定位

不同阶段政府的职能定位有所不同。乡村旅游初始阶段,政府充当引领者的角色。乡村旅游的发展一直受到党中央、国务院及相关部门的高度重视,中央从规划、产业、土地、资金、人才以及人居环境整治六个方面进行了重要指示,出台了多项文件,对乡村旅游的发展方向、标准、目标等进行了规划。例如《促进乡村旅游发展提质升级行动方案(2018年—2020年)》中指出,要不断完善乡村旅游的配套设施,丰富乡村旅游的产品种类,积极支持和引导社会资本参与乡村旅游业发展等;《关于促进乡村旅游可持续发展的指导意见》中指出,从旅游市场需求出发,推动乡村旅游发展的产业化、市场化等。这就要求地方政府在乡村旅游发展初期,按照国家总体规划,从整体出发,制定地方发展理念和开发思路,做好总体规划和部署,避免无序开发,扮演好引领者的角色。乡村旅游成长阶段,政府充当规范者的角色。经过一段时间的发展后,乡村旅游进入正轨,占据一定市场份额,经济也逐步发展。此时,则需要政府从台前退居幕后,更多地发挥市场的作用,扮演好规范者的角色,重点任务是研究、制定、出台切实可行的乡村旅游法律法规,并通过项目、资金、用地、信息等手段引导乡村旅游健康发展。乡村旅游成熟阶段,政府充当协调者角色。经历过成长期,乡村旅游的发展体系成熟。此时,政府更多的是充当协调者的角色,职能转向宏观调控、公共管理等方面,简政放权,重点协调好企业、农户之间的利益关系,保护旅游者的权益等。

3. 驱动因素

混合驱动型模式中,乡村旅游的高质量发展受到多因素的驱动,这些驱动因素可以分为内生驱动因素和外生驱动因素两个方面,内生动力主要包括乡村旅游供给和乡村旅游市场需求,外生动力包括政策支持、制度引导等。外生动力在乡村旅游发展中发挥着重要作用,但内生动力是一种内生性、根本性、持续性的系统动力,是最根本的存在。混合驱动型模式具有典型的阶段性,不同阶段驱动因素有所不同。乡村旅游初始阶段,政府出于宏观形势、经济发展的需求,利用旅游资源推动乡村旅游的发展。乡村旅游成长阶段,在政府政策支持和经济利益的驱使下,农户、企业等广泛参与到乡村旅游发展中来,规模化、产业化、高质化地提供乡村旅游产品,城市居民出于追求差异化的反向性需求,消费乡村旅游产品,这个阶段动力逐渐转换,从政府主导转向市场主导、从要素驱动转向创新驱动、从单一动力转向综合动力。乡村旅游成熟阶段,旅游产品体系完整,旅游市场份额稳定,满足市场需求,提质增效,创新升级成为发展目标,内生动力占据主导地位。

四、混合驱动型模式的实施策略

(一)制定阶段性发展战略

混合驱动型模式具有鲜明的阶段性特征,不同阶段政府的职能定位、驱动因素等都有所不同。故实施混合驱动型模式时,在初始阶段、成长阶段、成熟阶段准确区分政府职能定位,识别驱动因素,从而制定相应的阶段性发展战略。

首先,准确区分政府职能定位。政府扮演协调者的角色,搭建旅游发展平台,建立健全乡村旅游管理综合协调机制,培育发展乡村旅游行业协会等。

其次,识别驱动因素。驱动因素主要有供给、需求、环境三部分,侧重供给驱动时,要求合理规划旅游资源开发,拓宽旅游产品模式,加强旅游产业发展保障,提供高质量的旅游产品。侧重需求驱动时,要求在政府适当管控下,依据全方位的市场分析开发旅游产品,满足多元化的旅游市场需求。侧重环境驱动时,要求政府加大扶持力度,充分发挥政府主导作用,积极鼓励农民参与,坚持群众路线。最后,制定阶段性发展战略。

(二)完善利益协调机制

旅游开发项目必须研究旅游利益相关者,协调利益关系,减少利益各方之间的冲突,走可持续发展道路。混合驱动型模式涉及政府、企业、村集体、农户、旅游者等多方利益相关者,且不同阶段的利益诉求有所

第三章　乡村振兴战略下乡村旅游发展与治理的创新模式

不同,需完善利益协调机制,让利益协调机制随着乡村旅游的发展动态演化。

首先,乡村旅游发展初始阶段,充分强调政府在利益协调中的作用。政府出面协调旅游资源开发与乡村空间保护、开发企业与当地居民等方面的冲突与矛盾,举行各方代表出席的协调会和听证会,加强各方间的沟通,倾听各方诉求,找准矛盾切入点进行管控。

其次,乡村旅游发展成长阶段,成立行业中介组织与非政府组织,利用第三方当事人介入的形式,对各利益相关主体进行监督管理,引导各利益相关主体进行理性竞争与利益博弈协商,维护当地旅游业市场公平竞争与健康发展;与此同时,注重游客诉求,提升乡村旅游的服务品质,提升游客满意度。

最后,乡村旅游成熟阶段,搭建乡村旅游信息网络平台,各旅游企业由信息网络在吃、住、行、游、购、娱等一系列服务上,形成紧密的产业关联网络体系,进而组成经济网络与结构体系,保证各企业间旅游产品与服务的互补性,互通有无,互补经营,缓解产品供需矛盾。

第四章　乡村振兴战略下乡村旅游发展与治理的技术、动力与保障

经过多年的不懈努力,我国乡村旅游发展不断迈向新台阶,已进入新的历史阶段。我国乡村旅游发展进程,从加强农村基础设施建设向立足资源特色发展特色乡村休闲旅游及乡村特色文化旅游演变。本章就具体分析乡村旅游发展动力系统与保障体系。

第一节　乡村振兴战略下乡村旅游发展与治理的技术

网络技术的发展与营销手段的更新,使智慧旅游时代到来。基于这一时代背景,要想使乡村旅游可以长足发展,需要建构网络信息平台,以便收集相关信息,对乡村旅游的发展进行评价与反馈。乡村旅游的提档升级迫切需要智慧旅游的支撑,智慧旅游应用于乡村旅游是一种必然趋势。[1]

2012 年,国家旅游局就看到了"智慧旅游"建设的重要性,明确指出在未来十年的发展中,我国要实现"智慧旅游"的建设目标。同时,国家还专门出台了《关于持续增加旅游资金投入和促进旅游投资的发展建议》,其中,第一次明确指出要推动"互联网+旅游"的持续建设。我国所有 4A 级以上的景区都必须实现无线全覆盖,其目的在于提升智慧乡村旅游试点建设的质量。同时,线上售票、语音讲解、智能导游以及推

---

[1] 张锦.乡村振兴战略背景下的乡村旅游规划设计[M].太原:山西经济出版社,2020.

送消息等功能也要持续完善,要在全国范围内打造智慧乡村旅游景区,建设智慧旅游乡村。

一、智慧旅游发展概况

从智慧旅游建设的情况来看,其起步较早,发展速度也相对较快。在"十二五"规划刚刚出台之后,国内各个城市就结合自身旅游发展的特点,在智慧旅游城市建设中做出了不懈的探索,由此拉开了智慧旅游城市建设的序幕。例如,2018年,山东省济南市委市政府明确提出了发展智慧旅游的紧迫性、必要性,同时还提出了各项完善的建设举措,明确要求要构筑完善的旅游公共机制,推进旅游服务平台建设以及推进产业数据完善、促进旅游数据联审工作机制的建立健全工作的必要性。此外,还就完善旅游咨询服务、加快推进新媒体运营体系建设提出了有效建议。综合来讲,在分析智慧旅游时可以从管理、营销以及服务三个方面展开,具体论述如下。

(一)智慧管理方面

就推进智慧旅游的建设颁布了各项法律文件,从法律的角度予以根本性保障。然而,从政府的层面来看,并未从宏观的角度对旅游进行统一的管理,开发也不够合理和科学;从乡村旅游景区的角度来看,尚未实现智能管理的全覆盖,不少管理方面的问题依然十分突出,包括景区环境较差、门票价格标准制定有失合理等。

(二)智慧营销方面

尽管就发展智慧营销开发了不同类型的网站,也利用多种App软件加快推进旅游产品的营销。但是通过大量的研究可知,不少网站存在各种各样的问题。比如未能在第一时间进行旅游信息的更新处理,旅游信息不够科学和完善。此外,各类旅游软件未能在全国范围内进行较好的普及,有的市民甚至从来没有听说过类似软件,软件的普及率较低。可以说,数字化建设失去了其存在的意义,没有很好地实现智慧营销的发展目标。

（三）智慧服务方面

从当下的各个景区来看，都未能实现智能化发展的根本目标。众多景区中，信息化建设水平都有待提升，其发展尚处于初级阶段。尽管在发展智慧旅游方面加大了软件和硬件的投资，然而，这对于智慧旅游建设的诉求而言还存在较大差距。

1. 智慧旅游方式无新意

随着智慧旅游业的发展，人们在互联网上搜索景区时，往往会遇到处在不同体验角度的旅游规划师，其实施效果也不尽相同。然而，经过实际调查，我们也可以看到，此类旅游规划的自主性十分受限，仅限于在指定的路线范围内享有一定的折扣，而当游客自行调整时，其票价将会增加一倍，甚至更多，这种旅游方式仍是通过低廉的价格来招揽游客。尽管游客行程的时间比以往任何时候都要多，但是它和传统的旅游没有什么不同。

2. 管理制度不完善

目前，国内尚无明确的关于智慧旅游的管理制度，同时，由于网上存在一些不规范行为，导致导游与游客之间的交流不当等原因也是影响智慧旅游发展的重要因素。

二、乡村智慧旅游职能划分

乡村智慧旅游的职能可划分为乡村智慧旅游政务、乡村智慧旅游管理、乡村智慧旅游营销和乡村智慧旅游服务四大职能，并可根据其概念内涵进行更为细致的职能划分，以建立完善、高效与便捷的乡村智慧旅游体系。乡村智慧旅游政务，关注行政管理单位与乡村旅游企业之间的信息交流，以有效提升乡村旅游主管部门的宏观管控能力。[①] 乡村智慧

[①] 周培；周颖. 乡村旅游企业服务质量理论与实践[M]. 成都：西南交通大学出版社，2016.

第四章 乡村振兴战略下乡村旅游发展与治理的技术、动力与保障

旅游管理关注如何提高旅游企业管理信息化水平,乡村智慧旅游营销建设则关注如何有效促进旅游宣传与市场开拓,而乡村智慧旅游服务建设关注如何提升服务质量。

乡村智慧旅游政务以信息通信技术为支撑,将区域内乡村旅游企业发展纳入信息化管理范畴,将办公、教育、监督、分析、评价及指挥功能集于一体,其打破了各自为政和条块分割的局面,从宏观管理层面对乡村旅游产业发展进行监控与指导,能够实施跨部门协调并促进全域乡村旅游的发展。

三、乡村智慧旅游职能的细分

在明确乡村智慧旅游的四大职能,即智慧政务、智慧管理、智慧营销和智慧服务之后,可以进一步进行乡村智慧旅游的职能细分。

(一)乡村智慧旅游政务职能细分

(1)任务控制。建立辖区内乡村旅游企业名录,通过智慧旅游平台实行有效监管,明确任务的发送、接受与监督等工作程序。

(2)投诉处理。包括乡村游客投诉信息的添加、修改、查询、删除与反馈。实现对旅游投诉以及旅游质量问题的有效处理,维护乡村旅游市场秩序。

(3)企业登记。乡村旅游企业(含旅游景区景点)的一般信息(如地址、电话、传真、E-mail 等)和详细信息(文字、照片、录像等)的发布、查询与管理。[1]

(4)资产监管。实现乡村旅游企业基础设施和服务设施的信息管理和实景化观测。

(5)专题统计。可对整体经营状态进行名称统计、数据库字段统计、空间位置统计、选定空间位置统计。

(6)外部协调。与公安、交通、工商、卫生、质检等部门形成信息共享和协作联动机制。

---

[1] 何运保;唐庆林;王清荣.创新驱动与国际旅游胜地建设[M].桂林:广西师范大学出版社,2014.

（二）乡村智慧旅游管理职能细分

（1）管理智能。通过办公自动化和信息化建设，推进业务流程重组，改进乡村旅游企业管理模式。

（2）产业整合。实现区域内乡村旅游资源整合，明确产业分工与布局，推动乡村旅游规模发展与协同发展。

（3）科学调度。密切关注游客流量与分布状态，对乡村旅游景区（点）的车辆、工作人员进行合理的调配。

（4）安全保障。根据乡村旅游信息数据形成预测预警机制，提高应急管理能力，保障乡村旅游安全。

（5）生态监测。实时可视化监测大气、水质、地质和森林等自然环境状态，保护生态资源，保障乡村旅游可持续发展。

（三）乡村智慧旅游营销职能细分

（1）推介宣传。利用网站与新媒体推送乡村旅游目的地相关的文字、图片和音像资料，提高游客对乡村旅游产品的了解程度，形成现实购买或者潜在意向。虚拟现实技术可运用于虚拟景区建设，以强化宣传效果，并通过知识标签提供面向乡村游客的学习功能。

（2）产品查询。乡村游客借助乡村智慧旅游平台可进行分类检索，获得旅游产品信息，以"库查图"的方式进行电子地图的精确定位。乡村游客通过产品目录或者输入产品名称，即可检索出符合条件的所有乡村旅游企业名称并显示产品内容。

（3）线路规划。乡村旅游企业必须向主流电子地图（百度地图和高德地图）上报地理信息与服务信息，使得用户在地图上点击一个旅游企业信息点，就可以获得该旅游企业点的一般信息和详细信息，并能够把电子地图作为协助手段来规划乡村旅游线路。

（4）在线交易。提供多样化在线支付方式，保障游客顺利预订。建立完善的乡村游客评价体系，一方面约束乡村旅游企业的行为，促使其提供优质高效的服务；另一方面优质产品的评价内容将为其他游客提供参考，有利于促进乡村旅游品牌的建设与传播。

第四章 乡村振兴战略下乡村旅游发展与治理的技术、动力与保障

（四）乡村智慧旅游服务职能细分

1. 信息公布

信息公布涉及乡村旅游企业的重要新闻、天气情况、交通状况、热点推荐、公告警示、服务评级等旅游资讯的发布。具体运用多媒体展示系统与 LED 信息系统进行操作。

2. 提升体验

在服务过程中，运用信息技术与人工智能，以高效、便捷、舒适的服务方式提升顾客的满意度与体验度。

（1）智慧交通服务

乡村游客在目的地可以使用手机客户端的实时公交 App 或者电子地图 App，即时进行旅游线路规划，并予以实施，提高了旅游时效。这些 App 平台是全国性共享平台，它需要乡村旅游目的地提供旅游地点的坐标，以完成旅游交通的线路规划。

（2）电子导游服务

乡村智慧旅游平台应开发基于手机 GPS 定位和基站定位的电子导览地图并配备电子语音导游。当乡村游客到达目的地之后，可以自助完成游览。平台系统应支持电子地图的打印。

（3）餐饮与住宿服务

团购平台 App 的周边服务功能及促销优惠信息能够实现无缝结合，即线上即刻交易，线下即刻享用。此时智慧营销与智慧服务融为一体。同时，智慧场景服务也得到了升级，如电子菜单更加便捷、无人酒店手续更简洁。

3. 客户管理

将 CRM（Customer Relationship Management，客户关系管理）作为一种理念、一种技术、一种模式应用于乡村智慧旅游平台，以增强对游客服务的针对性，有效巩固乡村旅游市场。乡村智慧旅游之智慧政务、

· 113 ·

智慧管理、智慧营销与智慧服务这四大职能并不是孤立实现的,智慧政务统领其他三大职能,而智慧管理是智慧营销和智慧服务的基础,智慧营销为智慧服务提供了客源,智慧服务又树立了智慧营销的口碑。其细分职能常交织在一起,比如OTA的美团既可以承担营销职能,又可以实现即时的、场景化的产品选择与支付服务。

四、乡村智慧旅游技术应用

(一)乡村智慧旅游体系构建

从以往旅游信息化建设过程来看,我们走过许多弯路。比如,县级市构建的智慧旅游平台,由于体量过小,聚合度较低,加之费用有限、入不敷出,无法维持正常的运营,在硬件投资与软件开发方面造成了巨大的浪费。目前来看,智慧旅游平台建设限于省级以上区域是恰当的,其具有较好的资源整合能力,能够充分发挥智慧旅游的职能功效。乡村智慧旅游建设是否有必要投资建立独立体系?笔者认为,乡村智慧旅游职能是基于智慧旅游平台人为划分的,乡村智慧旅游建设没有必要建立独立体系。我们只需在省级智慧旅游平台的框架中,将数据库的内容设置相应的乡村旅游标签,将乡村智慧旅游体系从省级智慧旅游平台中抽取出来,即可让其单独发挥作用,实现乡村智慧旅游的职能功效,而省级智慧旅游平台建设最适用的信息技术就是 SaaS(李霞,2013;翟岳辉,2013)。[①]

SaaS 是 Software as a Service(软件即服务)的简称。以基于 SaaS 的省级智慧旅游平台为基础,在数据库中添加乡村旅游的标签,在操作界面设计一个省级乡村智慧旅游的智能应用体系,就可以开发出一个能够满足省域内绝大多数乡村旅游业务需求的通用信息系统,可达到以最少的资金投入形成乡村智慧旅游体系的目的。省级乡村智慧旅游体系的数据库,是省级智慧旅游平台的一个有机组成部分,通过"乡村旅游"的标签进行数据提取之后,省级智慧旅游平台原有的四大职能,即智慧

---

① 葛亚宁.海南省乡村旅游游客体验感及影响因素研究[D].海口:海南大学,2018.

第四章　乡村振兴战略下乡村旅游发展与治理的技术、动力与保障

旅游政务、智慧旅游管理、智慧旅游营销与智慧旅游服务的操作界面，就可以对应地转换为乡村智慧旅游四大职能的操作界面。省级乡村智慧旅游体系是一个功能齐全的通用模板系统，可以提供给多个不同行政级别的乡村旅游企业和管理部门重复使用。该系统具有乡村智慧旅游职能细分的可配置性，系统中的有些功能对某些用户来说可能是不需要的，不同的用户可以根据自身需要来定制或选择所需要的应用功能。

基于 SaaS 的乡村智慧旅游体系应具有强大的统计功能。在科学制定全省乡村旅游发展评价指标体系的基础上，乡村智慧旅游政务职能建设应明确要求各级用户及时上报统计数据，这样既可以对全省、各市和各县的乡村旅游经济数据进行汇总，也可以对各类型乡村旅游企业经济数据进行归类分析。

（二）全国智慧旅游平台的应用

基于 SaaS 的省级乡村智慧旅游体系要完全实现四大职能，尚需要借助全国性智慧旅游平台的辅助。以营销职能的在线交易为例，利用全国知名的分销中介平台更容易促成交易；使用基于 GPS 的电子地图 App，则可以顺利完成旅游交通导航。

由于交通运输的现代化及私家车拥有量的不断提高，自助游客成为乡村旅游市场的主力军。目前自助游客经常使用的全国智慧旅游平台主要是旅游 OTA 形式，诸如携程、美团、大众点评，其服务涵盖了食、住、行、游、购、娱六方面旅游产品的预订与 O2O 销售。[1] 百度地图从最初的导航 App 发展成为一个新型的 OTA 软件。百度地图发现周边的功能可以查询到周边的六要素旅游产品，还可筛选与排序，并且实现了酒店预订功能。电子地图 App 在定位功能上依赖于 GPS 或者北斗导航定位技术，要求定位点有明确的坐标，如果坐标上传者附上坐标点企业的详细资料，比如餐馆的介绍与图片，那么电子地图 App 也会全部展示。而且消费者可以在网上发表评价与图片，成为人们的消费参考。所有的 OTA 无一例外地都嵌入了电子地图，以帮助消费者进行定位。故实现乡村智慧旅游的职能，上传地理坐标并完善乡村旅游企业推介的文字与图片，显得尤为重要。

---

[1] 谢春山.旅游学[M].北京：北京理工大学出版社，2017.

关于是否需要建设省级 OTA 一直存有争议,笔者认为目前尚无必要。因为游客已经形成了借助全国知名 OTA 制定旅游计划与实施旅游消费的习惯,而且建设省级 OTA 需要完善其电子商务功能,需要建立呼叫中心来进行人工仲裁与辅助,运营成本太高。再者,省级 OTA 不如全国知名 OTA 运营专业化且有规模效益,对于运营人才的吸引力也有限。故开展乡村智慧旅游建设,要在完善智慧管理的基础上树立品牌形象,再入驻知名 OTA 开展 O2O 交易,才可以有效开展智慧营销。关于是否需要建设省级电子商务平台来销售土特产品,也一直存在争议,笔者认为也无必要,除上述原因之外,实物性电子商务的开展需要第三方支付平台实现悬挂支付,以此保障顾客的利益。开通第三方支付相对容易,比如支付宝可以开放接口,但是店小二的仲裁机制在没有规模效益的前提下难以维系。我们可以看到,平遥牛肉和雁门清蒿在淘宝上的销售情况非常好,所谓好产品遇到好平台,智慧营销水到渠成。

相对城市公交,乡村旅游交通多有不便,许多乡村游客担心等不到或者错过旅游班车,草草结束行程去候车,不能够充分利用时间。"车来了""等车来"和"车等我"等公交车软件,为乡村智慧旅游的交通服务提供了提升客户体验的机会。

(三)乡村景区的信息化建设

基于 SaaS 的省级乡村智慧旅游体系实质是政府主导的管控平台,它以一套软件满足了多层级多用户需求,且能不断开发新功能。这种多用户租用共享平台的模式无疑为市县级用户节省了机房建设和软件购买的费用。但是,乡村旅游企业的信息化建设仍然需要购置智能设施和配套软件。餐饮企业的智能设施投资较少,比如物理的电子平板菜单,已经被微信电子菜单这样的小程序所取代,而其智能营销与智能服务较多依靠外部中介平台,如美团团购与外卖、百度周边服务与外卖。但是乡村景区的信息化建设,则要耗费大量资金来购买信息设备并开发集成软件。

乡村景区信息化建设需要把物联网技术、电子通信技术与景区经营管理服务相结合,统筹和规范景区信息的收集、处理和应用,整合资源、信息共享,建立功能强大的旅游资源保护系统、信息服务与管理系统,为游客提供及时准确的信息服务,为景区管理、服务、资源保护提供决策支持数据,以实现景区数字化管理下的可持续发展。具体内容包括办公自动化、营销网络化、即时全区监控、电子门禁管理、电子客服信息系统、安全报警与求助系统。乡村景区信息化系统结构可分为两个层次:基础平台层和应用系统层;分为三个方面:资源保护数字化、管理运营智能化和产业整合网络化。基础平台层包括基础设施(电力、网络)、系统数据库、数据安全容灾设施和"3S"技术支持。应用系统层交叉涵盖了资源保护数字化的环境监测系统与智能监测系统,以及管理运营智能化的办公自动化系统、多媒体展示系统、车辆调度系统、门禁票务系统与电子商务系统等。资源保护数字化的各系统与运营智能化的各系统发生交互,形成了产业网络整合化的决策,用以动态调整商业协同的相关问题。

乡村景区信息化建设工作不可能一蹴而就,应分步完成。第一步,根据规划蓝图,确立调整性差的硬件建设,完成供电设施与网络系统的建设。网络光缆的铺设要设置线缆专用渠道,以便二次修缮加装时方便揭盖工作。第二步建设RS采集点、门禁系统、多媒体展示系统、LED告示牌。第三步架设服务器与电脑终端,调试3S系统、CRM系统、门禁系统软件。至此,一个景区的信息化系统建设便具备了雏形。

乡村信息化建设取得的成就为进一步开展乡村智慧旅游建设,驱动乡村旅游业转型升级创造了条件。但是我们也要清楚地认识到,乡村智慧旅游的职能功效只有在完善基础设施,改善乡村可进入性的基础上,才有可能进一步发挥其重要作用。

五、智慧旅游服务模式设计

(一)智能化的旅游服务设计

要发展旅游业,必须建立智能化、高质量的旅游服务体系,才能保证区域经济效益。以创意开发理念为基础,开发智慧旅游服务体系,在旅游开发过程中,必须对乡村旅游景区的服务功能进行全面的调研与研究,通过多种模式的设置,形成一个完整的、科学的体系结构。最常用的方法就是利用微信推广旅游信息,提高旅游服务质量。首先,通过公众号信息查询,确定要去旅游的景区,而游览完景区的游客可以对景区进行评价,从而为其他的游客提供较好的体验分享。其次,利用信息平台,设立"游客留言"栏目,在"留言栏"中记录游客体验。为了更好地为游客提供服务,线上平台必须对景区进行详细的讲解和线路规划,以便游客更好地了解景区。最后,利用网上购票的便利性,方便游客购票,提高了景区验票工作的质量,各景区通过网络渠道定期发布促销活动,促进旅游目的地的宣传。

(二)个性化的旅游线路

由于各区域之间存在差异,因此,在实施智慧旅游服务时,不能完全复制现有的方案内容,应结合区域旅游特点和人文特色,建立相应的服务体系。有的地方风景名胜众多,但地理位置过于分散,如果对景点不了解的话,往往要花费大量的精力去寻找新的路线。为了有效改善这种状况,利用数字信息技术为游客提供个性化的旅游线路,在制定个性化线路的过程中,要运用信息系统分析景区景点分区及其构成特点。

(三)乡村旅游景区导航功能

为增强观赏性,应增设步行、自驾导航等辅助系统,以提高观赏性。iBeacon 导航技术是目前最流行的导航技术,它能准确定位 2—3 米内的乘客,而无需 GPS。现在智能手机已经普及,需要针对不同年龄段的人进行导航设计,如果他们不熟悉路途,会在旅游过程中产生很多不便。因此,乡村景区可以为游客提供模拟导航设备,还可以把主机和副机设备连接起来。这样,游客就可以知道自己在什么地方了。同时,导航仪还具备报警功能,当主、副机之间有一定间隔时,会发出警报,根据主机提供的信息,第一时间定位副机位,避免游客在旅途中迷路。

(四)增强游客体验感

为了推动数字经济在旅游业中的发展,应增加更多趣味活动,提高游客的观赏性和体验感。在乡村景区旅游中,寻宝活动是一种最具吸引力的活动,它把旅游和寻宝结合起来,以提高游客的寻宝兴趣。在这个系统里,玩家只要按照地图上的提示去一个特定的地方搜索,然后拍照上传，由系统给出评分，再根据玩家找到的物品数量来计算积分，最后就可以用积分兑换相应的纪念品或者优惠券。同时，为游客提供个性化的旅游路线设计，拓展旅游体验，使旅游不再局限于固有的旅游景点。

（五）系统化设计智慧旅游服务

除了提供景点介绍、线路分布、网上购票等必要功能外，还要借助旅游服务体系建设更多的服务板块。在乡村景区管理方面，应从整体规划乡村景区服务体系，将其功能划分为查询景点信息、修改数据、图片管理、好友管理、地图应用等。在旅游景区信息查询时，旅游者可查看乡村景区详细地理位置及风景图片，根据具体位置设置旅游线路，亦可根据资料修正模组修改及增加旅游者资料。通过图像处理，游客可以在网上进行信息交流和上传照片。另外，好友模块还可以设置多个手机端好友的联系方式，通过朋友的角色实现用户之间的交流与沟通。而地图的应用，则是根据预先规划好的路线，实时查询自身位置，从而达到最佳效果。在开发与更新智能化旅游服务体系过程中，必须不断收集整理相关数据，通过数据统计分析、总结优化旅游信息，提高旅游服务质量，促进旅游产业智能化、深度化发展，使旅游产业成为区域经济发展的主要增长点。

第二节　乡村振兴战略下乡村旅游发展与治理的动力

一、动力系统的构成及内在逻辑

（一）乡村旅游动力系统

动力系统是解释推动某事物运行发展的原因与力量。乡村旅游高质量发展动力系统具有复杂性和开放性，在乡村旅游发展的不同阶段与时期，其构成要素也在不断变化。最初，学者对乡村旅游动力研究主要集中在乡村旅游资源的开发与规划。20世纪80年代后期，学者开始关注对乡村旅游动力系统的研究。①彭华是国内较早对旅游动力系统展开研究的学者,其认为旅游发展动力模型是由需求系统、引力系统、中介系统、支持系统构成的一种主导动力模型。②Gunn 提出供给和需求是旅游系统中两个最基本的子系统,其中供给子系统包括吸引物、促销、交通、服务和信息五个要素。③Ann-Mette Hjalager 构建了以产业、政策、基础设施和技术为子系统的旅游业创新传递机制系统模型。④在此研究基础上,学者构建了包括需求、供给、媒介、支持和决策五个子系统的乡村旅游发展动力系统结构模型。基于以上研究,本章从系统功能角度出发,对乡村旅游高质量发展动力系统进行剖析。城市居民、农民、政府、旅游产业作为乡村旅游的主体,彼此间的诉求形成了乡村旅游的资源供给力、需求拉动力、转型升级驱动力、政策配套扶持力四个子系统,子系统之间相互影响,相互促进,形成合力,共同推动乡村旅游高质量发展。⑤

（二）乡村旅游发展的动力系统构成分析

旅游活动本就是由不同子系统构成,并且相互作用的巨系统。根据乡村旅游子系统所处的不同功能,将其分为资源供给力、需求拉动力、转型升级驱动力、政策配套扶持力四个部分。乡村独特的自然资源和人文资源构成乡村旅游系统的供给力,城市居民和旅游者的乡村需求构成乡村旅游发展的拉动力,乡村旅游发展中的低水平等问题构成其转型升级的驱动力,"三农"问题、脱贫攻坚和乡村振兴战略下出台的一系列政策,是乡村旅游动力系统的政策配套扶持力。

（三）乡村旅游动力系统内在逻辑与联系

在乡村旅游发展动力系统中,资源供给力、需求拉动力、转型升级驱

---

① Leiper N. Tourism Management[M].Collingwood,VIC: TAFE Publications,1995.
② 彭华.关于城市旅游发展驱动机制的初步思考[J].人文地理,2000（1）.
③ Gunn,C. A.,Turgut Var. Tourism Planning: Basics Concepts Cases(4thed). NewYork: Rouledge,2002.
④ Aliza Fleischer, Anat Tchetchik. Does Rural Tourism Benefit from Agriculture?[J].Tourism Mangement,2005（26）.
⑤ 梁文慧.旅游与会展发展论丛[M].北京：中国社会科学出版社,2016.

第四章 乡村振兴战略下乡村旅游发展与治理的技术、动力与保障

动力、政策配套扶持力四个子系统之间相互影响、相互作用。需求子系统和供给子系统作为基础动力,供给子系统通过开发乡村旅游资源,向旅游市场提供旅游产品,刺激游客产生需求,离开日常居住地进行乡村旅游消费,使游客需求得到满足。乡村旅游系统转型升级的驱动力,刺激乡村旅游目的地进行产品创新和转型升级,以满足游客多样性和个性化需求。只有游客多样性和个性化需求得到满足,资源供给力、需求拉动力、转型升级驱动力、政策配套扶持力四个子系统的利益相关者,才能获得更多经济利润,从而推动乡村经济和乡村旅游的发展。

政策配套扶持力子系统为乡村旅游环境的发展提供良好的政策支持,以保障乡村旅游环境的顺利进行和可持续性发展。对资源供给力和需求拉动力系统而言,一方面,政府通过制定相关政策法规约束旅游企业和景区的行为,以使游客的合法权益获得保护;另一方面,政府通过政策支持鼓励乡村旅游和相关企业的发展,以保障乡村旅游的顺利发展。

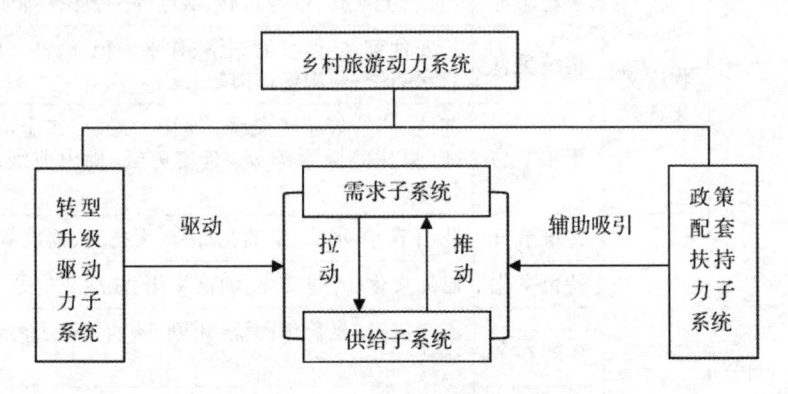

图 4-1 乡村旅游发展动力系统

二、丰富的乡村资源供给力

在中国旅游业发展过程中,乡村是极为重要的组成部分。中国是农业大国,乡村旅游资源种类多样、数量丰富、分布广泛,且具有独特的文化内涵,既有自然形成的江河湖泊,又有历史遗留的古城遗址。我国历史悠久,民族众多,在不同的地理环境和历史环境下,形成了独特的民俗习惯和生活模式。这些旅游资源对世界各地的游客都有着较大的吸引力,是推进中国乡村高质量发展的宝贵财富,也为乡村旅游高质量发展提供了丰富的资源供给力。

（一）乡村旅游资源分类体系

丰富而多样的乡村旅游资源是实现乡村旅游高质量发展的前提。中国是一个农业大国，拥有丰富的乡村资源，由于地理位置和文化背景的差异，所展现出的特性也有所不同。学术上对于旅游资源分类与评价的研究，一直是研究的基础问题和热点问题，根据资源的性质和成因将旅游资源划分为两大类：自然旅游资源、人文旅游资源。对旅游资源分类比较权威和典型的标准是文旅部发布的《旅游资源分类、调查与评价》（GB/T 18972—2003）。其中乡村人文旅游资源如表4-1所示，乡村自然旅游资源如表4-2所示。

表4-1　乡村人文旅游资源主要类型[①]

主类	亚类	基本类	典型案例
乡村民俗文化资源	物质文化资源	乡村服饰	苗族、土家族、维吾尔族、藏族等少数民族服饰
		传统美食	长安盆菜、陕西荞面饸饹、柞水糍粑、峡江米粉、修水哨子、柴沟堡熏肉等
		手工艺品	苏绣、蜀绣等手工刺绣；东阳木雕、广东金漆木雕、福建龙眼木雕等；延安剪纸、佛山剪纸、扬州剪纸等
	非物质文化资源	传统节日	花山节、泼水节、酥油花灯节、火把节、铜鼓节等
		特色文化	巴蜀文化、齐鲁文化、河洛文化、江淮文化等
		民间艺术	浙江皮影、景德镇陶瓷、川剧、陕西民歌、徐水狮舞等
		古城遗址	商丘古城、平遥古城、荆州古城、凤凰古城等
		石窟	金塔寺东西窟、云冈石窟五六窟、龙门石窟宾阳中洞、巩县石窟一号窟、莫高窟等
		墓群遗址	狮子山楚王墓、大堡子山墓群、泰安大汶口遗址、章丘城子崖遗址、满城汉墓等
		宗庙祠堂	陈家祠堂、胡氏宗祠、德远堂、太原晋祠、成都武侯祠、广州陈家祠等
		红色遗址	延安革命遗址、瑞金革命遗址、井冈山革命遗址、西柏坡革命遗址、红岩村等
		历史文物	佛指舍利、铜车马、后母戊大方鼎、金缕玉衣、越王勾践剑、素纱禅衣等

① 王颖. 乡村旅游理论与实务[M]. 北京：中国农业科学技术出版社，2020.

第四章 乡村振兴战略下乡村旅游发展与治理的技术、动力与保障

续表

主类	亚类	基本类	典型案例
乡村民俗文化资源	非物质文化资源	遗址公园	隋唐洛阳城国家遗址公园、明城墙遗址公园、大报恩寺等
		古建筑	北京四合院、围楼土寨、吊脚楼、窑洞等
		名人故居	杜甫草堂、郭沫若故居、三毛故居、鲁迅故居等
		农村景观	婺源古村落、安徽宏村、福建培田古村、元阳箐口哈尼族民俗村、肇兴侗寨、新疆图瓦村、甲居藏寨等
		牧村景观	哈登布拉格小木村、内蒙古奥奇牧村、牧村土林、江布拉克等
		渔村景观	青岛青山渔村、三亚的后海渔村、平潭钱便沃渔村、上海金山嘴渔村、象山县石浦渔村等
		山村景观	安徽石县大山村、凤凰县扭仁村、临安指南村、修武县双庙村等
		特色小镇	秦皇岛市卢龙县石门镇、吕梁市汾阳市杏花村镇、杭州市桐庐县分水镇、丽水市莲都区大港头镇、贵阳市花溪区青岩镇等
		休闲农庄	长鹿旅游休博园、杭州湾海上花田生态旅游度假区、三圣花乡、光明农场大观园、西海岸生态观光园、福清天生农庄等
		田园综合体	无锡阳山田园综合体、迁西花乡果巷田园综合体、襄汾田园综合体、沂南县朱家林田园综合体、武夷山市五夫镇田园综合体等
		城郊景观	炮台湾湿地森林公园、红海滩、九寨沟风景名胜区、剑门关风景区、千岛湖、南普陀寺等
		乡村农耕文化景观	金华农耕文化园、赵家渡农耕文化产业园、苏州江南农耕文化园、阿农湾农耕文化园、华北农耕文化产业园等
		现代科技应用景观	南京现代农业园、贵州余庆白泥坝区现代农业园、邛崃康绿鲜生态农业庄园、太仓现代农业园等

表 4-2 乡村自然旅游资源主要类型

主类	亚类	基本类	典型案例
自然资源	景区公园	湿地公园	巴音布鲁克湿地、三江平原湿地、西溪湿地、若尔盖湿地、向海湿地、鄱阳湖湿地、东寨港红树林湿地等
		森林公园	张家界国家森林公园、西双版纳原始森林公园、海螺沟冰川森林公园、白云山国家森林公园、天门山国家森林公园等
	地貌资源	峡谷	恩施大峡谷、安集海大峡谷、金沙江虎跳峡、怒江大峡谷、太行山大峡谷等
		山川瀑布	赤水瀑布、黄果树瀑布、四川螺髻九十九里温泉瀑布、五台山、峨眉山、普陀山、九华山等
		岩洞	安顺龙宫、鸡冠洞、芙蓉洞、金狮洞景区、雪玉洞、白云洞等
	水域景观	湿地	孟津黄河湿地、若尔盖湿地、黄河三角洲湿地等
		河流	长江、黄河、珠江等

(二)乡村旅游产品类型

乡村旅游资源只有经过开发、设计,才会变成适应乡村旅游消费者需求的乡村旅游产品。我国乡村旅游产品在地理空间分布、特征属性、资源供给、市场需求和发展趋势、旅游消费等方面都有其独特性,能满足不同类型、不同目的的乡村旅游消费需求。根据乡村旅游产品和服务的特性,综合众多学者的研究,我国的乡村旅游主要产品类型可划分为:现代农业型、休闲农庄型、体育康养型、主题教育型、文旅融合型。

1. 现代农业型

现代农业是政府高度关注的重点,2020 年的中央一号文件提出了加快独具特色的现代农业产业园区建设,努力推进农业农村产业融合发展等重大战略部署。日本、荷兰等国家在开发乡村旅游产品时积极引入科技手段,成为推动农业现代化进程的动力产业。近年来,我国开始建设一批现代科技农业园区,促进乡村旅游的发展。"农业 + 旅游"的模

第四章　乡村振兴战略下乡村旅游发展与治理的技术、动力与保障

式拉长了传统乡村发展的价值链条[①],是新时代促进乡村振兴的重要手段和方式。现代农业型乡村旅游产品,包括农业观光园、农业产品展览馆、科技生态园等形式。其主要特征有:

(1) 休闲观光游览

现代休闲农业型乡村旅游具有休闲体验和观光游览的作用。其依托乡村独特的地理位置和自然生态环境,将乡村农业和科学技术、休闲体验、观光度假等有机地结合,开展手工自制活动、农事体验互动等参与性活动。

(2) 农业技术展示

在开展现代农业型乡村旅游时,可以充分展示当地的农业生产过程、农业技术、产品等,使游客能够更好地观光。

(3) 普及科技教育

现代农业型乡村旅游在现有的农业科研基地基础上,将相关设施作为重要景点,将先进的农业科研技术作为教育内容,构成融合教育、展示、生产的综合性科教农业园。[②]

2. 休闲农庄型

休闲农庄型乡村旅游将旅游和休闲农业进行了很好融合,以此促进相关产业的发展。休闲农场模式通常适合在农业产业规模效益显著地区开展,在休闲体验和观光的基础上,扩展"吃、住、购"等领域,以产生协同效益。其主要特征有:[③]

(1) 复合性和综合性

休闲农庄是以农业技术、农业景观、农事体验为基础,与住宿、餐饮、购物等领域融合的一种运作模式。休闲农庄旅游开发具有多元化的形态,其涵盖第一、第二、第三产业,能够满足游客的差异化需求。

(2) 多元化收益形式

休闲农庄是一种典型的复合体,它将资本和劳动进行了有机融合,

---

① 魏晓露,沈和江.乡村旅游助推河北现代农业发展潜力研究[J].农业经济,2022(1).
② 王颖.乡村旅游理论与实务[M].北京:中国农业出版社,2020.
③ 陈继松,曾雅.休闲农业和乡村旅游融合发展实证分析——以辽宁省大连市休闲农场发展为例[J].沈阳农业大学学报(社会科学版),2019,21(3).

相关投资方和农民都可从中获得利益。农民可以通过土地租赁、在庄园内部工作等方式获取收益;投资方则可获得来自农业、食宿、购物、娱乐等领域的相关收入。

3. 康养休闲型

在健康中国战略的大背景下,乡村康养休闲旅游作为一种新业态、新模式,推动了健康产业和旅游产业的发展。乡村具有良好的生态环境和独特的文化氛围,成为退休人群最佳的旅游地。在乡村振兴战略和健康中国战略的背景下,实施"康养+"的乡村生态康养旅游发展模式,是解决当前乡村旅游发展困境的关键举措。其主要特征有:

(1)以"关注生命"为目标

康养休闲型乡村旅游和传统的旅游方式具有一定区别,乡村康养休闲旅游是旅游的深度体验,是由健康养生衍生出来的新型旅游形式。乡村康养旅游的主要目标和出发点就是关注生命和健康。康养休闲旅游更加注重让游客脚步"动起来"、身体"住下来"、内心"静下来"[1]。

(2)以"健康管理"为载体

康养休闲旅游通过科学地制定个性化的健康服务,与养生文化、饮食文化、中医养生、运动科学等元素充分融合,以实现改善、增进和保持游客身体和心理健康的目的。

4. 主题教育型

政府政策的扶持和日渐成熟的消费市场,对乡村旅游提出了更高的要求。教育旅游作为一种旅游体验形式,参与者通过与目的地的互动体验,使得休闲旅游和学习一同发生。乡村旅游具有回归自然、润物无声的特点,可以将思想政治教育、民俗文化教育、情感意志教育、生态环境教育很好地融入其中。因此,近年来,很多地方开发出具有主题教育意义的乡村旅游产品,受到了市场的青睐。主题教育型旅游以时间拓展和学习知识为主要内容,以教育性和体验性为主要特征。在文旅融合的大背景下,乡村旅游和农场旅游向娱乐教育类休闲活动方向发展,通过体

---

[1] 李东.健康中国战略背景下康养休闲体育旅游的内涵及对策研究[J].攀枝花学院学报,2020,37(6).

验传统文化和历史,以达到教育的目的。目前,教育式乡村旅游主要有文化体验、红色教育等主题形式。其主要特征有:

(1)教育性

主题教育式乡村旅游是让游客在旅游中拓宽视野,提高能力,以教育为主要目标。教育性是这类乡村旅游模式的核心特征,通过旅游景点的文化渲染、故事讲解,了解目的地背后的故事和历史。

(2)体验性

体验本就是旅游活动的基本属性之一。主题教育式乡村旅游对体验性提出更高的要求。游客在游览景点的过程中,除了视觉上的震撼之外,与目的地间的互动,会使游客对其历史文化和技艺有更深的理解,获得精神震撼,从而达到教育的目的。

5. 文旅融合型

2018年,文化和旅游部组建,进一步提出了文旅融合体制与乡村旅游机制创新等一系列新命题。文化是乡村旅游发展的核心,文旅融合加速了乡村旅游高质量可持续发展。乡村文化是乡村旅游发展的根与魂,乡村文化的独特性以及根植在游客心中的乡村记忆,促进着乡村旅游的不断发展。文旅融合型乡村旅游产品,以乡村文化特色为基础,通过乡土建筑改造,建设乡村民宿和客栈,融合旅游地较有底蕴和内涵的民俗风情,为游客提供独具特色的体验。文旅融合型乡村旅游是乡村民族特色与现代文明的融合,其依托独特的地理位置和建筑风格,通过手工艺品和节事活动发扬民族文化,让传统文化得到继承。其主要特征有:

(1)地方性

民俗文化源于世代民众的传承,很多地方的乡村都因为自身的独特环境而形成了极具地方特色的文化习俗。不同地区和时代背景下的民俗文化都会有自身特点,成为具有鲜明地方特色的旅游资源。

(2)传承性

文化具有代际传递效应,是人类活动在一定区域内经过历史沉淀下来的人文反映,是当地文化的象征。乡村文化对我国优秀民间文化进行传承,能对传统文化精神进行延续。

表 4-3　乡村旅游产品主要类型

乡村旅游产品类型	特征	典型案例
现代农业型	休闲观光游览、农业技术展示、普及科技教育	秦皇岛集发农业梦想王国、上海孙桥农业区、昌吉农业科技园区
休闲农庄型	复合性和综合性、多元收益形式	中国台湾台一生态休闲农场、上海闻道园、岩藤农场
体育康养型	以"关注生命"为目标，以"健康管理"为载体	首健国际苏州康养基地、仙居谷森林康养基地
主题教育型	教育性、体验性	郑州熊孩子森林营地、安徽省合肥市燕域田园
文旅融合型	地方性、传承性	丽江古城、晋城司徒小镇、江苏天目湖景区

三、强大的消费需求拉动力

我国经济快速发展，居民消费水平不断提高，城市和乡村之间的时空距离不断缩短，乡村旅游产业逐渐成为中国旅游业的重要支撑。人们闲暇时间的增多、游客旅游行为的转变、旅游人次的增多、消费收入的改变等因素，成为乡村旅游消费需求的强大拉动力。

（一）旅游行为改变

1. 乡土生活的回归诉求

随着城市化和工业化进程的快速发展，城市人口不断增加，居民生活水平提升，消费模式也发生转变。面对冷漠和快节奏的城市生活，人们失去了自我与土地的归属感。城市居民的行为方式发生了改变，产生了想要逃离单调、重复、紧张的城市生活的想法，由此构成了乡村旅游的动机。富有田园风光和浓厚乡情的乡村，能够激起人们心底的归属感，找回迷失的本质自我。基于人地关系的亲土习性和身份认同心理结

第四章　乡村振兴战略下乡村旅游发展与治理的技术、动力与保障

构的传统需求,主要表现为田园理想的精神追求、身份认同的寻找、人性根基的回归、文化与传统的皈依这四种行为心理。

与此同时,我国处于人口老龄化阶段,传统形式的居家养老生活已经无法满足现代社会老年人的需求,相较于居家养老,老龄化人群更喜欢休闲舒适的乡村康养旅游生活。我国乡村旅游的客源里,中老年游客占比较高。这些游客大多都拥有一段乡村生活的记忆,这就成为其展开乡村旅游生活重要的需求拉动力。

由于个人、社会、家庭等各方面的原因,人们无法回到乡村建造理想田园,而乡村旅游为人们提供了一种可以短暂享受田园生活的方式。面对忙碌的城市生活,乡村优美的生态环境以及休闲生活可以减轻压力。使其放慢脚步,获得身心的放松与慰藉。通过农事活动体验一个与城市生活完全不同的生活方式,这种回归自然的生活迎合了城市居民对乡村旅游的需求。

2. 追求健康的生活方式

近几年,受空气质量、亚健康等因素的影响,人们越来越关注自身健康,休闲养生旅游已经成为时代热点和潮流。人们对于良好的生态环境和健康身体的需求日益凸显,为乡村旅游发展提供了强大的动力。乡村旅游作为现代旅游产业未来发展的重要方向,近年来一直是人们缓解城市环境和生活带来的压力和紧张感的首选。

乡村拥有优良的生态环境、淳朴的乡土文化、轻松的生活氛围以及返璞归真的生活方式,能有效地缓解当代人的生活压力和亚健康问题,乡村旅游也逐渐成为健康旅游方式的首要选择。随着乡村旅游经济的不断发展,大众参与式乡村旅游已经超越农家乐形式,向观光、休闲、文娱复合型转变,既包含自然景观又具有人文情怀的健康旅游新形式,使得大众参与式乡村旅游的潜在消费者市场日益扩大。[①] 乡村旅游也开始开辟以健康为主题的旅游项目,以满足人们回归自然的心理需求。乡村生态旅游与乡村康养旅游不断融合,通过美容养颜、康健体魄、修身养性、营养膳食、保护环境等各种手段,使人的身心达到自然和谐的良好状态。

---

① 李梅泉,丁蓉菁.大健康背景下大众参与乡村旅游的影响因素、发展模式与应对机制[J].农业经济,2020(10).

3. 乡村文化的需求

乡村文化是乡村旅游的本质属性,它可以使游客所追求的精神陶冶和文化体验获得有效满足。由于我国地大物博,各地民俗文化差异较大,民俗文化旅游开发资源基础丰富,独特性强,发展优势明显。即使同一民俗,在不同地区和时代背景下也会有自身特点。乡村文化具有质朴性和独特性,其展示的风俗习惯、服饰、居所、节日、宗教、歌舞等民俗,具有强烈的吸引性,满足了游客想要体验乡土风情的需求。乡村文化旅游旨在提供健康丰富和独特的文化旅游产品,满足人们的精神需求。乡村文化旅游通过提供社会缺少的文化底蕴,给游客带来社会缺乏的、大众渴望的、独特的情感体验。

(二)居民收入水平提升

近几年,我国经济发展势头良好,居民可支配收入也在不断增长,消费能力有了显著提升,改善型和享受型的消费预算增加,旅游逐渐成为人们生活的一个基本组成部分,我国旅游产业得到快速发展。由此可见,居民的收入水平持续正向刺激旅游消费市场。虽然城市居民和农村居民在收入水平上存在较大差距,但随着收入的增长,农村居民的旅游热情也在不断升高。在休闲旅游的大背景下,乡村旅游受到广泛关注。随着乡村旅游的不断发展,乡村旅游产品的内容和形式也在不断丰富。文化、健康、体育、生态等产业相互融合的乡村旅游模式,扩展了乡村旅游的受众群体,拓宽了乡村旅游的市场,吸引越来越多的游客前来体验。

四、迫切地转型升级驱动力

随着社会经济的高速发展,居民消费水平的提高,游客对于乡村旅游的需求也在不断改变,对乡村旅游产品提出了新的要求。目前,我国乡村旅游存在低水平发展以及产业融合度不够等问题。乡村旅游产品同质化严重、服务体系不完善、乡村资源被过度开发等问题迫使乡村旅游必须走高质量可持续发展的道路。在产业融合的大背景下,我国乡村

第四章 乡村振兴战略下乡村旅游发展与治理的技术、动力与保障

旅游在科技创新、人才培养、品牌营销等方面都有较大的提升空间。

（一）低水平发展驱动乡村旅游转型升级

1. 产品同质化严重

目前，乡村旅游的主要形式还是农家乐，缺乏对文化内涵的深入挖掘，产品同质化严重。大部分地区的乡村旅游项目还是以农产品采摘、体验农事活动、农家美食品尝、休闲钓鱼等项目为主，大部分地区的乡村旅游模式，不能满足游客特色化和多样化的旅游消费需求。中部和西部地区的乡村旅游主要经营农家乐、温泉度假、休闲采摘，东部沿海地区主要运作海滨浴场、海鲜美食等。在乡村旅游开发过程中，由于当地缺乏正确引导与合理规划，造成产业布局较为分散，各地开发者盲目照搬和模仿，缺乏对本地资源的深入探析和对当地民俗文化的深入挖掘与融合。没有设计出适合当地特色的主题来支撑产品，不仅没有为乡村旅游的发展提供优势，反而降低了乡村旅游的体验品质。乡村旅游的本质是乡村文化的体验，由于地理位置、社会环境和时代传承等原因，乡村文化都具有其独特性。在文旅融合的时代背景下，在开发乡村旅游的过程中，要挖掘藏在民俗习惯和风情背后的内涵，合理利用当地的特色节日和服饰，并融合在乡村旅游产品的设计中。

2. 服务体系不完善

现在乡村旅游体系还存在供给不足、基础设施不完善、信息化程度低等问题。首先，基础设施不完善。城市居民选择乡村旅游，体验田园时光，并不意味着他们愿意感受卫生环境差、服务设施不完善等问题。乡村旅游多数景点都处于较偏僻的地区，由于经济条件等多方面原因的限制，乡村仍然存在公路不通、质量差等问题。其次，"住、购、娱"配套设施不足。乡村旅游的经营者大多是村民，没有接受过专业和系统的培训。因此，在卫生安全和服务设施配套等方面，难以满足游客的需求。此外，乡村旅游的主要特点就是体验休闲生活，许多景区休闲娱乐配套设施缺乏。最后，信息化程度低。由于乡村所处地理位置的偏僻和经

济环境水平较低,存在旅游信息数据采集不足、信息调度时滞的问题,线上和线下渠道存在信息不一致,信息更新缓慢,严重影响游客的体验感。

3.乡村旅游过度开发

由于乡村旅游开发者大多以营利为目的,部分地区缺乏管理经验和专业人才,对自然资源无节制地开发利用,忽视乡村旅游资源自身的孕育需求,以及乡村生态系统服务价值的提升,对生态环境造成严重破坏。国内大部分基层政府在发展乡村旅游时,都难以站在更高的战略定位上看到乡村旅游,没能充分意识到乡村旅游产业是统筹解决"三农"问题的重要措施,而只是简单把发展乡村旅游作为一种增加经济收入、脱贫致富的手段。乡村旅游资源的难以恢复性和易破坏性,要求管理者必须增强环保意识。另一方面,游客环保意识的缺失,随意丢弃垃圾,破坏生态资源。景区的管理者缺乏资源保护政策和对此类行为的惩罚措施,侧面加剧了生态环境的破坏。乡村旅游开发中,过多地引入城市符号和元素,违背游客体验乡村之美的需求。乡村旅游开发过程中,过多地将重点放在基础设施的大建设、大项目上,忽略真正能够体现区域特色的文化符号。乡村旅游发展的关键就是保留乡村优美的生态环境和当地居民的风俗习惯。乡村旅游过度城市化地开发,使乡村失去了本来的味道。

(二)产业融合驱动乡村旅游转型升级

基于产业融合的大背景,乡村旅游与农业、体育、文化等产业的融合,已经成为推动我国经济发展的重要途径。《国家乡村振兴战略规划(2018—2022年)》中明确指出"培育农村产业新业态,打造农村产业融合发展的新模式,推动要素跨界配置和产业有机融合",乡村旅游便是主要的发展方向之一。在乡村振兴的大背景下,通过鼓励科技创新、建设产业联盟、培养综合型人才、加强品牌营销等举措,优化乡村旅游与相关产业的融合机制。

第四章 乡村振兴战略下乡村旅游发展与治理的技术、动力与保障

1. 建设产业联盟

站在产业融合的角度整体来看,我国乡村旅游发展缺乏宏观指导和整体运营。因此,需要多维度合作推动产业融合。首先,发挥政府的统领作用。立足于各地的乡村旅游资源和文化民俗资源,联合高校机构、农业部门、文化产业部门等,结成战略联盟,并由综合实力较强的旅游企业牵头规划,实现资源和信息共享。应强化政策支持,以政府为主体设置优惠补贴、技术支持等政策,推动融合项目的宣传推广,以鼓励产业融合模式。其次,建立多元化的混合式联盟。① 将不同业务性质和经营类型的主体结成联盟,结合实际选择经营和联盟方式,通过相互合作、信息共享,提高经营收入,提升融合效果,实现其可持续发展。提高产业链是乡村旅游转型升级的重点环节,从低端向高端攀升,提高产品附加值。通过特色产品深加工,提高乡村旅游产品的附加值和竞争力。

2. 加强品牌营销

市场是乡村旅游产业发展的生命线,乡村旅游产业转型策略必须符合市场的发展动向,根据市场特点和游客的消费需求倾向,科学合理地规划乡村旅游产品的市场定位和乡村旅游总体战略。借助线上和线下双重推广模式,对乡村旅游项目和产品进行宣传。线上可以利用微信、官网、微博、抖音等新媒体,线下可以利用宣传册、报纸、广播、新闻、会展等多种方式。例如乡村旅游在和农业融合时,可通过互联网全方位地展示农产品的制作过程和制作工艺,提高其知名度。通过加大促销力度,提高市场收益和乡村旅游目的地知名度;建立旅游服务平台,通过资源整合、跨界合作的方式,推动乡村旅游产业融合智慧化的推进。构建一批高素质、业务能力强的专业人才,建设完善的营销体系,推动营销工作的顺利开展。在实现了针对乡村旅游产业与农业、文化、体育等产业宣传推广的基础上,还应该有效宣传多个产业的融合,并引导相关产业、企业、大众认可并践行,提升大众对产业融合的认知。

---

① 张祝平. 乡村振兴背景下文化旅游产业与生态农业融合发展创新建议[J]. 行政管理改革,2021(5).

五、持续的政策配套扶持力

政策是政府组织以权威形式规定,在一定历史时期内应该达到的目标、原则、任务、方式、步骤和措施,是促进经济社会发展的重要工具手段。乡村旅游涉及基础设施、农民就业、产业转型升级等诸多方面,使得其不仅受到自身政策的影响,也对不同时期城乡发展相关的战略、规划与政策极为敏感。为促进乡村旅游的发展,政府从国家层面、省级层面出台多项政策,引领和支持乡村旅游的发展,成为促进我国乡村旅游高质量发展的重要动力。[①]

（一）政策数量不断增加

我国最早出现的关于乡村旅游的政策在21世纪初。2001年、2002年,农业农村部相继制定了《农业旅游发展指导规范》和《全国农业旅游示范点检查标准》,对引导和规范乡村旅游的发展起到了重要推动作用。由于这个阶段乡村旅游的产业功能还未得到社会各界的普遍共识,因此更多是从执行层面制定乡村旅游发展政策,乡村旅游的作用还未得到战略性重视。2006年,乡村旅游被国务院写入"十一五"规划,明确提出把发展休闲观光农业作为挖掘农业增收潜力、增加农民收入的重要举措。之后国家权威机构开始在相关政策中频繁提及乡村旅游,从而促进了乡村旅游的发展。乡村旅游政策在数量特征的演变上存在数量不断增加、省份间数量特征不同等表现。首先,发文数量不断增加。从2009年仅10份政策文件到2019年的53份,增长率显著,乡村发展议题在国家政策体系中的作用不断提升。乡村旅游相关政策的出台与"十二五规划""十三五规划""乡村振兴"等国家重大战略息息相关,2010—2012年、2015—2016年以及2017—2019年是乡村旅游政策数量快速增长的时期。其次,不同省份乡村旅游产业政策发布数量往往具有不同特征。在2009—2019年期间,贵州省、河北省、浙江省出台乡村旅游政策数量排名前三。2015年国家脱贫攻坚战略的提出,对于西部地区的发展起着重要作用,特别是贵州省在2015—2017年期间,每年

[①] 江东芳;吴珂;孙小梅.乡村旅游发展与创新研究[M].北京:科学技术文献出版社,2019.

第四章　乡村振兴战略下乡村旅游发展与治理的技术、动力与保障

发布20份左右的乡村旅游相关政策。

(二)政策主体逐步多样

2009—2019年期间中共中央(办公厅)、国务院(办公厅)单独和联合发布的乡村旅游文件达80份,占同期出台政策数量的29.3%。自2015年以来,每年的中央"一号文件"均提及乡村旅游,并先后从"拓展农村非农就业空间""产业融合""示范县和示范点创建"和"规划指导"等方面做出要求。[①] 此外,农业农村部和国家发展改革委发文量最多,财政部、原国务院扶贫办、住房和城乡建设部、文化和旅游部等部门发文数量在10份以上,多部门联合发布文件的比重较高。这一变化充分体现了乡村旅游在旅游业和乡村振兴中起到的关键作用,以及其涉及多产业、多部门的复杂性。

(三)政策类型日趋完善

通过国家和地方不断出台乡村旅游政策,乡村旅游越来越受到重视,产业政策内容也在不断增加。乡村旅游政策已经初成体系,主要包括引导型政策、支持型政策、保障型政策和规制型政策。乡村旅游政策在乡村旅游高质量发展中起着扶持、引导和保障的作用。首先,政府在乡村旅游政策法规的制定中起着主导作用,其规范和指导着乡村旅游的发展方向和发展重点。我国乡村旅游政策随着"三农"问题、"乡村振兴"、"脱贫攻坚"等国家战略的提出而不断深入。相关政策为乡村旅游项目设计和培育提供了充分的政策支持,保证了乡村旅游可以高质量发展。其次,乡村旅游保障乡村旅游政策承载了不同历史阶段发展的特征,阶段性乡村旅游政策的出台,促进了我国乡村旅游发展的转型升级以及产业融合度的提升。政府在政策法规上的规范和指导,保障了乡村旅游产业的高质量发展。

(四)政策作用日益凸显

在脱贫攻坚、乡村振兴等战略的指引下,党中央、国务院、农业农村

[①] 赵爱梅.中国乡村旅游产业发展政策研究[D].贵阳:贵州财经大学,2021.

部、发改委、文旅委、财政部、住建部等国家部门,从用地供给、资金投入、基础设施建设等要素供给,产业规划、生态保护、文化传承等环境制度,以及鼓励消费、市场培育、试点示范等市场需求三个方面,引导、保障和扶持乡村旅游的发展,并且基本构建了乡村旅游政策体系。近十年来,乡村旅游政策供给数量增长快,内容不断深化,发文主体和政策工具不断丰富,政策框架体系趋于成熟,乡村旅游的发展成效显著。截至2020年,中国先后创建和认定全国休闲农业与乡村旅游示范点436个、全国乡村旅游重点村1000个、中国美丽休闲乡村1216个、中国传统村落6819个,有效促进了乡村旅游产业的发展。

第三节　乡村振兴战略下乡村旅游发展与治理的保障

我国乡村旅游的巨大成功,证明了我国有关乡村旅游的政策法规、人力资源、财政金融及信息技术保障体系的正确性。乡村旅游政策法规保障,指的是从顶层设计的角度出发引导、支持、规范乡村旅游发展的用地、资金、设施建设、产业等多方面内容。为乡村旅游发展提供宏观政策支持,是乡村旅游高质量发展的基石。

乡村旅游人力资源保障基于乡村旅游发展现状,从乡村旅游可持续发展的角度出发,为实现经济、社会、生态三者的平衡目标而制定的乡村人力资源战略和措施,是乡村旅游人力资源保障的主要内容。自古以来,人才是富国之本、兴邦大计,是推动社会高质量发展的强大力量。在乡村旅游发展过程中,要充分认识到人力资源保障是乡村旅游高质量发展的第一资源。乡村旅游财政金融保障是在政府宏观调控和监管的前提下,充分发挥政府财政管理和监督的作用,由政府和市场共同配置资源,对乡村旅游产业发展提供财政支持和金融帮助。乡村旅游开发和建设离不开财政金融的支持,财政金融支持是乡村旅游基础设施建设的必然手段,是乡村旅游发展的第一生产力。乡村旅游信息技术保障是指在乡村旅游发展现有基础上,充分融合利用现代信息技术的发展,以达到有效利用旅游资源、提成旅游服务效率、提升旅游体验感的目的。信息技术保障能够突破乡村旅游发展的瓶颈,解决乡村旅游经济发展卡脖子

第四章　乡村振兴战略下乡村旅游发展与治理的技术、动力与保障

的难题,是乡村旅游高质量发展的动力源泉。

一、政策法规保障

近年来,国务院及各相关部门不断联合出台系列政策法规扶持我国乡村旅游产业发展,规范乡村旅游行业标准,营造乡村旅游法律环境,以促进乡村旅游走向高质量发展道路。在基础设施建设方面,持续加强公共基础设施建设,提高公共服务水平;在要素配置方面,不断规范人才、资金、土地等要素的投入使用;在产品开发方面,提出大力培育农产品,构建乡村旅游品牌体系;在产业发展方面,大力提倡休闲农业和休闲旅游,鼓励一二三产业融合;在营销推广方面,运用互联网手段,实施多渠道营销手段。[①] 目前,我国乡村旅游正在向产业深度融合、旅游智慧化、营销渠道多元化等方向发展。

（一）资金政策与法规

乡村旅游发展中资金短缺问题是制约乡村旅游发展的首要问题。一是乡村旅游资金需求量大,加上乡村基础设施本就落后,其开发成本更高;二是现有扶贫资金难以满足乡村旅游发展需要。

1. 财政优先保障

一方面,中央统筹设立我国乡村旅游扶贫专项资金,确保财政投入持续增长。2015年,国家将旅游项目纳入专项建设基金,2016年将乡村旅游列为重点扶持项目。要进一步建立健全财政投入制度保障,从财政供给和财政引导角度规范财政资金用途。通过发挥全国农业信贷担保体系作用、设立国家融资担保基金、支持地方政府发行债券等举措,加大对乡村旅游业的资金扶持。另一方面,各省市部门统筹安排扶贫专项资金,整合涉农资金、信贷资金以及其他有关财政资金。统筹利用惠农资金保持传统乡村风貌,扎实推进乡村旅游基础设施建设。大力宣传优惠政策,鼓励经营者用足信贷资金,提升乡村旅游服务质量。

---

① 孙景淼.乡村振兴战略[M].杭州:浙江人民出版社,2018.

2. 社会积极参与

社会力量是重要主力军,由于社会资本规模庞大、资金雄厚的特点,能够为乡村旅游发展提供充足的资金支持。应鼓励引导各类社会企业、社会组织和个人等,积极参与投资乡村基础设施建设,将乡村旅游基础设施建设转向市场化运作方向。创新社会资本参与方式,鼓励引导民间社会资本以PPP、公建民营等方式,参与乡村旅游经营建设和管理。引导部分企业和社会组织以政府、企业合作或者购买服务的方式,参与建设和管理农村公益性支持项目。全面支持社会资本参与商业化运营的乡村旅游业。政府要给予表现突出的社会企业、组织及个人一定的荣誉和政策补助,以提高社会资本参与乡村旅游建设开发的积极性。[①]

(二)设施建设政策与法规

乡村振兴战略实施以来,乡村旅游成为新兴支柱产业,其重要性日渐凸显。但当前我国乡村旅游基础设施建设还相对滞后,这在一定程度上影响了乡村旅游的发展。为提升乡村旅游居住环境,国务院出台了《中共中央国务院关于坚持农业农村优先发展做好"三农"工作的若干意见》《中共中央国务院关于抓好"三农"领域重点工作确保如期实现全面小康的意见》《中共中央国务院关于全面推进乡村振兴加快农业农村现代化的意见》《关于促进乡村旅游可持续发展的指导意见》等相关政策,明确指示加快完善乡村旅游基础设施建设。目前我国乡村旅游发展面临着严重的基础及环境建设滞后、卫生条件差、配套设施不完善等问题,严重制约了我国乡村旅游发展进程。为破除乡村旅游发展的基础设施壁垒,应着手构建乡村旅游服务基础设施体系,推动人居环境整治,完善乡村配套设施建设。

1. 构建基础设施体系

加快推进交通、接待服务、乡村信息服务设施体系建设。第一,完成

---

① 杨萍.社会力量参与乡村旅游基础设施建设的社会责任及其实现方式研究[J].农业经济,2020(4).

第四章 乡村振兴战略下乡村旅游发展与治理的技术、动力与保障

农村道路通畅工程。不断提高农村"四好公路"覆盖率,增强公路网密度。第二,鼓励多种主体从事旅游经营活动,提高乡村旅游接待服务水平。鼓励并扶持有条件的乡村居民改造自有住房作为乡村民宿;鼓励支持城镇组织和个人开发建设民宿;支持农村集体经济组织利用空闲宅基地建设乡村旅游活动场所。第三,推动信息通信基础设施建设。保证农村居民在第一时间内获取新信息,享受数字红利。

2. 推动人居环境整治

以农村垃圾污水整治、厕所革命和村容村貌提升为三大重点任务,开展农村居住环境整治。第一,广泛开展村庄清洁行动,资源化、清洁化处理乡村垃圾。推进厕所革命,加大对粪便的资源化、清洁化处理,普及冲水式厕所。第二,中央安排专门资金支持农村人居环境整治。如使用专门资金建设垃圾站及垃圾处理设施,美化乡村环境。第三,开展美丽宜居村庄和最美庭院创建活动。对农村环境整治先进县给予奖励,极大提高创建美好整洁乡村的积极性,普遍提升整体乡村风貌。到2020年,我国已实现农村人居环境明显性改善。

3. 完善乡村配套设施

加强城镇化建设,全面提升农村教育、医疗、社会保障、文化体育等公共服务水平。实施新一轮学前教育,加快建设农村普惠教学资源,提升农村办学条件和资源。推动医疗卫生共同体建设,改革农村基层医疗保险服务,做到医疗保险全覆盖,保险资金监管有力。提高乡村养老院照护能力和集中供养水平,鼓励村庄开办老年食堂,切实保障老人养老。开展党史宣传教育活动,宣传教育践行社会主义核心价值观,创新农村精神文明建设。整合文化惠民资源,支持村民开展广场舞、"村晚"等惠民文化活动。

(三)产业政策与法规

从农家乐发展至今,乡村旅游作为旅游业的重要组成部分,俨然成为一项民生产业。经过多年发展,乡村旅游产业已初具规模,并逐渐呈

现出特色鲜明、产业完善、业态丰富的特点。国家出台了《关于推动落实休闲农业和乡村旅游发展政策的通知》《关于促进乡村旅游可持续发展的指导意见》《中共中央国务院关于全面推进乡村振兴 加快农业农村现代化的意见》等系列政策调整乡村旅游产业结构。但是产业结构失调缺点依然存在，主要体现在乡村旅游产业供给质量低同乡村旅游需求普遍增长之间的矛盾不断加深，阻碍乡村旅游产业升级。因此，要加快发展乡村特色产业，大力发展产品加工业，实施数字乡村战略，构建产业融合发展体系，有效调整乡村旅游产业结构。

1. 加快发展乡村特色产业

立足农村自身资源特色，因地制宜发展农业、手工业、特色果菜茶、食用菌、薯类、中药材等特色农业，成为促进乡村旅游高质量发展的基石。第一，加强引导转变农民观念，改变农业生产自给自足的现状，明确农业发展带动效益的观念，提高农民积极性。第二，增强科技观念。引进优良品种和先进技术参与农业培育过程，引入先进人才参与开发、培育农业发展过程。带动乡村农林牧渔类第一产业发展，为后续产业融合提供基础支撑。

2. 大力发展产品加工业

第一，大力推动农林牧渔等产品初加工。鼓励支持农村居民发展农林牧渔等产品保鲜、储藏、分级、包装等工业环节，为农产品进入后续加工流程及流入市场做好前期工序。第二，大力发展农林牧渔产品精深加工等第二产业。鼓励支持引导国家重点龙头企业深加工农产品。依托第一产业优势，拓展特色乡村加工业，建设特色鲜明、规模适中的乡村产业聚集区。

3. 实施数字乡村战略

2019年，中共中央办公厅、国务院办公厅联合印发《数字乡村发展战略纲要》，旨在建设数字乡村，推动第三产业发展，建立灵敏高效的现代乡村社会治理体系。

第四章　乡村振兴战略下乡村旅游发展与治理的技术、动力与保障

第一,加强乡村信息基础设施建设。加快推进农村地区宽带网络和移动通信网覆盖,大幅度提高乡村网络设施水平和覆盖率。为推进乡村旅游发展,鼓励社会各部门开发适应"三农"特点的信息技术、产品、应用和服务。第二,发展农村数字经济。推动信息技术在农业生产过程中的普及和全面深度融合,打造智能化、科技化农业生产实施过程。实施"互联网+"与物流深度融合,加快建设一批农产品智慧物流配送中心。线上深化电子商务进农村,推动人工智能及电子商务实体店进农村,培育农村线上促销、线下销售融合发展系统。第三,统筹推动城乡信息化融合发展。引导乡村挖掘资源特色,建设互联网特色乡村。构建互联互通、各具特色的数字城乡融合发展格局。依托国家数据共享交换平台信息,推动信息共享、资源公开,扩大信息传播范围,提高乡村旅游认知度和影响力。

4.构建产业融合发展体系

产业融合发展模式主要有一产内部间融合、"一产+二产"融合发展模式、"一产+三产"融合、"一产+二产+三产"融合。乡村旅游发展进程中,旅游业作为第三产业,与第一、第二产业密不可分。扩展产业链向前、向后纵向延伸,促进农林牧渔业、加工业和旅游业、运输、零售、餐饮等第三产业的融合发展模式,是目前使用最广泛、效益最高的产业融合模式。该模式以产品生产业为基础,与加工业及销售服务业融合,可拓宽农产品生产线,延长农业产业链,增加农民收入,提高社会经济效益。

二、人力资源保障

2006年,文化和旅游部将"中国乡村游"定为宣传主题,我国乡村旅游迈入阶段性发展阶段。近年来,在可持续发展内在要求同乡村旅游外在市场需求的共同驱动下,我国乡村旅游正面临转型升级的巨大机遇和挑战。同时也对我国乡村旅游人才培养、需求和应用体系提出了更高要求。

人才是乡村旅游高质量发展的核心要素,然而,我国乡村旅游发展的经营和管理水平较低。主要原因是缺乏高素质、专业化、具有创新性

的高质量人才。我国乡村旅游从业者多为当地村民,其文化水平及专业水平相对偏低,掌握专业旅游知识和经营管理理论知识能力较弱,难以满足乡村旅游高质量发展的智力支持。因此,如何培育人才、引进人才并留住人才,成为当前乡村旅游发展人力资源板块的重点内容。

(一)特色化人才培育机制

在当前社会背景下,我国乡村条件艰苦,直接引进高素质人才难度大,对乡村旅游从业人员进行培训提升是可行性、操作性最高的方案。为不断提升乡村旅游从业人员的素质、经营能力、管理水平以及旅游服务基本技能,推动乡村旅游发展,需不断加大乡村旅游从业人员培训力度、创新培训方式、丰富培训内容。

1. 加大乡村旅游培训力度

一方面,培训各领域乡村旅游人才。积极开展针对乡村旅游经营者、乡村旅游带头人、乡村旅游文化技艺传承者,及乡村旅游创业者等乡村旅游工作者的培训。针对乡村旅游导游、乡土文化讲解员等专职工作人员,为其提供知识拓展、讲解技巧、服务态度、接待礼仪等专业培训,提高其服务水平和服务质量,促进乡村旅游发展。另一方面,培训特色化乡村旅游人才。围绕乡村旅游特色资源和主营业务规范旅游从业人员培训内容和形式,培养一批熟知乡村旅游景区、餐饮、文化等特色资源的乡村旅游人才。

2. 创新乡村旅游培训方式

创新乡村旅游人才培训方式,以送教上门、办培训班、结对帮扶等多渠道、多层次的培训方式,不断提升旅游从业者综合素质,提高乡村旅游经营管理能力。

一是开展乡村旅游培训班,采用短期专题培训的方式,快速提高旅游从业者接待水平、服务技巧和工作技能。二是培养乡村旅游示范带头人。政府挑选部分能力强、条件好、积极性高的乡村旅游从业者,为其提供专项帮助。使其成为榜样,并通过榜样示范效应,带动其他旅游从业者的工作积极性，实现乡村旅游产业化发展。三是全民旅游教育。一方面，运用各种社交媒体开展旅游宣传教育，树立激发民众环境保护意识，创建并保护美丽乡村。另一方面，对村民讲解旅游专业知识和技巧，提高其文化水平和旅游服务水平，使其由旅游见证者转变为潜意识的旅游从业者。四是加强"村—校"合作，形成互利互惠的良好合作机制。一方面，乡村通过内部选拔等方式，选派部分旅游从业人员前往合作高校参与学习培训，不断增强自身文化素养及理论基础和服务技能。另一方面，利用乡村旅游的产业资源，可为院校学生提供假期实习岗位和实践基地，不仅能够缓解乡村旅游人才匮乏的现状，还可以为乡村旅游产业的可持续发展储备人才。

3. 丰富乡村旅游培训内容

旅游业隶属于第三产业——服务业，旅游从业人员应具备的专业素质有旅游职业道德、乡村历史文化知识和旅游服务技巧等。文化因素仍是主导乡村旅游是否成功的重要因素，立足乡村这一特殊的实情，对乡村旅游从业人员文化素质培养，有助于促进乡村旅游文化传播，促进乡村旅游高质量发展。

随着乡村旅游业态融合趋势的发展，要培训一批复合型的专业人才。既要有较高的文化素养，又要有充足的旅游专业知识；既要专业技能突出，又要具备一定的管理营销才能；既熟知传统旅游业运营特点，又要能洞悉现代旅游趋势和发展方向；既要熟知传统研究方法，又要掌握大数据及人工智能等新型研究手段。这些都对乡村旅游从业人才的复合性、创新性提出了更高要求。可开展旅游实践教学活动，对旅游活动内容进行针对性的实训，以培养从业人员实践技巧和随机应变能力。同时，还可组织一些实践类竞赛活动，以提高从业人员服务水平和自主学习能力。

（二）完善人才引进机制

我国乡村旅游发展进程中，除了要针对现有乡村旅游人才进行开发培训外，还要持续保持人才的活力，不断输入新鲜血液。换言之，除了加强对现有人才的培训外，还应采取各种措施引进乡村旅游人才，并保障其权益以留住乡村旅游人才。

1. 政府与企业联手引进人才

首先,政府要制定并落实人才引进政策。对实施人才引进相关单位提供政策倾斜,提高引进人才的待遇和保障。将旅游人力资源引进纳入县、乡镇政府的绩效考核,对下属各部门设置年度人才引进目标。对完成目标的部门给予物质和精神奖励,反之给予处罚。其次,各级领导干部要重视人才引进。对完成既定目标的干部优先评级和提拔,而未完成目标的干部则需在考察之后才能评级和提拔。最后,坚持企业引人用人的主体地位。建立与自身需求和市场环境相匹配的人才引进计划,避免人才浪费。企业在引进人才时第一步是明确自身企业文化,迎合乡村旅游作为乡村振兴抓手的时代背景。根据市场需求调整发展战略,确定引进人才的类型和数量。

2. 引入人才市场机制

人才市场的调节机制证明,人才市场对人才和用人单位双方具有强烈的调控、激励和约束功能[1],因此人才的引进除了要发挥政府的力量外,还要发挥市场的力量。第一,县乡政府要加快规范人才市场,制定关于人才市场总体规划的政策。创建和谐的市场环境,发挥政府在市场配置人才上的主体作用。同时,加快人才市场信息网络建设。完备的人才市场信息网络,不仅有利于人才了解乡村旅游相关岗位信息和晋升机制,更有利于乡村旅游相关部门引进专业针对性强的人才。第二,建立完善规范的市场运作机制。包括市场供求机制、人才流动机制和社会保障机制。充分利用市场供求机制和价格杠杆,以稍高于市场竞争的乡村旅游人才工资吸引不同岗位的乡村旅游人才。人才流动机制为人才价值的实现提供了可能,在一定程度上促进人才增值和企业价值的实现。市场化的社会保障机制是建立人才市场必备的社会条件,也是消除人才流动后顾之忧的社会保障体系。

---

[1] 张丽萍,马卓. 乡村振兴背景下依托"三园"建设创建饲料企业人才引进路径方法分析[J]. 中国饲料,2022(2).

第四章　乡村振兴战略下乡村旅游发展与治理的技术、动力与保障

(三)创新可持续化留人激励机制

乡村旅游人才缺乏最为关键的原因在于乡村条件艰苦,人才流失现象严重。要创建乡村旅游人力资源保障体系,就必须创新乡村旅游可持续化激励机制。马斯洛需求层次理论是心理学的激励理论,该理论提出人的需要都是由低向高发展的,依次是生理需要、安全需要、归属与爱的需要、尊重需要与自我实现的需要。依据该理论,可以从待遇留人、情感留人和事业留人这三个方面出发,激励乡村旅游工作者坚守岗位,促进乡村旅游可持续发展。

1. 待遇留人

待遇留人是指通过不断为人才提供相应的待遇、福利等解除人才的后顾之忧,来吸引和稳定人才。这里的待遇包括薪酬、福利、奖励、住房、良好的工作环境等。[①]

首先,要建立符合市场经济的薪酬体系。从人力资源管理和激励的角度出发设计薪酬,可以使员工得到物质的保障,满足其最低层次的需要。其次,设置员工福利激励办法。近年来,体制内工作岗位成为热门。乡村旅游企业为广泛吸引留住人才,要学习国有企业的人力资源管理办法,为员工提供一应俱全的福利,为其缴纳养老保险、医疗保险、失业保险、工伤保险及住房公积金和企业年金,保障员工养老、生活、疾病及意外等。然后,设置员工奖励办法。设置目标激励、荣誉激励、参与激励及奖励旅游等方式,激发其对工作意义和工作归属的认识。最后,提升员工工作生活环境。提升员工办公环境,建设较为齐全的文化体育设施,丰富员工娱乐生活。[②]

2. 情感留人

物质因素是社会生活最基础的内容,同时,作为群居性的社会动物,也要求同其他人建立感情的联系或关系。情感留住人心,留住人心就留

[①] 马向东.待遇留人研究[J].开封教育学院学报,2003(4).
[②] 张兆本;胡月星.现代人才资源开发[M].银川:宁夏人民出版社,2006.

住了人才,情感留人是纽带。乡村旅游企业要形成自己的企业关怀文化,树立企业友好有爱的氛围,让员工工作在有爱的环境中。同时,要对员工进行培训,帮助员工深入了解企业文化内涵,树立正确的职业道德观念。乡村旅游企业领导不能一味逐利而缺乏人情味,要有同理心和仁爱之心。领导要深入职工中了解民情、体验民生,加强同员工的感情联系,全方位关心员工。通过企业团建活动增进员工间个人情感纽带的构建。企业浓厚的人情味能够满足员工尊重和爱的需求,会让职工产生明显的依赖感和归属感,有利于人才队伍稳定。

3. 事业留人

个人能力的发展和完善是人们参加社会活动的根本目的。乡村旅游工作者通过自身职业发展,将乡村旅游事业同自身职业发展联系起来,得到自身发展和完善是其生存发展的最高层次需要。

一是员工职业生涯规划。乡村旅游企业要协助乡村旅游人才制定职业生涯发展规划,协助员工寻找适宜个人和组织发展的职业道路。定期组织员工培训,增强员工素质和能力,保证员工个人能力同企业战略发展及外界环境变化相匹配,以提高员工满足感和安全感。二是满足员工成就感,为其提供内部晋升机会。一旦企业内部有职位空缺,首先从乡村旅游企业现有员工中考虑。在此之前,要为员工晋升做好充分准备,为每位员工建立人事记录并纳入人才技能库。

三、财政金融保障

"十二五"规划后,政府将发展重点转移至乡村地区。乡村旅游的开发在依赖自然景观、地方民俗的同时,更需要加大对乡村基础设施、产业业态更新、休闲产品开发的资金投入。目前我国乡村旅游产业的财政政策主要由政府主导实施,且财政支持集中于大型或发展较为完善的乡村旅游建设以及高回报率的项目。[1]

---

[1] 魏颖. 财政金融支持下民族地区乡村旅游发展研究 [J]. 行政事业资产与财务, 2019(2).

第四章　乡村振兴战略下乡村旅游发展与治理的技术、动力与保障

（一）财政保障

1. 完善乡村旅游财政政策体系

（1）根据实际规划整体安排

乡村旅游作为乡村振兴的重要抓手，能给乡村组织带来经济收入，具有脱贫攻坚的重大作用。同时，作为公共产品，乡村旅游产业需要政府政策大力支持。因此，在乡村旅游建设开发中，要发挥各级党委和当地政府的模范带头和引领作用，统筹规划乡村旅游产业发展，根据乡村特色资源，合理布局乡村旅游发展；鼓励农业农村部、财政部等部门加强合作，打造公共财政支持区域，全面促进乡村旅游产业发展。

（2）探索乡村旅游财政管理模式

一是"乡财县代管"。指的是以乡镇为理财主体，属性"预算共编、账户统设、集中管理、票据统管"的管理方式，将所有权、使用权、管理权、核算权分离，由县级财政部门直接管理并监督乡镇财务。村内不设财政岗，由乡镇代理完成村级财务管理和核算等业务。该方式不仅能有效管好财政，还能有效控制支出、落实村民民主决策权。二是建立财政涉旅游基金的会商协调机制，完善资金从组织到落实等各个环节的细化措施。明确各项资金来源、用处、支出明细等便于协调和监督。三是在乡村普及会计电算化模式。培训各基层会计，使其用复式记账法进行账务处理和核算，并使用乡镇 OA 系统，使账目条款公开透明。

（3）加大专项旅游基金投入

乡村旅游项目具有投资风险大、投资回报期长的特点，目前投资乡村旅游产业的大型企业相对较少，乡村旅游经营者缺乏实力。中央财政每年设置的专项旅游基金基数很大，但将其投入每个项目就所剩无几。一是加大专项旅游资金投入，使乡村旅游项目发展有更充足的资金。二是设置专项旅游基金中用于发展乡村旅游的资金比例，保障乡村旅游发展的资金来源。三是县乡政府要安排好专项旅游基金中用于发展乡村旅游配套建设及公共基础设施的建设，用于提升乡村旅游环境氛围。

2. 加强财政政策决策和监督

（1）加强财政决策

在旅游发展进程中，要完善乡村旅游财政政策决策机制。一是要经过征集、讨论和决策制定相关决策机制。广泛征求人民的意见，根据人民需求制定针对性较强的政策。二是准确把握财政政策"提升效能、精准、可持续"的内涵。统筹财政资源，推进财政绩效同财政预算有机结合，提升财政政策效能。聚焦旅游业高质量发展，为中小企业科技创新提供更大力度的税收优惠政策。统筹安排财政专项收入，合理安排财政收支，合理把握各项目资金。有效规避风险，实现旅游业可持续发展。

（2）加强财政监督

第一，加强与旅游活动有关的日常活动的监督。紧密围绕乡村旅游相关产业资金使用情况，开展日常监督检查工作，为县乡政府财政管理、旅游资金规划提供有力支撑。给监督部门下达当年检查的指标，确定拟调查对象，及时发现财政资金管理存在的相关问题并加以解决。第二，对专项环节实施监督。对资源特色突出的项目申请专项资金进行监督。尤其是加强监督项目招投标、物资采购、项目施工、项目竣工等重点环节，确保资金政策落地。第三，对个案进行检查和监督。对县乡旅游项目进行个案抽查和监督，严肃处罚挪用、克扣旅游资金等行为。

3. 优化乡村旅游支出结构

（1）完善资金管理体系

一是加强专项资金管理。明确规定各类乡村旅游项目资金来源，规定资金适用范围，以及资金补助形式，加强专项资金使用规范。二是降低旅游支出。通过免征收旅游景区、项目标牌工本费等手段，降低旅游企业运营成本；对旅游企业实行差别税收法，向乡村旅游企业收取更低税收。三是增加旅游收入。完善财政资金对旅游的奖励措施，扩大旅游规模，调动旅游积极性，扩大地区旅游经济增长。如乡村旅游地可出台《旅行社组团来某地旅游奖励办法》等奖励措施激励旅游增长。

（2）优化资金投放结构

突出顶层设计，规划资金投放体系。旅游专项资金投入各县乡后，

第四章 乡村振兴战略下乡村旅游发展与治理的技术、动力与保障

县乡政府首先编制县乡旅游战略发展规划及总体规划。考察评比各项目综合实力,以确定资金优先投入项目及各项目投入资金数目。优先发展投资回报率高、进展较快、成熟度较高的项目。强化旅游基础支撑,确定财政拨款用于旅游基础设施建设比例。细化财政支持方向,注重投入资金开发旅游市场。举办系列惠民、主题旅游商品活动,借助重要旅游活动打开旅游市场,推出乡村旅游品牌。

(二)金融保障

1. 提升旅游融资服务体系

就目前乡村旅游项目而言,乡村旅游经营主体申请融资以质押为主,但乡村土地、房屋等市场价值较低,银行等金融机构出于风险考虑,一般不会为其发放信贷投入。

(1)创新支持乡村旅游的金融服务产品

一是创建多元化贷款融资产品。鼓励地方金融机构针对乡村旅游不同领域,开发多元化专属信贷产品,以支持乡村旅游经营者的信贷诉求。如分别针对乡村旅游扶贫重点县乡,及独自完成初级一二三产业的经营者,提供"贷款+脱贫专项基金"和"乡村旅游信贷融资链"产品。二是打造批量式金融产品。该金融产品主要是针对同县乡的乡村旅游项目,为其经营主体给予全县授信、利率优惠、驻地服务等便利化机制,促进乡村旅游贷款融资批量化服务,保障乡村旅游项目资金投入。

(2)建设乡村旅游信贷体系

一是推进乡村旅游经营者建档立卡。各县乡政府要持续使用多种宣传手段提升经营者对信贷的知晓率,推动经营者建档并评估其信贷水平。二是大力推广"三信"(信用户、信用村、信用乡镇)创建工作。扩大农户信用评级、授信覆盖面,提高农户经营者获得银行信贷支持的便利化水平。三是充分利用两权抵押贷款优势。为能提供农村承包土地经营权及农民住房财产权的经营者提供金融支持,降低农户获得金融支持的难度。

(3)优化乡村旅游金融环境

一是充分发挥政府作用。制定奖励优惠政策,协调金融机构和社会

资本参与乡村旅游建设。完善监管体系,实现对企业、金融机构、从业者的年度审查以规范乡村旅游金融环境。二是搭建乡村旅游信息平台。整合乡村旅游项目信息,便利金融机构支持乡村开发建设。三是加强乡村旅游业保险的推广和使用,从政策上对乡村旅游风险进行规避和防范,降低投资风险。

2. 鼓励多元投融资方式

乡村旅游的金融支持发展至今,主要有政府资金支持和民间金融支持两大类。民间金融支持不仅能推动金融改革,提升旅游融资效率,还能弥补官方融资的不足。吸引民间金融支持乡村旅游发展,对于推动乡村旅游发展具有重大意义。乡村旅游经营方式主要有自主经营模式、合作经营模式、政府和社会资本合作(PPP)的市场混合经营模式。在乡村旅游发展中,充分发挥各经营模式的资本优势,引导资金投入,促进乡村旅游规模化、专业化、特色化发展。

(1)引导乡村旅游自主投资

乡村旅游自主投资即引导乡村居民投入资金,综合运用宅基地、资金、劳动力、管理等资源要素,从事"农家乐""民宿""采摘园""餐饮"等旅游经营活动。此类投资模式贯穿于乡村旅游发展的始终,是乡村旅游发展原始的资本积累形式。随着乡村旅游发展规模不断扩大,此类投资主体经营实力不断增长,发展成为具有一定规模的乡村旅游企业。引导乡村旅游企业充分利用资金、技术及管理能力投资参与其他乡村旅游活动。

(2)倡导乡村旅游合作投资

乡村旅游合作投资即鼓励乡村旅游企业同乡村旅游居民合作,运用企业的经营管理实力和资金优势,参与乡村旅游建设开发。该方式的核心特征是乡村旅游居民和企业利益共享、风险共担。乡村旅游合作投资是乡村旅游投资最具活力的融资渠道和发展动力,有利于乡村旅游投资的快速扩张。

(3)引入 PPP 公私合营投资

PPP 公私合营投资即政府部门确定公共服务需求,并提供协助和监管帮助,社会资本提供人才、技术、资金等优势,按照政府要求进行建设

第四章　乡村振兴战略下乡村旅游发展与治理的技术、动力与保障

并获取收益的投资开发模式。[①] 该投资方式一方面可解决政府财政负担过大、县乡资金来源不足、项目收益低等问题，另一方面还可培育特色乡村旅游产业，提高乡村旅游产品生命周期。此种投资方式可以引导乡村旅游投资向提质增效方向倾斜，为提高乡村旅游经营品质提供创新动力和技术支持。

3. 创新乡村旅游融资模式

（1）开发乡村旅游理财服务

银行和乡村旅游景区联合推出乡村旅游借记卡，向农户和旅游者全面发放，以提高其金融理财能力。并将乡村旅游经营者的融资需求打包成为理财产品供持卡人购买，以增加持卡人收益。对经营者而言，该借记卡除了具备银行卡的基本功能外，还可以为其解决经营融资问题；对旅游者和农户而言，从消费者向景区投资者的身份转变，增加了其同乡村旅游的联系和认同，有利于乡村旅游可持续发展。

（2）创新融资平台

随着互联网技术的不断发展，互联网金融随之崛起，并得到广泛关注和应用。利用互联网技术创新融资平台，极大降低了融资成本，提高了融资效率。一是政府主导建立本地企业投融资平台。政府统一监管和运营，帮助双方达成合作。二是建立提供第三方中介服务的互联网平台。由第三方中介收集投融资双方信息，帮助投融资方挑选合作伙伴。三是旅游企业自行建立企业自营平台（官网、官微等），为投资者提供了解该项目的渠道，以确定是否对该项目进行投资。

四、信息技术保障

我国农村可达性低于城市地区，知名度低，旅游收入低，旅游带动作用也不明显。信息技术在旅游业的有效利用能够有效提升信息传播和旅游服务效率。因此，我国乡村旅游必须走信息化道路。加强网络时代乡村旅游信息化建设，有望提高乡村旅游知名度及市场竞争力，促进乡村旅游可持续发展。

[①] 胡钰,王一凡. 文化旅游产业中PPP模式研究[J]. 中国软科学,2018（9）.

（一）加强网络乡村旅游信息化建设

1. 加快"数字"乡村建设

在深度数字化、高度信息技术发展大背景下，数字乡村建设符合时代发展背景，也是优化农村现代化的强有力路径，具有极强的现实意义。[①] 数字乡村建设是信息化、数字化和网络化在农业农村经济社会发展中的应用，是推动农业农村经济体制升级的有效方式。

一是要加快推进整体设计规划。在现有乡村信息化和智慧城市建设的基础上，尽快制定数字乡村整体规划，推动乡村旅游顺利开展。二是积极申建试点。在农业农村信息化试点、电子商务等试点的基础上，推进数字乡村建设试点工程。在整体规划引领下，以涉及试点和自主探索相结合的方式推动乡村数字化进程。三是加快乡村互联网基础设施建设。在乡村全区域覆盖无线宽带，保障基础通信和上网需求。利用数字信息技术记录、保存乡土影像、声音、资料等乡村旅游特色资源。

2. 打造独特旅游信息化品牌

充分利用数字经济发展模式信息传播快的优势，借助动态数据收集及分析手段，了解外部乡村旅游发展现状，并预测未来乡村旅游发展趋势。结合自身乡村旅游资源优势，尤其是村居民舍、长街古道、风土民情等特色资源，针对目标顾客调整现有品牌经营理念，进一步明确发展路线及品牌定位。发挥数字信息化优势，推进乡村旅游品牌化发展，结合当前旅游大趋势推出并完善独特、舒适、新奇的乡村旅游产品与服务，为游客带来满意的乡村旅游体验。在此过程中，逐渐形成特色品牌经营项目和特色品牌培育策略，最终形成特色乡村旅游品牌。

[①] 王廷勇,杨丽,郭江云.数字乡村建设的相关问题及对策建议[J].西南金融，2021（12）.

第四章　乡村振兴战略下乡村旅游发展与治理的技术、动力与保障

3. 建立数字管理服务平台

建立完善信息化旅游管理和执法平台、旅游安全事故防范平台和政府决策信息平台。建立数字管理网络体系,实施对乡村旅游道路、景点、民宿区域全天候监控,布设安全呼叫系统、救援系统、旅游安全急救系统等保障游客安全,提高意外事故应对能力,增加游客信任度,获取游客忠诚度。建设旅游热线呼叫中心,形成电话服务窗口、人工回复窗口、智能回复窗口等一站式回复热线,分流分类游客信息,达到快速回复的目的。建立乡村旅游数据直报系统,完成旅游数据统计、分析,提高统计数据的准确度,以便针对性地改进乡村旅游内容、形式。

4. 加大网络平台旅游宣传力度

乡村旅游资源分布零散,地理位置偏僻是其不可避免的劣势,通过网络信息宣传化平台可以很好地弥补该劣势,能够全面深入地展示乡村旅游形象。县乡政府要改变传统宣传观念,认识到网络平台宣传传播范围广、传播快的优势,积极应用网络宣传平台推广乡村知名度。与热门网络传播平台合作,利用热门网络传播平台受众广的优势扩大传播范围,吸引游客通过互联网进行乡村旅游项目选购,实现线上预订、线下消费的电商模式。与网红人气主播合作,利用明星效应达到展示旅游形象、提升知名度的宣传目的。搭建无线通讯设备,方便游客实时分享旅游体验及旅游风光。

(二) 乡村旅游电子商务平台建设

1. 加强乡村旅游电子商务网站建设

目前我国乡村旅游网站建设较为薄弱,除北京、海南、大连等少数省市建立有专门独立的乡村旅游网站外,其他地区大都挂靠在旅游网或者政府网站上。

首先,建立区域性网站。鉴于当前我国农村地区乡村旅游发展参差

不齐、经济规模水平低下的情况,要每个村拥有自己独立的门户网站可操作性不强。几个邻近的、乡村旅游资源互补的乡村旅游点共同建立一个乡村旅游网站显得更有优势。一方面,几个村庄共同出资建设、管理和维护网站,有效解决资金筹集问题;另一方面,共同管理维护网站变得信息来源广、更新快,能及时提供给游客最新的乡村旅游信息。

其次,丰富乡村旅游网站形式。乡村旅游网站建设除了彰显乡村旅游目的地资源特色和基础设施等目的地设施外,还要突出用户体验及用户自服务项目。如为游客提供360度环绕展示、全面的VR旅游体验等,增加网站可信度及乡村旅游目的地好感度。然后,拓展乡村旅游网站内容。除了展示乡村旅游目的地简介、旅游景点信息、旅游景点风光、交通路线信息外,还要针对游客需求设计,并推介游客感兴趣的旅游路线、旅游产品及旅游注意事项等。

最后,突出乡村旅游网站特色内容。基于资源特色的基础上增设一些个性化商品和服务,以区别其他旅游网站。

2. 成立乡村旅游电子商务联盟

旅游产业作为综合性产业,涉及交通业、住宿业、餐饮业、工业制造业、医疗业等众多行业,单一旅游企业在旅游发展过程中难以满足顾客消费需求。利用不同企业的优势资源和技术,缔结产业联盟有利于提高各企业的核心竞争力、降低经营成本、实现经济共赢。电子商务联盟,是指在政府政策引导和政府环境保护下,联合多家旅游企业,联合建设乡村旅游联盟网站,共同向外推介乡村旅游。各乡村旅游企业可以在网站上投放广告,通过该网站访问量增加潜在客源。通过共享资源、经营、管理手段,获取利益最大化。

3. 拓展乡村旅游电子商务模式

乡村旅游电子商务模式主要有B2C(Business to Customer,直接面向大众消费者的电子商务经营方式)直销模式、B2B(Business to Business,企业与企业之间进行产品、服务、信息交换的营销模式)销售模式和O2O(Online to Online,线上营销购买带动线下消费)模式。

第四章 乡村振兴战略下乡村旅游发展与治理的技术、动力与保障

（1）B2C 电子商务模式

传统旅行社演变成旅游网站，如春秋旅游网、青旅在线；以及旅游互联网企业转型成为互联网企业同传统企业相结合的资源互通、优势互补的新型旅游企业，如携程旅行网。这两类不同资源结合方式是目前我国旅游业在电子商务背景下最为典型和普遍的 B2C，其共同点在于随着信息技术的发展，瞄准网民这一目标市场以获取尽可能大的市场份额。

（2）B2B 电子商务模式

B2B 可分为两种类型，一类是平台型，另一类是垂直型。其中平台型又可分为两种，一是技术驱动型，为商户提供中间工具或产品，如阿里巴巴；二是平台交易撮合型，针对旅游中间交易提供服务，从而赚取差价作为盈利手段。垂直型 B2B 则是分别向上游和下游形成供货和销货关系。乡村旅游由于资金来源和资源限制，采用垂直型 B2B 交易形式可行性最高。在上游同旅游纪念品制造业等企业形成亲密交易关系；在下游同农产品加工企业间形成良好交易合作关系，同旅游者间形成短暂交易关系。采用 B2B 分销模式可有效控制成本、提高产品竞争力、扩大分销渠道、提高旅游经济收入。

（3）O2O 电子商务模式

O2O 电子商务模式融合了线上交易和线下交易，是目前乡村旅游电子商务发展的必然需求。乡村旅游区别于其他类型旅游的关键点，在于乡村的生活休闲雅静。要结合乡村旅游特色，建立集特色乡村餐饮、民宿、特色乡村交通方式、特色乡村旅游产品等为一体的 O2O 特色电商服务模式，为居民及游客提供线上线下融合的服务。O2O 的本质内涵是将实体旅游资源放在移动互联网平台进行营销，旅游者线上交易同旅游实地消费相结合的商业模式。O2O 电商平台的应用能够有效整合乡村旅游资源，提高乡村旅游管理效率和水平。O2O 电商平台的引流作用及营销渠道的扁平化减少了分销商、零售商的数量，具有极大的成本优势。这种线上销售、线下消费分离的营销模式，需要很好地把控线下商家的经营质量，保护客人的信息，否则会极大降低消费者的满意度。

(三)提升乡村旅游体验服务

1. 智慧服务体系

乡村旅游在发展中要朝着智慧旅游的方向前进。一是完善基础设施设备。与通信公司合作,建设移动基站,实现无线网络全区域覆盖。建立并开放景区内无线 Wi-Fi 网络,保障旅游者的基础上网体验。同时,加大乡村通信基础设施设备的投入。景区内宽带全覆盖,可帮助游客观看网站上的 VR 全景。二是引入地图导航和电子语音讲解,为游客提供更加便捷的导游和游览服务。三是使用电子商务平台,上架当地特色农产品和特色手工产品等,满足游客在家线上购买产品的需要。

2. AR/VR 应用

在大数据时代背景下,虚拟现实(Virtual Reality, VR)、增强现实(Augmented Reality, AR)、混合现实(Mixed Reality, MR)是丰富和创造用户体验的关键因素。针对旅游者的不同需求,设计具有吸引力的旅游产品和旅游活动,调动旅游者的积极性和体验性。挖掘乡村传统村庄文化,应用 VR 技术,以传统村庄历史文化为主题制作 VR 主题旅游。在"游前",借助 AR 等技术软件完成网络营销。运用 VR 技术中的 360 实景技术,在乡村旅游网站建立实景展示系统,可以将乡村旅游风貌真实展现在网络上。VR 技术智慧软件可以采集乡村数据并保存在云端,游客在使用过程中可以获得乡村地图缩放、平移,位置查询,路线导航及景点介绍等服务,极大便捷了游客的出行和游览过程。VR 技术使得游客在视觉、听觉上全方位接触旅游目的地,可实现目的地的虚拟体验,提高了游客体验度。

3. 人工智能应用

AI 人工智能技术也给旅游业带来了便捷化与耳目一新的体验,机器人酒店、机器人餐厅、机器人导游等,是目前人工智能在旅游业中最

第四章 乡村振兴战略下乡村旅游发展与治理的技术、动力与保障

普遍的应用。在乡村旅游开发设计中,运用 AI 技术丰富乡村旅游网络空间体验,可以将乡村打造成为"智慧化乡村小镇",丰富乡村旅游形式。加大人工智能技术在休闲农业方面的应用,凸显生态旅游产品的价值和优势,建设生态农业产业园区。信息技术的发展和应用,不仅能为旅游者提供精细化服务,还有助于乡村旅游景区管理者获取旅游数据,精准营销和开发。在乡村旅游管理经营过程中,景区经营(管理)者可引导游客在社交平台,及旅游电子商务平台上分享旅游的真实评价和看法。然后依据这些数据开展精细化分析,以掌握乡村旅游最真实的发展并提出后续开发建议。建立旅游者评价大数据库,捕捉消费者需求,建立营销数据云平台,以实现精准营销。

第五章　乡村振兴战略下乡村旅游发展与治理的实施策略

乡村旅游的发展需要从多种层面展开,依托现在的多媒体与信息技术,扩大乡村旅游的品牌影响力,将文化与旅游产业发展相结合,同时注重对乡村旅游生态环境的保护,以求得长远发展。本章重点对这方面内容展开深入分析。

第一节　乡村振兴战略下乡村旅游品牌塑造

一、品牌理论

（一）品牌的内涵

1. 品牌是资产

当产品具有响亮的品牌之后,市场认可度将极大提高,有利于提高品牌的营销资产价值,对于扩大市场销量和提高营业额都具有重要意义。

2. 品牌是符号

品牌由名称、标志、象征物、代言人、包装等要素组成,这些识别要素形成了一个有序的符号体系,能让消费者轻松识别。①

3. 品牌是个性

品牌能推动追随者或者认同者表达强烈的个人情感,以示与众不同。消费者常以消费某种品牌的产品来展示个人性格特征。

4. 品牌是定位

品牌的识别意味着产品具有独特的形象,对市场具有强烈的辐射能力,常具有较大规模的潜在消费者群体,品牌设计与潜在市场形成了对应关系。

5. 品牌是文化

从消费者角度来看,品牌消费形成了口碑效应,蕴含了消费者的认知评价。从产品生产者的角度来看,品牌蕴含了企业精神和企业理念。

(二)品牌建设 CI 理论

CI 是英文"Corporate Identity"的缩写,中文含义是"企业形象识别",也称为"企业形象"。CI 理论的目的是通过创造良好的企业形象,从而构建企业商品或服务与客户共存共享的和谐经济生态关系(吴琼、徐娟燕,2003)。CI 理论主要包括三部分,分别是理念识别(MI)、行为识别(BI)、视觉识别(VI)(张向飞,2010)。

1. 理念识别(MI)

MI(Mind Identity),即理念识别系统,包括企业的战略思想、经营方针和管理理念,是 CI 的灵魂。

---

① 曹诗图. 新编旅游开发与规划[M]. 武汉:武汉大学出版社,2007.

2. 行为识别(BI)

BI（Behavior Identity），即行为识别系统，包括企业管理行为和市场营销行为，是CI的行为表现。

3. 视觉识别(VI)

VI（Visual Identity），即视觉识别系统，包括企业的品牌、商标、代表色，是CI的视觉传达。

理念识别(MI)、行为识别(BI)、视觉识别(VI)要保持文化内涵和逻辑概念的一致性，行为识别(BI)、视觉识别(VI)以理念识别(MI)为核心，进行构架和拓展。品牌建设CI理论对于乡村旅游品牌建设具有重要的参考价值。

二、乡村旅游品牌定位的产品划分

从乡村旅游供给角度来看，狭义的乡村旅游产品是指乡村旅游服务；广义的乡村旅游产品不仅包含旅游服务，还包括服务凭借的物质条件，即乡村旅游资源、乡村旅游设施、乡村旅游购物品。从乡村旅游需求的角度看，乡村旅游产品是乡村旅游者的消费经历和感受（陶汉军、林南枝，1994）。

（一）乡村旅游产品层次划分

1. 核心产品

乡村旅游核心产品是乡村旅游供给方向游客提供的服务基本效用或利益，即使用价值，它是游客购买和消费的主体部分，对于提升客户的核心体验具有重要意义，也是吸引乡村游客到来的动力源泉。具体表现为基于乡村景观和乡村文化的乡村性、原真性及其审美感受。

第五章　乡村振兴战略下乡村旅游发展与治理的实施策略

2. 外延产品

乡村旅游的外延产品是指乡村旅游资源和乡村旅游设施,即乡村旅游供给的物质形态,是旅游服务依赖的物质条件。乡村旅游资源包括自然景观和人文景观两大类,为乡村游客提供了审美和学习的物质载体,乡村旅游设施为乡村游客提供了食宿、休闲和娱乐的物质凭借。设施建设应保障基本旅游供给的系统性和完整性。[①]

3. 辅助产品

乡村旅游辅助产品包括乡村旅游产品形象、乡村旅游品牌建设、乡村旅游管理和服务水平。乡村旅游辅助产品是乡村旅游市场竞争的抽象要素,对于提升游客的体验具有重要意义,在互联网时代要充分利用信息与通信技术提升经营管理水平,并开展乡村游客便捷服务。

(二)乡村旅游资源划分

1. 聚落建筑旅游产品

聚落建筑旅游产品是指耕地之外的村民居住、生活、休息、劳作和进行社会活动的场所分布形态,其形态有分散型的农家庭院,集聚型的团状、带状和环状聚落,特殊类型的水村、土楼、窑洞和堡寨。乡村建筑包括当地民居建筑、公众活动场所的各类建筑,以及规模化和专业化的旅游接待设施,它是乡村聚落的具体建筑形式,多取材于当地的建筑材料,具有独特的传统范式和地域风格。

乡村地域由于长期的区位经济弱势,交通设施相对落后,受都市化和现代化的影响进程缓慢,不但保持着古朴的乡村聚落形态,还保存有大量的古代建筑、民族建筑和特色建筑,成为现代乡村旅游资源开发的重要支撑。例如,山西的晋商大院、浙江的乌镇和江苏的同里古镇、安徽的西递和宏村、江西婺源古村落群、贵州的西江苗寨、福建永定土楼群

---

① 刘杰. 乡村旅游规划与开发[M]. 北京:经济科学出版社,2020.

落、河南的郭亮村等。在乡村旅游产品设计中,要注重保护与开发并举,去掉落后与弊端,留住乡愁和传统,传承古老文明。有些乡村地区虽然没有丰富的传统文化资源,但因地制宜、合理规划,在乡村建设过程中展示了社会主义新农村的风貌。

2. 民俗风情旅游产品

乡村民俗风情包括民族民俗和制度民俗,这些与城市化迥异的异质文化,吸引了诸多城市游客。民族民俗是传统的乡村民俗文化和民族文化长期积淀的结果,既有物质的形态,也有抽象的内容。乡村制度民俗也是广义民族民俗文化的特殊组成部分,包括乡村的权力民俗和礼制民俗两方面。

乡村民族民俗包括:(1)生产民俗,如农耕民俗、手工业民俗;(2)商业民俗,如集市、交易民俗;(3)消费民俗,包括饮食和服饰等方面;(4)游艺民俗,如民间竞技、民间游戏、口承语言民俗、民间音乐和舞蹈、民间戏曲和曲艺等;(5)信仰民俗,如宗教、禁忌、崇拜等;(6)节日民俗,如传统节日、民族年节等。[①]

乡村制度民俗中权力民俗包括:(1)家族民俗,如称谓民俗、排行民俗、继承民俗等;(2)组织民俗,如行会民俗、社团民俗等。乡村制度民俗中礼制民俗包括婚嫁、寿诞、葬礼等方面的民俗。

3. 田园生态旅游产品

田园生态旅游产品是在乡村的田园生态环境背景下,将各种农事活动、乡村社会活动与旅游活动相结合而开发形成的乡村旅游产品。可分为农业景观游、农业科技游和务农体验游三种类型。[②]

（1）农业景观游

农业景观游包括田园风光游、林区风光游、渔区风光游、草原景观游等。农业景观游融入了生态旅游和绿色旅游理念,再加上农耕文化元素,旨在让游客感受到丰富的景观审美情趣和深厚的农业文明底蕴。

[①] 陶玉霞.乡村旅游建构与发展研究[M].北京:经济日报出版社,2009.
[②] 刘曙霞.乡村旅游创新发展研究[M].北京:中国经济出版社,2017.

第五章 乡村振兴战略下乡村旅游发展与治理的实施策略

（2）农业科技游

农业中的科技应用提升了农业现代化的水平，激发了"农业+科技+旅游"新业态的创新活力。例如，农业科技示范园和农业园艺博览园，将农业生态科技和农业生产过程相结合，促进了乡村一二三产业的融合发展。

（3）务农体验游

城市居民分为原居民和迁入居民。历史上乡村经济长期处于弱势，故有乡村人口主动迁入城市寻求生存空间。在城市扩张和城乡一体化的发展进程中，一部分乡村人口纳入城市人口范畴。对于城市原居民而言，农耕生活是新奇而有魅力的。对于城市外来居民而言，乡愁和怀旧成为体验农耕生活的动机，于是催生了专门的务农体验游。

（4）自然风光旅游产品

乡村自然旅游资源丰富多样，涉及地质地貌、水域风光、气象气候和多种生物，因此乡村自然风光旅游产品包括地质地貌旅游、水域风光旅游、气候气象旅游和生物景观旅游。

（三）乡村旅游体验划分

1. 乡村观光旅游产品

乡村观光旅游产品是以乡村自然旅游资源和人文旅游资源为观光对象的旅游活动形式，涉及基于乡村旅游资源划分的所有产品形式，如聚落建筑、民俗风情、田园生态、自然风光。乡村观光改变了城市游客的居住环境，在游玩的过程中游客开阔了眼界，增长了见识，陶冶了性情，提高了自然与人文之美的鉴赏能力。

2. 休闲娱乐旅游产品

乡村民族民俗具有浓厚的传统文化底蕴，许多内容被评定为非物质文化遗产，为乡村休闲娱乐活动提供了重要支撑。其中的游艺民俗内容丰富，诸如庙会、戏曲、秧歌、锣鼓、旱船、龙舟、杂技、竞技等活动，增强了游客休闲娱乐的参与度。乡村旅游中的瓜果蔬菜采摘、特色饮食品尝、主客互动演艺、风俗礼仪参与和乡村工艺品制作等体验性活动,使得更多游客了解到乡村地域的风土人情,进而深刻体会到乡村生活的欢乐和美感。

3. 体育康养旅游产品

乡村地域生态环境优美,空气质量普遍较好,拥有辽阔的空间、多样化的地质地貌、丰富的药膳食材,可以开展登山游、乡村跑、日光浴、温泉浴、森林浴等活动,还可以进行心理治疗、康复疗养以及药食养生等。

4. 乡村度假旅游产品

靠近都市周围的乡村地域,常凭借美丽的自然风光和温泉疗养条件开辟乡村旅游度假村。乡村旅游度假村对于喜爱一日游、周末度假和近距离旅游的城市居民来说具有较强的吸引力。公司会议、会展旅游、家庭聚会常在这里举办。此外,乡村旅游度假村还通过举办节庆娱乐活动和农耕文化研学活动,吸引众多亲子游的城市游客。

5. 乡村研学旅游产品

通过乡村旅游活动开展研究性学习和旅行体验相结合的校外教育活动,让孩子和学生感受乡土风情,体验乡村生活方式。乡村研学旅游活动引导青少年亲身参加亲近社会与自然的实践活动,促进其社会化,增强其群体交往的能力,充分体现了体验性和群体性的教育特色。乡村研学旅游作为综合实践育人的有效途径,可以有效承载道德养成教育、社会教育、国情教育、爱国主义教育、优秀传统文化教育、绿色环保教育、创新精神和实践能力培养。

6. 户外探险旅游产品

乡村地域常具备地质条件多样化的特点,为开发户外探险旅游提供了条件。户外探险旅游因具有探索自然界奥秘的吸引力,成为乡村旅游产品的一个突出的主题形式,也是体育活动和户外娱乐的形式,它提高了人类对自然与艰险的适应性,磨练了人们的意志和品格,深受驴友、背包客和探险旅游者的喜爱。

7. 乡村节日旅游产品

乡村节日对游客的吸引力和聚合效应常形成规模旅游市场,形成了乡村节日旅游产品。乡村节日旅游产品根据节日活动内容的不同,大致可以分为以下五种:农村风光节日、农业产品节日、民俗文化节日、历史典故节日和综合类节日(如各地的乡村生态旅游节)。

8. 乡村会议旅游产品

乡村会议旅游产品指的是以乡村自然生态环境和人文社会环境为背景,将举办会议作为切入点而开发的一种乡村旅游产品。会议举办单位比较关注为与会者提供一个良好环境,以期得到与都市会议不同的氛围。

9. 乡村购物旅游产品

乡村购物旅游产品即具有乡村地域特色的旅游纪念品、工艺品、生活用品和土特产品,亦即有形的乡村旅游商品,它丰富了乡村游客的购物体验。乡村企业和手工业者可就地取材进行加工,许多旅游产品同时具有纪念性、鉴赏性和实用性。例如,乡村和民族服饰、包具、收纳盒以及微缩景观等,深受乡村游客的喜爱。此外,乡村地域食材丰富,可手工制作多样化的食品,这也是游客返回住地后馈赠亲朋的上好选择。

10. 其他专项旅游产品

体验型的乡村旅游产品除上述常规分类之外,还有其他小众市场所青睐的专项产品,如野营旅游、怀旧旅游、摄影旅游、影视旅游、遗址旅游、亲子旅游、童趣追忆体验、忆苦思甜体验等。

乡村旅游满足了都市人"乡村怀旧"和"回归自然"的心理需求,迎合了中国旅游产品结构化调整的客观要求,是旅游开发形式转变的新探索,成为中国旅游业的重要组成部分。

三、乡村旅游品牌塑造的策略

(一)构建乡村旅游品牌体系

1. 旅游品牌定位

乡村旅游品牌定位,首先要深入挖掘乡村旅游特色,即有地域风格的乡村性,选择差异化市场营销策略来进行市场定位;其次,以原真性应用展示乡村旅游的乡村性,将原汁原味的乡村旅游资源呈现给乡村游客,提升乡村游客的消费体验。

2. 旅游品牌打造

在特色定位、产品定位、市场定位的基础上,进行乡村旅游产品包装设计。系统化打造乡村旅游品牌,包括设计品牌的理念识别系统、行为识别系统和视觉识别系统,具体包括经营理念、管理服务体系以及品牌的名称和标志,建立有特色、有吸引力的品牌形象。

3. 旅游品牌营销

旅游品牌的营销是提高品牌知名度的重要途径。在现代社会,市场营销的途径和平台愈加多元化,这为乡村旅游品牌体系的营销带来了更多的发展机遇。可以根据乡村旅游的市场需求定位,选择适合乡村旅游发展的营销渠道和手段。

4. 旅游品牌保障

品牌建设与营销的成果,需要转换为持久的发展动力,这就需要有坚实的品牌保障,包括品牌建设保障和品牌组织保障。品牌建设保障主要通过完善的配套设施、优质的旅游服务、全程化的旅游品牌检测与危机管理,来维持旅游品牌的正面形象及其持久市场影响力。而品牌组织保障是在政策层面给予品牌建设和运行充分的支持。

(二)创新乡村旅游品牌发展路径

1. 打造品牌个性,保持品牌特色

品牌名称要有市场冲击力和影响力,体现出乡村旅游资源的特点,以增强对目标市场的吸引力。所以,品牌名称在简明易辨的同时,还需要与品牌特色相结合。此外,品牌标记作为品牌特色符号,也应该遵循上述设计理念。品牌口号的设计,也应充分体现品牌及旅游产品本身所蕴含的丰富价值观,引起目标市场的情感共鸣。

2. 发掘品牌潜能,深化品牌内涵

打造乡村旅游品牌,首先要通盘掌握本地的乡村旅游产业发展潜能,持续开发其产业资源,发挥产业资源特长,有指向性地开发旅游产业的商品与服务。在目前发展形势较为旺盛的体验型旅游产品体系之外,更应该深入发掘本地丰富的历史文化资源,通过有机结合的方式融入当前的乡村旅游开发之中,打造极具本地特色的旅游产业资源,丰富乡村旅游品牌的内涵和产业结构。

3. 掌握产业动态,明确市场定位

开展具有针对性的市场调研,及时掌握省内外旅游产业发展动态及动向,重点分析乡村旅游目标游客群体的需求特征。积极学习运用旅游市场细分方法和大数据技术,准确统计分析调研数据,结合乡村旅游资源特点,充分挖掘其乡村性和原真性,并对乡村旅游客源进行更加明确、科学的市场定位,打造坚实的品牌营销管理基础。

4. 融入新型业态,强化品牌促销

首先,可以通过开发特色乡村旅游活动,树立独一无二、具有一定影响力的品牌形象与特色。其次,积极融合新业态发展,实现线上线下营销活动"双管齐下",共同发展。积极开发新兴媒体平台与网络营销渠道,提升品牌线上市场的知名度与影响力,促进潜在客源的了解与互动,及时掌握产业新动态,不断开发新客源,建立线上游客反馈机制,及时获取游客反馈建议,并有针对性地改进提升旅游产品与服务。最后,积极用好传统宣传媒介,采用丰富多样的形式,在潜在客源较多的地区和人流密集处投放品牌广告。

5. 统筹监管和经营,提升品牌管理水平

规范乡村旅游产业监管机制,培育壮大乡村旅游市场,提升景区服务水平,健全游客反馈建议渠道,切实尊重与维护消费者权益,营造健康有序的旅游市场氛围(樊春梅、李松志,2017)。近年来,随着经济社会发展水平的提升以及发展战略的调整,各级政府更加重视与支持乡村旅游产业的发展,这是乡村旅游产业发展的重要机遇。因此,乡村旅游目的地更应该加强自身建设,提升品牌意识,不断健全品牌体系,积极适应市场需求,为经济社会的发展做出持续性的贡献。

第二节 乡村振兴战略下乡村旅游产业融合

随着时代的发展,我国已经到了新发展阶段,在这一阶段开始新的一段征程,对于"三农"工作来说,已经将工作重心转移到了乡村振兴上。对于乡村振兴来说,最基础的就是对产业进行扶持,有了好的产业发展,传统乡村的发展才能更进一步。乡村产业需要对已有的资源进行整合以及创新,不断开发新功能、新产品、新业态,为人民的生活提供更好的保障,满足人民生活的需求。这些发展对于乡村经济和社会改革来

第五章　乡村振兴战略下乡村旅游发展与治理的实施策略

说有着很大的影响,为其提供了广阔的发展空间。

一、产业融合的概念

产业融合(Industry Convergence)是指不同产业或同一产业不同行业相互渗透、相互交叉,最终融合为一体,通过相互协作达到高效输出,逐步形成新型产业的动态发展过程。[①] 产业融合已是产业发展的现实选择。社会生产力的进步和产业结构的发展,对产业组织形式的革新提出了更高诉求,这一诉求表现为产业融合。由于技术的革新和产业边界扩展,各产业间的合作关系得到加强。同时先进技术的不断更新和运用,促进了产业结构的快速升级,也极大地促进了产业间的相互渗透和融合。产业融合为产业发展提供了更大的发展空间,促进产业结构的动态化和合理化过程,推动其进一步优化和发展。产业融合的驱动力主要来自四种因素:产业内部的驱动力、市场需求的拉动力、技术创新的推动力、产业环境的影响力。

二、乡村旅游产业融合的基本构想

(一)乡村直播电商

在农业经济发展阶段,只有实现农业生产的现代化和科学化,才能进一步体现乡村经济的发展优势,从而实现社会的全面小康。通过建立有效的电子商务平台,能够进一步优化农业的生产链条,从而减少中间的流通环节,全面提升农业经济的生产效益。从当前的规划发展战略来看,在乡村振兴的道路上,要结合电商的发展模式,实现产业的发展一体化,从而建立绿色的农业经济渠道,进一步促进偏远山区的经济发展,实现农业经济的全面转型。直播电商在农业经济应用过程中,形成的效果相对不一,所以还是要进行农业经济的产业优化。

---

① 孙惠敏;漆小平.当代环境文化与新闻传播研究[M].杭州:浙江大学出版社,2017.

1. 乡村直播电商的主要类型

(1) 乡村直播电商的平台类型

对于当前来讲,直播电商作为市场风口,影响着乡村经济的发展,全国大量的农民也跟随自媒体的潮流,开展直播电商活动,在各大直播平台上进行农产品的销售。乡村电商直播的平台要求不高,只要有一部手机就能够移动操作,这种简单的操作模式,满足了农户的直播商业需求。根据相关调查已得出,2022年全国直播电商的平台主要集中在快手、抖音和淘宝上。

(2) 乡村直播电商主体类型

随着社会经济的快速发展,社会越来越关注直播电商,乡村直播电商也成为农产品买卖的主要方式,由于直播平台的要求不高,它全面满足了农户农产品销售的需要。就当前而言,各大直播平台都在开展电商直播,形成的达人数量越来越多,他们的带货能力各有不同,效果也参差不齐。以年龄作为划分节点,直播达人的年龄差别较大。乡村直播人员大部分是地方的种植户,由于自身的年龄相对较高,带货专业能力有限,所以通常采用传统的直播方式来进行农产品的销售;此外,在开展直播电视活动中,一些区域会引进有名气的网红来进行直播带货活动。名人带货创造了全新的销售业绩,影响直播销售领域,形成了全民直播的时代,越来越多的明星加入直播带货活动,甚至有一些地方的官员也在全面参与,为地方的农产品代言。相关数据调查研究得出,随着淘宝直播活动的开展,超过一半的商家获得了利益增长,这就使得越来越多的直播达人看到了农产品销售的价值,全面加入了农产品的直播活动中。

(3) 乡村直播电商产品类型

在乡村直播电商活动中,加快了传统农业的转型,满足了互联网经济的发展需要,实现了农业转型的快速发展。在乡村直播电商活动中,主要进行农产品的直接销售,在直播带货过程中,大部分农户加入了直播行业,各大平台都在开展农产品的销售,从而进一步展现了农产品的销售价值。随着直播电商的发展,对农产品的销售方式进行了全面转型,进一步实现了农产品销售的品牌化。一些地区也在进行优质产品的销售,建立了更加全新的农业文化。

第五章 乡村振兴战略下乡村旅游发展与治理的实施策略

2.直播电商助力乡村旅游产业融合的现状

近年以来,随着直播电商的快速发展,农业经济借助电商平台的优势,实现了线上线下经济的有效融合,满足了农业经济的发展要求,促进了产业的全面经济转型,提升了农业经济的应用价值。例如,在一些电商平台,植入了直播的相关元素,形成更加动态化的营销环境。对于乡村经济来讲,在乡村振兴环节中,要结合战略的发展要求,加强直播经济的建设,从而进一步丰富农民的收入渠道。然而,分析当前的营销数据,发现仍存在诸多发展问题,这就影响了直播电商的发展,不利于农业经济的整体建设。

(1)产品内容同质化现象

直播电商在应用中产生了一定的经济价值,全面提升了电商经济的互动性,这种有效的营销策略,满足了农业经济的多元化发展要求。在整个农业经济营销活动中,一些农户为了获得更多的利益,在电商直播平台中,过于关注销量,希望能够引导客户下单购买。例如,夸大了产品的功能,用户在收到产品之后,发现产品和想象的不一样,从而进一步降低了营销的作用,产生了大量的投诉问题。对于一些优秀的农业商户来讲,受到大环境的影响,存在不公平的竞争现象。除此之外,在乡村经济发展阶段,产品的同质化现象严重,乡村在开展农产品营销活动中,没有针对性地进行产品销售,从而使得文案的介绍内容差别不大,形成的营销模式相对传统,不利于农业经济的创新发展。

(2)乡村本土主播专业技能不足现象

随着直播产业的快速发展,产生了大量的网红经济,这也改变了农产品的发展方向,进一步实现了农业经济的快速转型,全面满足了社会经济的发展需要。大部分农业产品,在直播营销活动中,都沿着网红经济的模式开展活动,从而形成的明星效应相对不强。例如,明星直播带货,对于消费者来讲存在一定的可信度,从而让消费者能够放心购买,这进一步促进了农业经济的进步。然而从带货的视角来分析,明星带货仍然存在诸多问题,因为随着农业经济的发展,明星不只在一个平台上进行直播展示,这就需要投入大量的时间和精力,其带货的质量效率就相对偏低,同时,由于明星的聘用费用相对较高,这就增加了农产品的带货成本。对此,一些乡村在开展直播平台建设中,要加强地方主播的培养,从而进一步减少资金投入,满足本土化的发展要求。大部分乡村人口的劳动能力相对较低,形成的素质能力相对不高,由于他们没有接受规范化的教学,并不具备专业的直播技能。例如在产品展示阶段,没有全面体现产品的特征,同时根据不同消费者的使用问题,没有形成针对性的解决策略,加上乡村主播缺乏一定的专业能力,就无法形成良好的直播效果。

3. 乡村直播电商在发展过程中面临的问题

（1）供给问题
①供货端产品规模化程度低,供货量的问题突出
在开展乡村振兴活动中,农产品的销售大部分以农业单独销售为主,产品的供应效率不高,规模化的程度不深,从而使得在整个农产品的直播销售阶段,存在一定的供货问题,无法满足直播带货的供应需求。同时销售农户需要付出大量的销售平台费用,加上其他的费用,提高了产品的服务成本,从而降低了产品的销售利润。

②供货端产品质量参差不齐,农户缺乏品牌意识
在整个直播销售中,由于一些主播在卖货阶段夸大了产品的功能价值,从而提升了消费者的消费期望,导致消费者在收到产品之后,对产品的功能不够满意,而形成了大量的差评。甚至一些商户存在以次充好的现象,这就影响了产品品牌的建设。另外,在我国农业经济的发展影响下,一些商户以个体经济为主,从而影响了产品的品牌化发展。

③配货端物流配套体系不健全,行程的配送成本较高
随着网络经济的快速发展,网购的发展规模越来越大,然而在配送工作中,一些地区由于离城市较远,没有形成一体化的城乡机制,导致产品的运输效率不高,存在一定的物流运输问题,这就影响了配送的整体成本,在一定程度上影响了产品的配送,特别是一些对冷藏技术较高的产品,在交货过程当中,影响了产品的质量。

（2）需求问题
①消费者的群体有限、消费能力低
在网络直播阶段,大部分观众都是青年群体,由于青年群体的消费能力有限,从而无法产生规模性的销售活动。同时,由于受到网络技术的限制,对于需求量较大的人群,没有参与直播的活动意识,这就影响

第五章　乡村振兴战略下乡村旅游发展与治理的实施策略

了直播的活动市场,影响着销售的整体数量。

②消费者对于直播购买的忠诚度低

对于直播平台来讲,他们吸引的消费者大部分是年轻人,而年轻人在观看直播的过程中,更多是站在娱乐的角度,自己的需求变化相对较快,同时农民缺乏一定的直播平台管理经验,在直播的过程当中通常是模仿他人开展销售活动,对于自身销售行为缺乏市场定位,并且在新媒体的运用阶段,没有掌握消费者的基本特征,从而没有让消费者留下深刻的印象。由于在直播带货的过程中,大部分都是临时性的工作,消费者在观看直播产品时,没有形成一定的消费忠诚度,没有全面关注产品相关功能,从而出现销量下降等农产品销售问题。

（3）硬件条件问题

①乡村直播电商人才缺乏

一方面,由于大部分的乡村青年进入了城市发展,而且电商工作对信息技术的要求相对较高,导致乡村在发展直播电商的过程中,缺乏专业性的工作人才;另一方面,乡村的主播达人数量相对较少,大部分都是年龄较高的农户,对农产品缺乏一定的了解,同时对于产品销售缺乏一定的技巧,对于直播电商的运营管理缺乏一定的管理经验。

②直播电台参差不齐,直播平台监管不力

农产品在整个直播销售阶段,大部分平台都会提供直播服务,希望能够吸引乡村人口的关注,然而在乡村振兴的发展阶段,存在诸多的经营问题,由于直播行业的门槛较低,加上直播审核的内容也不够严谨,从而形成了诸多管理问题。

③乡村直播电商同质化现象严重

就当前而言,在农产品直播带货过程当中,大部分主播都是年龄较高的农户,他们通过市场模仿,开展相应的直播活动,形成的直播形式相对单一,同质化现象较为严重,由于市场定位性不强,观众的流失率较高,形成的销售总量不大。许多商家在看直播活动中,都会根据直播的影响力来进行商业合作,大量的资本也融入电商直播行业中,虽然他们促进了电商直播行业的发展,也使得直播行业更加商业化,然而就在商业化的过程中,让更多的消费者产生了一定的反感,从而影响了直播电商的发展进度。

4. 直播电商助力乡村旅游产业融合的对策

（1）打造特色品牌

在农产品营销阶段，企业在市场活动中，要想形成市场的主导地位，全面提升产品的整体质量，就要让用户对产品形成一定的信赖，从而建立品牌忠诚度。对于农业产品来讲，要加强质量管理，确保产品在每一个生产阶段满足安全生产的基本要求，通过安全制度的有效建立，体现产品品牌建设的规范化。从产品的角度来讲，要建立农业产品的市场品牌，从而进一步提升产品的美誉度。对于直播电商来讲，要加强农产品的市场定位，解决消费者的使用痛点，从而满足消费者的市场消费需要。在电商直播阶段，要加强与消费者的互动，全面体现产品的应用特征，通过全方位的营销，进一步提升产品的市场价值。与此同时，在不同的区域条件下，农业商户要形成一定的竞争意识。例如，在一些香蕉产量较高的地区，在产品注册过程中，香蕉的注册数量达到了上万个，这就需要加强香蕉产品的营销，通过直播电商活动，进一步减少产品的同质化。与此同时，要使用专业的策划人员，进一步提升产品的社会价值。

（2）打造"人、货、场"服务体系

在农业经济发展阶段，要想全面提升直播电商的应用价值，就要构建多区域的发展优势，结合人的发展特征，获得市场属性，进一步加强对市场的有效对接，从而在销售阶段，能够体现产品的消费价值。如此一来，消费者在购买阶段，能够通过有效的体验，来满足自身对产品的需求。所以，在整个阶段，要加强产品和市场的对接，通过直播带货的形式，进一步体现产品销售的市场价值。

要加强对直播电商平台的管理，确保货物的正常销售，避免虚假广告的产生，只有这样，才能保证产品的供应效率，进一步提升农业经济的发展价值。要转变传统的营销思维，在传统的营销工作中，主要以产品为中心，平台作为产品的销售载体，只满足人们的浏览需求，没有形成有效的营销价值。作为全新的营销工作模式，它结合了产品的发展特征，根据用户的消费痛点，通过网络平台的整体营销，进一步实现了人和货币的直接对接，从而让产品形成了一定的交互价值。例如，在电商平台中，通过数据的相关应用，了解了不同阶段的直播状况，从而进一步掌握消费者的消费行为。在后期的直播阶段，可以通过销售数据的有效分析,进一步掌握市场的规律。这样一来,整个产品在销售阶段,可以根据消费者的消费情况,加强营销工作的针对性和科学性。在直播平台上,可以通过产品和用户之间的互动,来实现产品的高效宣传,用户在购买产品之后,可以通过交互的形式,来进行下一个产品的推荐,这就展现了不同形式的直播模式,构建了更加真实的传播场景。

(3)整合多元渠道

在当前的市场经济环境下,电商平台的市场价值越来越大,它改变了传统的营销模式,实现了产品销售的高效化。从生产的角度来讲,电商平台能够促进农业经济的高效发展,它使得产品在与用户对接的过程中,能够满足不同城市的市场发展需求,从而实现线上线下经济的有效融合。所以,在未来的发展阶段,在农业经济发展过程中,可以结合产品的不同属性,来建立真实的消费体验,从而通过产品的多维度推广,进一步扩大产品的销售渠道,从而实现农业产品销售的公平化和科学化。

综上所述,直播电商作为新的经济模式,它满足了用户的购买需求,建立了真实的消费情境。对于乡村振兴来讲,开展直播电商活动,能够借助网络优势,来加大乡村资源的整合,从而通过网络经济的发展,进一步提升农产品的市场价值。对此,在未来的发展阶段,要加大农业经济的市场分析,制定科学的市场经济管理制度,从而进一步规范乡村营销的市场行为,建立更加绿色的生产发展机制。

(二)创新投融资

1.乡村旅游产业融合中投融资的现状

在推进乡村振兴战略中,着力发展特色产业是关键,要有序地获得"人、钱、地"等要素的集聚与支撑,必须要对投融资模式展开分析。深入到部分乡村产业项目中展开实地调研,对其当前的投融资现状展开分析。

(1)基础设施建设加快,推进乡村旅游产业融合发展

长期以来,我国城乡经济发展差距较大,究其原因主要是乡村基建投资不足,基础设施建设相对滞后,由此严重影响了乡村经济的发展。近年来,乡村地区基建投资加快,乡村人的居住条件与生态环境得到有效

改善。

2016年我国已实现了"村村通"公路,惠及8亿农民,缓解了农产品出村难的问题,构建了县、乡、村乡村物流体系。同时,在医疗、教育等硬件设施上加大投资。自2017年提出乡村振兴后,着力发展乡村基础设施建设,投资金额呈现几何级增长,有序地为推进乡村旅游产业融合发展奠定了良好基础。例如,截至2019年,我国乡村公路里程达到420万千米,更是实现了村村100%通硬化路,为发展乡村产业项目提供了有力的支持,构建乡村物流冷链体系,打通了农产品运输节点,更是构建了全产业链产业模式,为农户增产增收奠定了基础。

(2) 乡村产业投融资供给瓶颈长期存在

长期以来,在发展乡村产业项目中依旧面临着投融资渠道狭窄、资金获取不足的矛盾,究其原因如下。

一是资金来源单一。目前,许多产业项目的投融资资金主要依靠政府统筹引导,社会资本参与,村集体、农户自筹,但资金来源单一,尤其是社会资金参与较少。部分乡村产业在发展前期,面临着没有现金流收入、经营风险较大、市场化运作不灵活等问题,由此,社会资本参与的意愿较弱。

二是市场主体参与较少。许多乡村产业项目的投资周期较长,特别是涉及一些种植、养殖项目,果树等需要三年、五年才能挂果,进入投资回收期,可能面临诸多不确定性风险,由此市场参与的主体较少。在向银行申请信贷资金时,在质押物方面,难以满足相应的借贷条件,导致融资困难。

三是资产资源盘活不足。在发展乡村产业项目进程中,耕地、林地、农房等存在分散或闲置等情况,但由于盘活不足,无法创造经济效益,也难以获得融资支持,无法为推进乡村旅游产业融合提供条件。特别是随着城镇化加快,许多乡村居民涌入城市中,部分产业项目在推进过程中,缺少人力支持,亦难以吸引高端人才。

四是产业项目缺乏市场化运作。部分产业项目在推进过程中,由于规模较小,管理人员观念陈旧,缺乏市场化的运作机制,导致没有全面地打通整个产业链,无法有序地实现农户增产增收。由此,不仅难以扩大规模,获得投融资支持,甚至使农户丧失信心。从市场化运作来看,由于缺乏资金支持,规模较小,资金供给渠道不畅,在经营规模的创新方面不足,使项目难以落地。

第五章 乡村振兴战略下乡村旅游发展与治理的实施策略

整体而言,在发展乡村产业项目过程中,能够获得的投融资渠道非常有限,导致很多产业项目在推进过程中,因为缺乏资金而难以发展。亦导致特色产业荒废或是经营规模较小,无法形成地区品牌,尤其是在发展特色农业的过程中,缺乏乡村产业项目支持,在销售渠道、市场开拓方面受到一定的限制,甚至导致滞销情况存在,严重打击了农户生产种植的积极性,无法实现农户增产增收。这易导致大量农户涌入城市中务工,不愿立足于乡村发展农业生产。

2. 乡村旅游产业融合中创新投融资模式的路径

为了有序推进城乡经济协调发展,尤其是引导要素资源向乡村地区集聚,繁荣乡村经济,提升农户居民生活水平,乡村振兴战略被提出。在拓展投融资模式,吸引要素资源向乡村产业集聚的过程中,必须要整合现有资源,培育多元化市场主体。结合乡村地区经济发展实际、资源禀赋优势等,以良好的政策环境为依托,创新探索新发展模式。

(1)坚持政府主导统筹作用,构建多主体链接模式

在有序推进乡村旅游产业融合背景下,要因地制宜,立足于区域经济发展特色,构建多种利益联结方式。

一是项目深度整合。结合乡村发展实际,有序地推进特色经济、成片经济,通过加强基础设施的建设,如道路、物流体系等,营造良好的投资环境。发挥地方龙头企业的带动作用,依托于种植、养殖等,发展特色经济,如绿色蔬菜、绿色养殖等。在整体规划中,前期要进行深度调研,充分发挥乡村资源禀赋要素优势,结合当地农户生产经验,统筹整合项目,推进产业化发展。

二是参与主体多元化。在发展乡村经济中,地方国有企业具有重要地位,更是充当着"先锋队"的作用,统筹进行投融资、运营、建设等。与此同时,要充分发挥农户的主人翁意识,联合当地龙头企业构建"基地+农户+多主体"的模式,推进"农民变农工"的形式,使农户参与到乡村产业项目建设中,稳定农户家庭收入。积极与龙头企业、村集体建立联系,实现土地流转,成片化建设产业项目,充分发挥规模效应,推进现代农业生产发展,使土地资源变为资产。同时,由龙头企业统筹协调,提供技术支持,统一运作,拓宽市场,确保农产品生产后的销售渠道畅通,有效控制实施风险。通过构建多主体联结模式,吸引龙头企业在乡村地区

扩大投资,帮助农户、农田带来增值收益,并结合特色农产品不断延伸产业链,发展深加工产业,创造价值收益。

三是坚持政府的主导统筹作用。在推进多主体联结模式过程中,政府加强与金融机构的联系,通过举办银企对接会等形式,帮助乡村振兴产业获得融资支持,提升项目的可持续经营。政府发挥统筹协调作用,统筹多主体投融资模式的建立与协调,将农户、村集体、龙头企业紧密联系,构建利益共同体。政府统筹乡村地区的农田、荒地等,在进行整理与开荒过程中,按照相关制度给予补贴,提升耕地储备指标,亦能够有序地为发展乡村成片产业创造有利条件。

（2）构建"互联网+PPP"模式

在发展乡村现代化农业过程中,构建绿色、田园、高标准的建设体系,引入"互联网+PPP"模式,吸取成功的经验,促进全产业链的建设与打造,从而为农产品"从田间到餐桌"打造一体化的运作流程,减少实际执行过程中的潜在风险源。

一是结合产业项目的特征,在乡村区域实现成片种植与生产,发挥规模经济与集约化效应,充分利用乡村资源禀赋,结合地方政府的产业项目引领计划,确定项目的属性,如公益性、准公益性,设计整体投资与运营模式,多维度地吸引社会资金的介入。运用"互联网+"充分获得信息资源,提高项目的知名度,打造线上物流交易平台,畅通农产品流转体系。

二是政府政策给予充分支持,有序推进各类资源要素的集聚与整合,着力探索投融资机制,并充分利用优惠政策,帮助项目有序运营,如贷款贴息、投资补助等。加强对乡村水、电、气、通信等基础项目的建设,为产业项目的有序运营奠定良好基础。在运营过程中,通过构建"运营+补贴+付费"模式,有序地实现项目的现金流综合平衡。将重点资源与精力聚焦于投资运营中,吸引社会资本、项目资本的介入,对经营过程进行动态跟踪与适度扶持。在项目投资前期,提供技术指导、基础设施建设支持等,满足成本回收与合理回报的需求。在项目后期,利用市场化运作,优化产品结构,提升产品附加值及产业链延伸,参与市场竞争。

（3）"特许经营+股权合作"模式

从乡村旅游产业融合发展视角看,部分项目经营要求较高,则可由政府部门主导,赋予特许经营权,对运营过程中的现金流进行协调与综合平衡。例如,针对本地的一些工业项目,引入市场化运作经验,有助于增强项目的自身造血机能。在产业项目推进过程中,明确其是否具有公益属性,政府协调投融资主体积极参与。在运作前期,给予一定的专项补贴,如场地建设、利息补贴、税收优惠等,在进行融资过程中科学设计方案实施时间错配,以避免项目短期承受较大偿还压力,给运营造成限制。吸引社会资本股权合作,通过政府主导调配现金流,在进行项目运作过程中,可采用"市场性+公益性"相结合的组合方式,通过"特许经营+股权合作"模式,在市场化运作获取收益后,约定用于公益性项目还款,从而有序地推进乡村产业项目振兴,繁荣并激活乡村经济。

(4)"龙头企业+特色小镇"模式

结合乡村资源禀赋要素集聚,如旅游资源、特色农业、特色产业等,对乡村进行统一规划建设,吸引地方龙头企业积极参与,推进特色小镇园区的建设工作。由政府发挥主导作用,统筹协调成立项目组,建设中期紧紧围绕小镇或园区的定位,构建完整的供应链体系,吸引更多的企业入驻小镇或园区,发挥规模效应,打造现代农业产业园。引入专业机构进行招商引资,配套相应的公共服务体系、冷链物流、交易平台等,从而促进整体效益的最大化,结合资源禀赋,政府统筹协调,提供产业孵化服务,有效引领乡村产业持续发展。通过推行"龙头企业+特色小镇"模式,有助于繁荣乡村经济,吸引本地企业参与到乡村经济建设与发展过程中,立足于本地经济发展实际,优化产业结构,亦能够吸引乡村居民留在本地从事服务,共同推进乡村旅游产业融合。

(5)综合金融服务模式

在推进乡村旅游产业融合过程中,由政府发挥主导作用,加强金融机构、保险机构等与产业项目的有效对接,创新金融服务模式,为产业项目提供多维度的投融资支持。

一是融资租赁服务。在推进乡村旅游产业融合过程中,要发展农业种植业,需要大型农具、生产设备等,产业项目前期投资压力较大,由机械设备生产企业与商业银行合作,推出融资租赁创新模式,能够有效地缓解项目设备采购资金压力。

二是"两权"质押融资。金融机构要创新贷款业务,针对乡村产业项目发展实际,推出多维度的融资模式。同时,政府机构要构建完整的闭环交易登记平台,使"两权"质押融资能够得到有效实现,为产业项目的发展提供投融资支持。

三是构建农业产业链融资。在发展现代农业经济的过程中,结合本地特色农业,构建"种植(养殖)+保险+贷款"的产业发展模式,农户将土地流转给龙头企业获取地租收入,参与到生产经营过程中获取工资性收益,生产出来的产品由龙头企业进行销售,并购买保险,以防范因极端天气而造成的损失。龙头企业通过产业化、规模化运作项目,向银行申请信贷资金,使用土地进行抵押,从而构建全产业链的合作发展模式,促进乡村产业项目振兴。

实施乡村振兴战略是有效破解我国城乡发展不均衡矛盾的有效路径。乡村地区在推进产业融合、特色城镇建设、现代化农业发展过程中,必须引导资金资本投向乡村地区,从而实现资源要素的集聚,有序推进乡村旅游产业融合发展,优化结构,激活经济。结合我国乡村产业项目发展进程中所面临的投融资困境,创新性地提出构建多主体联结模式、"互联网+PPP"模式、"特许经营+股权合作"模式、"龙头企业+特色小镇"模式、综合金融服务模式,能够为乡村产业项目发展提供投融资新思路、新理念,着力促进乡村旅游产业融合。

三、乡村旅游产业融合的路径

(一)应用互联网技术促进乡村旅游产业融合

互联网技术的广泛运用,为新时代的经济建设带去了极大的推动力。当前,乡村融合战略已经获得了较大成就,可以在现行标准下实现全面脱贫。为了达成发展成果,需要在现有基础上提高农民群众的生活水平,运用互联网技术,总结经验并进行反思,将乡村旅游产业融合作为基点,汇聚多方力量,关注群众利益,精准地制定产业发展目标,与市场进行精准对接,形成具备乡村特色的新兴产业链条,全方位地为乡村振兴战略目标的实现提供助力,达到巩固脱贫攻坚成果的目标。

1. 互联网时代乡村旅游产业融合需求

在互联网时代,对乡村发展振兴提出了新的要求,这是与现代文明发展相契合的。我国是农业大国,乡村旅游产业融合发展可以为农耕文明发展提供重要力量,促进民族文化的传承与发展。在互联网时代,在

第五章　乡村振兴战略下乡村旅游发展与治理的实施策略

实现乡村旅游产业融合的过程中,可以充分发挥互联网技术优势,可以为城乡均衡发展提供助力,实现城乡一体化发展目标。振兴乡村产业,是夯实中华文明根基,促进现代化文明发展进步的必然需求,能够为城乡经济、人员发展的平衡性提供前提条件,只有达成乡村旅游产业融合发展目标,方可从真正意义上推动新型城市发展,为经济的持续稳定发展提供保障,强化基础工作落实力度,带动乡村经济发展。

2. 互联网时代乡村旅游产业融合发展现状

在互联网时代背景下,乡村的发展振兴产生了许多变化,城乡之间的数字鸿沟逐渐缩减,智能手机的出现与应用,为乡村与世界之间的连接提供了纽带,丰富的信息元素打破了时间、空间的障碍,可以传达至乡村,充实人们的认知世界。在互联网时代环境中,城乡之间的互动形式出现了极大的改变,城乡交流渠道更具多元性、开放性,可以为乡村旅游产业融合及公共服务事业的发展带去促进作用。如今,出现了越来越多的淘宝城镇,对电子商务的合理运用,打破了空间区位的束缚,加快了社会经济建设进程,实现了信息传输手段的多样化,实现了信息共享,增强了城乡互动的便利性。另外,在互联网时代下的乡村发展振兴,有效强化了城乡社会参与度,凸显了互联网的动态化、自由化特点。运用互联网技术,促进了乡村产业的蓬勃发展,淘宝村实现了转型升级,乡村景观与新媒体流量相互渗透,网红村的出现推动了乡村的振兴发展。

3. 互联网时代乡村旅游产业融合的意义

（1）产业融合是实现乡村振兴的关键

落实乡村振兴战略的关键点在于发展产业,迈入产业融合与发展的道路。如今,乡村地区的发展面临着产业结构单一的问题,过度关注种植业经济,发展动力不足,对乡村旅游产业融合起到的作用并不明显。在互联网时代下,想要促使乡村振兴,就要将技术作为着手点,逐步扩大乡村产业建设与发展规模,为产业发展注入活力。由此可见,实现产业融合,能够为乡村振兴奠定坚实基础。

（2）产业融合是农民增收致富的根本之策

农业发展滞后是致使乡村地区处于贫困境地的主因,并且乡村并没有其他类别的产业。想要对乡村地区经济发展滞后的问题进行改变,便要着重关注产业的发展进步,改良乡村产业结构,促进乡村振兴。对许多成功案例进行阅览与分析可以证明,发展乡村产业,能够促使农民群众掌握一些技术手段,并充分利用产业发展带来的经济效益提高生活水平。

（3）产业融合是巩固脱贫攻坚成果的长久保障

目前,脱贫攻坚任务已然大获全胜,然而,如何稳固其成果是一项十分重要的工作。乡村地区可以综合考虑当地的实际情况,有目标地开展工作,了解当地的优势,迈入农业发展道路,凝聚各方力量,促进乡村产业的转型升级,从根本出发改变地方经济发展后劲不足的情况,提高地方经济发展的持续性、稳定性,改良农民群众的生活条件。

4. 互联网时代乡村旅游产业融合面临的问题

（1）干部群众的思想问题

产业融合与干部、群众的共同努力息息相关,只有凝聚人心,同心协力谋发展,方可实现产业融合。然而,一些干部群众在产业发展思想方面较为陈旧与保守,难以把握未来的产业发展方向,担忧会因为产业发展效果不佳而对自己的未来发展前途造成不利影响。多数农民群众对技术并不了解,习惯于使用保守的农业生产模式,想要发展致富,却对产业发展缺少信心。

（2）技术人才的培养、引进问题

产业融合与技术人才有着紧密的关联,然而,当前所有的乡村地区都严重缺少专业技术人才,并且在市场经济的影响下,专业技术人才更加侧重选取经济发展水平较高的地区就业。除此以外,即便许多地区都在专业人才方面存在着较大的需求,然而,并未采用先进的技术人才培训模式,人才引进机制缺乏完善性,导致乡村旅游产业融合存在严重的人才缺失问题。

（3）产业的定位布局问题

想要促进产业发展,务必要综合考虑自身优势,发展具有特色的产业,然而,就当前情况来讲,许多地方存在着严重的产业跟风问题,并没

第五章 乡村振兴战略下乡村旅游发展与治理的实施策略

有进行科学有效的市场调研,没有进行精准的产业定位,难以获得充分发展,容易遭受市场排挤,必须要退出市场。比如,网红小镇建设存在着十分严重的同质化服务内容,难以获得长期稳定的发展。

5.互联网时代乡村旅游产业融合的具体策略

(1)凝聚各方力量,转变工作思路

互联网时代,指的是信息相互联通的时代,需要汇聚多方力量,将其高效地投入乡村振兴工作之中,在实际的工作当中清除思想保守的问题。首先,要充分利用互联网新媒体平台,对乡村发展理念、经验等进行深层宣传与推广,统一干部、群众的思想,坚持步入乡村旅游产业融合发展道路,尽可能为乡村产业的发展创设优良的环境。其次,要对其他地区的乡村旅游产业融合发展实例进行深度分析与探究,不能仅仅依靠政府提供的支持力量,而是要充分调动社会力量与资源,努力实现乡村产业建设,增强各项产业之间的联系、沟通与合作。最后,地方各级政府要着重开展市场调查与研究工作,并为乡村产业提供政策支持,对市场发展方向进行正确引导,防止出现产业发展项目、服务内容雷同的问题,甚至引起产业之间的恶性竞争。

(2)培育专业人才,助力产业融合

想要实现乡村旅游产业融合,要对专业人才在其中起到的支撑作用给予足够重视,由此可见,开展有效的人才培育工作是至关重要的。其一,地方各级政府需要组织农民参与到涉农企业的生产活动之中,在具体的实践过程中学习并练习先进技术,不断积累管理经验,成为与时代发展浪潮相适应的新农民。其二,地方各级政府应当提升自身的认知水平,将关注点放在培养与建设产业发展人才方面,并在政府的中长期建设规划中对其进行重点强调,逐渐培育出与产业发展需求相适应的各种人才,落实人才引入工作,为人才提供具有吸引力的条件,促使其积极参与到乡村旅游产业融合发展事业之中。最后,地方各级政府需要对当地实力强劲的企业进行有效引导与鼓励,促使其大力开展生产技术升级改造工作,引入先进的技术设施与工作人员,将企业职工的培训工作贯彻到底,使得企业可以为乡村旅游产业融合发展带去帮扶作用。

(3)找准产业定位,培育龙头企业

产业定位,即产业发展方向,想要实现产业融合,对产业定位加以明确是极其必要的。各个地区应当综合考虑当地的自然条件及资源条件，开展有效的市场调研及试点工作，步入产业融合与发展的新道路。一来，在产业融合与发展中，农民没有掌握足够的专业技术，对市场情况并不了解，因此，可以对龙头企业进行鼓励与引导，促使其带领农民实现产业发展，形成"龙头企业干两端，农民兄弟干中间"的经营管理机制。在此过程中，龙头企业需要将自身在技术先进性、营销科学性等方面的优势充分发挥出来，保证农民在进行农业生产管理期间可以获取更高收益，提高其生活水平。二来，乡村产业负责部门应当充分考虑对自己的发展优势，采用科学的方式来制定与规划发展路线，利用相关政策条例来培育出实力更为强劲的龙头企业。采取此种方式，不仅可以提高地方经济发展水平，还能引起一系列连锁反应，营造优良的乡村旅游产业融合发展环境。

（4）精准对接市场，发展特色产业

想要实现乡村旅游产业融合，务必要确保其充分契合市场发展规律，并以此为依据，建设与发展地方特色产业。各个地区需要着重进行市场调研，编制与修订未来的产业发展计划，对当地优势进行充分利用，发展独具特色的地方产业，与市场相对接，提高乡村产业的市场竞争实力，提高产业发展的持续性、稳定性。例如，在新乡市获嘉县，依照"一县一业、一乡一品"的产业发展目标，实现了对市场的准确对接，大力扶持并发展香菇种植业，产品远销多个国家及地区，提高了当地农民的收益水平。

（5）精准对接群众，分享产业红利

想要实现乡村旅游产业融合，最为重要的便是要促使农民学习并了解到足够的生存技能，提升其生活质量。因此，在实际开展工作的过程中，政府单位应当对群众的具体需求有清晰的认知，将群众利益置于首位，规划与建设产业与群众联结制度，确保群众能够见证企业建设与发展的全过程，使得农民可以就近就业。与此同时，需要确保农民在企业发展进程中掌握先进技术，分享产业发展红利，从真正意义上确保农民可以受益。

（6）关注扁平化传播平台建设

如今，将互联网技术运用在乡村产业融合中，可以获得良好的效果，利用搭建互联网扁平化传播平台的方式，可以提升利益诉求渠道的畅通性，开展具有创新性的乡村治理工作，从现实角度出发，关注乡村精神

第五章 乡村振兴战略下乡村旅游发展与治理的实施策略

文明建设,与乡村文化场馆加强联系,开展送文化下乡活动,突出乡村地域文化特点,积极创新乡村文化传播形式,在新时代构建城乡互补、全方位融合的发展关系,在脱贫攻坚中充分发挥互联网技术的作用,促进乡村产业的智能化发展,实现精准扶贫、精准脱贫,在互联网技术的加持下,促使更多优质农产品进入市场,提高农民收入水平。互联网技术的应用需要适应新时代乡村建设振兴方向,推动乡村电子商务及农业大数据的快速发展,发展新形态的农业经济,提高农业的现代化管理水平,为互联网背景下的农业创新发展带去动力,从真正意义上达成规定目标,为乡村产业融合打下良好基础。

在乡村旅游产业融合发展与振兴的关键阶段,要实现乡村旅游产业融合,需将实际情况作为出发点,充分利用互联网时代发展红利;制定乡村振兴发展整体规划方案,逐步改良与创新乡村旅游产业融合发展路径;集结群众与干部的想法与智慧,将群众利益作为工作的立足点,改良工作方式;应用互联网技术,优化乡村旅游产业融合发展结构,步入乡村旅游产业融合发展道路,为乡村全面振兴带去推动力。

(二)加强数字乡村建设,助力乡村旅游产业融合发展

1. 数字乡村建设助力乡村旅游产业融合发展的必然性

(1)数字乡村建设与乡村旅游产业融合

习总书记在十九大报告中明确提出乡村振兴战略,在乡村振兴的诸多环节中,乡村旅游产业融合是重点。乡村旅游产业融合强调的是乡村发展相关产业能够共同振兴,是包含了乡村、乡村工作以及服务性产业的乡村振兴。数字乡村建设在推动乡村旅游产业融合方面发挥着特有的作用。数字乡村建设提供5G、大数据以及物联网等可以应用在乡村旅游产业融合发展中。乡村数字建设中提供的数字技术可以提高乡村产业的经营管理水平。数字乡村建设还可以通过数字经济和数字技术等相关内容的应用,来提升农民的综合素养与相关技能。

(2)数字乡村建设助力推动乡村旅游产业融合发展的优势

数字乡村建设在推动乡村旅游产业融合发展中有着不可取代的优势。首先,数字乡村技术可以推动现代流通业态的发展,进而带动乡村

旅游产业融合发展。数字乡村建设可以推动乡村电子商务、乡村物流配送等流通业态发展，进而通过网络等相关技术的应用促进农民收入的提高，从而推动乡村消费改善，极大地促进乡村旅游产业融合发展。数字乡村技术通过数字赋能推动了乡村新产业的发展。数字技术赋能延伸了农业产业链、价值链以及其他方面，让乡村的产业能够得到进一步发展，加上数字金融在乡村旅游产业融合发展中的应用，进一步促进了乡村产业规模的发展，产业经营也更加多元化。除此以外，数字乡村建设在推动乡村旅游产业融合发展中的优势作用还体现在很多方面，如提高产业经营管理效率、拓展产品销售渠道，以及推进乡村治理能力等内容上。

数字乡村建设在推动乡村旅游产业融合中有着不可取代的作用，有必要对数字乡村建设在乡村旅游产业融合发展中应用的困境进行分析，进而结合实际情况，提出解决困境的建议。只有这样，才能不断发挥出数字乡村建设在乡村旅游产业融合发展中应有的优势。

2.数字乡村建设助力乡村旅游产业融合发展的困境

我国乡村地域广阔，在乡村旅游产业融合发展中所面临的实际情况呈多元化与复杂化的特点，因而在数字乡村建设助力乡村旅游产业融合发展过程中常出现如下问题。

（1）数字基础建设不足，对乡村旅游产业融合发展推动力不强

数字基础建设不足常见的困境体现在数字基础设施普及以及传统基础设施改造两个方面。在数字基础设施普及方面，我国现有的数字基础设施建设无法满足数字乡村建设的实际需要。在传统基础设施数字化的改造方面，存在着基础设施底子差、基础弱、资金投入不足的情况，影响数字乡村建设在乡村产业中的促进作用。在乡村旅游产业融合发展中，智慧农业需要的是低时延，而精准种植需要的则是高带宽，多样化的需要对数字基础设施改造提出了多样化的要求，这些要求的存在加大了改造难度。从社会资金对数字乡村建设的投入来看，乡村产业资本回报率相对来说不高，使得社会投入资金的主动性与积极性都不强。也就是说，数学基础建设无论是在广度、深度还是力度上都存在着困境，无法满足数字乡村建设的现实需求，对乡村旅游产业融合发展推动力不强。

第五章 乡村振兴战略下乡村旅游发展与治理的实施策略

（2）乡村产业数据共享机制方面的困境

数字乡村建设在乡村旅游产业融合发展中的应用困境,还体现在产业数据共享方面。我国乡村现有的实际情况是,乡村旅游产业融合发展中,受地形复杂与人口密度小等实际情况制约,导致数字基础设施建设成本高、难度大,甚至存在着个别区域对数字乡村建设不配合的情况。乡村旅游产业融合发展中不同产业对资金和劳动力等方面的需求碎片化,使得一些乡村产业中需要的数据在采集过程中存在着困难。现有的乡村产业数据,主要体现在通过网络优化传统销售模式上,产业数据并没有与数字技术进行有效融合,这些乡村产业数据还无法有效地在大数据以及物联网管理模式中发挥作用。乡村产业数据无法有效联通与高效整合,产业数据共享机制方面存在问题,数据共享最突出的问题是线上线下的数据融合共享还存在困境。乡村产业数据共享机制的建立与健全,对数字乡村建设本身有着一定的积极影响,同时也对乡村旅游产业融合发展起着不可低估的作用,因而应不断提出乡村产业数据共享机制方面问题的解决方法。

（3）电子商务发展较弱,对乡村旅游产业融合发展带动能力不强

数字乡村建设能够推动乡村电子商务的发展,而乡村电子商务的发展会提高乡村旅游产业融合发展带动力。以网络技术等为基础发展起来的乡村电子商务,在对接乡村产业的生产、流通以及消费等方面发挥着重要的纽带作用,更是乡村旅游产业融合发展的重要基础。但是,从我国乡村电子商务发展情况来看,对乡村旅游产业融合发展带动力不强,主要体现在乡村电子商务的综合服务模式上。现有乡村电子商务服务模式发展相对滞后,除了在网店运营以及网店装修等方面无法满足实际需求以外,在物流方面的发展也存在一定的问题,比较突出的是冷链物流体系,同时乡村产业产品市场信息监测预警体系发挥的作用也有限。这些问题与数字乡村建设有着密不可分的联系。数字乡村建设中,应结合乡村电子商务发展实际情况,通过不断加强数字化乡村产业电商网络建设,通过数字乡村建设推动电子商务发展,进而推动乡村旅游产业融合发展。比如,通过对电商产品同质化问题的处理,可实现电子商务平台与乡村旅游产业融合发展。

（4）人才支持不足方面的困境

数字乡村建设与乡村旅游产业融合发展都离不开人才的支持。人才支持不足存在的困境,必然会影响数字乡村建设在乡村旅游产业融合

发展中的应用。从我国现有情况来看,从数字乡村建设技术人才的层面来看,在人工智能、机器人以及传感器等方面都存在着技能人才不足的情况。比如,我国自主研发的农业传感器不足10%,中断远程控制和执行控制等都存在欠缺。从乡村旅游产业融合发展的层面来看,受城镇化发展的加快与乡村老龄化越来越严重的影响,乡村剩余劳动力在掌握技术方面的能力存在着困境,能够将数字乡村建设与乡村旅游产业融合发展进行有效结合的技术人才缺乏。虽然数字乡村建设与乡村旅游产业融合发展,增加了乡村的就业,但是并不能破解人才支持不足方面的困境。结合我国现有的乡村旅游产业融合发展实际情况,通过人才市场无法有效解决人才支持不足的问题,因而还需要政府以政策等多种方式来进一步增强人才方面的管理效果。

3. 数字乡村建设助力乡村旅游产业融合发展的建议

结合上文对数字乡村建设在乡村旅游产业融合发展中应用的困境分析,提出以下建议。

（1）优化数字基础建设,加强对乡村旅游产业融合发展的推动

优化数字基础建设,主要从加强数字基础设施普及与传统基础设施改造两个方面着手。

首先,要进一步提高5G、物联网等信息基础设施方面的普及力度,同时还应不断提高和扩大乡村网络的速率、稳定性以及覆盖面。

其次,应重视乡村产业链基础工作,加强对传统基础设施的改造工作,如建设智慧物流,给乡村旅游产业融合发展提供良好的基础。除此以外,针对资金不足的问题,在合理安排政府资金投入的基础上,明确财政支出方面的责任,进而确保优化数字基础建设工作的开展。

积极拓宽资金的投入主体,如可以引入民间资金,发挥不同主体在数字乡村建设方面的主动性与积极性。在加大资金投入的基础上,还应不断拓宽投入范围,除了在乡村网络、物流以及交通等方面优化数字基础建设外,还应加大在教育、医疗以及涉农信息服务等方面的数字基础建设。

（2）建立与优化乡村产业数据共享机制

在乡村产业数据的收集整理过程中,要加强农业同二三产业融合方面的数据收集,只有这样才能推动乡村产业链发展。通过乡村产业数据

第五章 乡村振兴战略下乡村旅游发展与治理的实施策略

的收集与共享,推动乡村产业的发展,进而促进产业融合,延伸产业链条。在建立与优化乡村产业数据共享机制中,政府部门要进一步深化数据领域的改革,打破政府系统存在的数据孤岛,建立并不断优化乡村产业大数据共享平台,确保平台资源共享且安全可靠。同时还应探索多元化的乡村产业数据共享模式,建立健全乡村产业数据要素市场规则,确保乡村产业数据应有的流通性与安全性,进而发挥乡村产业数据在乡村旅游产业融合发展中所具有的优势作用。乡村产业数据共享机制结合乡村产业数字化治理,进一步提升乡村产业决策的科学性与前瞻性,进而推动乡村旅游产业融合发展。

（3）进一步发展电子商务,推动乡村产业的发展

数字乡村建设应重视电子商务在推动乡村产业方面的作用,不断结合各地的实际情况,优化乡村电子商务的综合模式。具体可以通过对县域与村镇电子商务服务站点建设与改造工作的推进来实施,尤其是贫困村的电子商务服务站点,在不断扩大乡村电子商务覆盖面的基础上,推动乡村旅游产业融合发展。通过发展电子商务,推动乡村产业的全产业链发展,积极扶持与发挥乡村企业的领头作用,发挥各类市场中介组织的作用,发挥区块链、AI等信息技术的应用,重视乡村产业品牌建设,提高乡村产业的市场竞争力。

政府对存在比较突出的冷链物流体系与市场信息监测预警体系应提高重视,提高问题的处理能力。从推动乡村旅游产业融合发展的层面出发,加大解决产业后端的链条相关问题,提高乡村产业产品的附加值。在数字乡村建设中,通过推进工业和服务业发展的思路来提高乡村产业化经营管理的能力,发挥电子商务在乡村旅游产业融合发展中所具有的作用,从而进一步推动乡村旅游产业融合发展。

（4）加大人才的支持力度

加大人才的支持力度,推动数字乡村建设在乡村旅游产业融合发展中的应用。结合我国现有数字乡村建设与乡村旅游产业融合发展的实际情况,通过培育人才、引进人才与使用人才等多个方面加大对人才的支持力度。比如,可以通过与高等院校或者科研院所合作的方式,持续展开人才方面的工作。

除此以外,还应不断加强数字技术的研究与创新,推动数字技术在乡村旅游产业融合发展中的应用,将科技在乡村旅游产业融合发展中所具有的优势作用发挥出来。政府从制度与政策等不同的层面推动大数

据在乡村旅游产业融合发展中的共享与应用,进而发挥出其在乡村旅游产业融合发展中的积极作用。另外,需要注意的是,还应不断建立与健全乡村旅游产业融合发展的农民培育制度。

数字乡村建设在乡村旅游产业融合发展中的应用,需要更多的新型职业农民,这些农民需要掌握数字技术与乡村产业相关技术,而这些技术的学习和应用,不是单独依靠农民个人就可以完成的。各级政府部门结合所在区域实际情况,通过开展与数字技术相关的知识普及或者技能培训,不断优化新型职业农民培育制度,进而从整体上提高人才素质,推动乡村旅游产业融合发展。

数字乡村建设是时代进步与乡村发展需求结合的产物,符合我国国情,在乡村旅游产业融合发展中发挥着不可取代的作用。伴随着数字技术应用的不断发展,数字乡村建设在乡村产业中的应用必然也会不断进步,但这也需要结合我国乡村产业的实际情况,动态调整乡村数字建设的策略,进而推动乡村产业的发展,促进乡村旅游产业融合。

(三)基于"人才+金融"的电商助力乡村旅游产业融合

1. 邮政电商助力乡村振兴经济发展

电商带动了乡村经济发展方式的改变,促进乡村经济结构优化转型,对乡村经济水平发展有极大的推动作用,表现如下:

(1)推动产业结构转型升级

如今我国社会经济水平增效显著,发展电商经济为涉农产业创新发展平台、市场与路径,利用邮政优势发展电商产业,极大地提高了产品销量,减少了不必要的销售环节,为农民与消费者共创收益。并且邮政电商可以在互联网平台聚集各类特色产品,形成特色产业集群,进一步推进村镇地区经济发展与产业结构调整,推进乡村城镇化发展进程。

(2)提升乡村信息化发展水平

如今我国在建设新型城镇化发展中,大力发展乡村电商,不仅可以满足发展乡村地区计算机网络设备等信息化水平需求,也可以借力邮政优势,为乡村电商现代化发展创造无限可能。此外,利用信息技术在乡村地区发展中逐步开发网上开店、网络销售、在线客服等信息化应用,

第五章 乡村振兴战略下乡村旅游发展与治理的实施策略

能显著提升乡村地区信息化水平。

2. 乡村振兴战略下"人才 + 金融"乡村电商发展问题

（1）政策落实力度有待提升

近年来，部分乡村地区的振兴政策实施效果还未达预期，政策落实力度有待提升，而且乡村电子商务人才的引进和培养存在一些问题。电商人才匮乏、电商人才难以聚集、乡村电子商务难以推广，这些问题导致乡村振兴政策的落实效果不佳，很大程度上也影响了电商发展的市场化运作，最终导致公共资源、土地资源的浪费，反而对乡村振兴战略实施造成负面影响。

（2）电商发展后劲不足

近几年，我国各地乡村成为"电商村"的数量逐年递增，也形成了越来越丰富的电商产品种类，虽然经济水平有一定提升，可是尚未形成品牌效应。一方面，部分村民在树立电商品牌方面重视度不足，很容易跟风发展，也就存在严重的产品同质化问题，对电商经济发展收入与销售数量产生一定影响；另一方面，村民本身亟待提高电商认知，存在彼此独立竞争，不愿意合作，无法强强联手的问题，难以整合资源形成产品供应链，影响了电商品牌的树立。再加上村民并非专业技术人员，尚未经过电商专业学习，网店的维护水平不高，欠缺销售创意能力，也就对乡村电商的规模化、产业化、集群化发展进程产生一定制约，影响乡村经济水平的提升。

（3）金融扶持力度有待提高

企业想要获得长期持续的良性发展，就需要大量资金扶持，乡村电商也同样需要在项目上线、产品加工、人员设备等多方面获得资金支持。而且，电商在后续企业扩大经营规模与增加产品种类时，更需要大量资金投入，而现阶段的乡村电商在金融扶持方面的力度有待提高。另外，乡村电商发展中物流环节作为关键支撑，乡村地区物流发展与城市相比较为落后，如快递网点覆盖率不高、偏远地区的乡村人口比较分散，再加上农产品易变质，对物流安全速度要求较高等，这就导致电商物流成本明显增加。

（4）专业电商人才缺失

目前电商产业人才缺失也是一个主要问题，主要表现在三方面：第一,缺少专业的电商人才,这一问题主要表现在进行电商创业的农民多数尚未经过高等教育,另外乡村基础条件较差,难以招收高质量的电商专业人才,乡村电商发展尚未形成品牌规模,影响了乡村对电商人才的吸引力。第二,服务于电商发展的其他专业人才较少,金融、物流方面缺乏人才保障,电商发展经验比较欠缺,影响了金融信贷、物流配送等拓展业务的完成。第三,缺少电商人才继续教育培训机制,发展电商经济对乡村来说是一个新产业,想要获得显著成果,本身就要耗费一定时间,而电商发展自身存在不确定性,建立电商人才继续教育培训机制的条件不成熟。

3. 乡村振兴下乡村"人才+金融"经济发展路径

高校是培养教育人才的重要机构,想要大力发展乡村电商经济,可以通过校企合作、产教融合等方式进行高技能人才培养,满足乡村电商经济发展人才所需,确保人才供给的有效性。

(1)精准施策、资源合力,提高人才吸引力

高职院校人才培养对乡村电商发展本身具备一定公益性,所以有关部门更应发挥电商人才的供给优势,大力整合资源,为培养乡村电商人才提供精准政策扶持。一方面,在培养电商人才时,相关教育行政部门应当重视顶层设计,可以借鉴乡村教师培训方案的成功经验,设立电商人才培养专项培训方案,也可在地区高职院校设立乡村电商专业,定向培养电商人才。在招生计划中可以表明落实学费全免、定向就业等优惠政策;另一方面,在乡村电商人才培训中,重视人才继续教育,当地政府需要重视财政投入,设立电商人才职业技能培训计划,除了面向乡村电商人才,也要面向与乡村电商发展相关的金融、物流等专业人员,为发展乡村电商经济提供完整有效的人才保障。除此之外,还要重视城乡建设发展进程,重视乡村电商发展基础设施建设,提升乡村地区的物流点覆盖率,优化统筹电商服务资源,不断吸引电商人才。

(2)部署本土人才招生方案,进行多元化培育

高职院校在培养电商人才、促进乡村金融经济发展的过程中,必须解决的一个关键问题就是生源不足。虽然当地政府给予了优惠扶持政策,但许多科班出身的学生依然对毕业后回到乡村地区发展的动力不足。针对这一问题,可以直接从招生方面解决,具体措施主要包括以下

第五章　乡村振兴战略下乡村旅游发展与治理的实施策略

几方面：

第一，应组织本地人才成立订单班，主要负责为乡村电商经济发展培养高素养、高技能型人才，这样可以保证电商人才的普适性。加大与本地企业的合作力度，制定订单型人才培养方案，将乡村电商金融各方面人才能力所需作为订单班人才培养的出发点，在人才培养过程中，对培养方案不断做出调整。

第二，推行大学生村干部班，大学生村干部可以在对乡村真实情况充分了解的基础上，掌握互联网电商发展能力，具备创新型创业思维，成为电商经济发展的中坚力量。因此，需要提高大学生村官的电商创业能力，基于当地创设的电商园区、村干部基地等组织机构，对各类优势资源大力整合重组，不断提升大学生村官实现乡村振兴目标的积极性。

第三，开设当地职业农民班，农民群体作为发展电商的主要力量，通过开设农民培训班，以所在乡村当地的产业特色为依据，制定人才培育方案，将阶段化培训与学历教育、长短期人才培训、线上线下培训相结合，形成多元化人才培育体系。

（3）拓展继续教育，提高电商人才竞争力

完善职业教育与培训教育体系，加强职业教育，要求高职院校应当在人才培养中，将人才职业技能培训与学历教育统筹整合，主要表现在以下三方面。

第一，完善培训体系，应当从学校人才教育、培训教育机构二者整合出发，还要重视教育资源与人才培训资源的整合，以及培训机制与学历教育之间的整合衔接。第二，拓展继续教育功能，重视学历与非学历继续教育二者协同开展，可以为发展乡村金融经济提供高质量、多元化的电商人才。第三，要满足电商行业领域对人才职业培训教育、资格认证多元化的需求，全力推进高职学习型教育并衔接终身教育，充分发挥高职院校在培养乡村电商人才时所具备的场地、实训、师资、图书等多方面资源优势。

就发展乡村电商金融而言，开展高职院校人才培训工作，还要考量当地供给侧结构性改革发展方向，与当地发展方向相统一，提升培训质量。基于专业人才培育优势，进行人才培育内容革新，增设关于乡村电商经济发展的金融、物流实践项目，这样也能为专业人才培养提供理论结合实践的机会。并且也可以与当地电商产业特色相结合，优化电商人才培训项目，以校企合作资源为依托，将当地龙头企业专业电商人才资源引入,合力提升人才培养效果。

(4)岗位精细分类,构建电商孵化中心

培养乡村电商金融发展所需人才,一定要注意人才适用性,要与当地的"农情"相结合,在人才岗位需求上精准定位,将学生视为课堂教学主体,提升学生所学知识的专业性,以满足未来岗位需求。根据创新创业能力培养的要求,政府、学校和公司共同建立创新创业电子商务培育中心,构建电商孵化中心,包括县政府、本地主要企业、高职院校和第三方电子商务平台,共同致力于乡村地区创新创业人才培养。此外,培育机构还将直接与企业联系,安排合格的学生参加企业实习和在线就业说明会,将相关职位和任务作为节点,分解与相关节点的运营密切相关的技能和知识,确保工作内容与职位一一对应,不断激励人才掌握创新创业能力。

总而言之,想要实现乡村振兴就要贯彻落实人才战略,充分利用互联网时代优势,大力发展乡村电商经济,实现"人才+金融"相融合,为乡村地区发展带来更多创业就业机会,推动当地经济发展。高职院校也要在这一过程中发挥育人功能,在政策、资金扶持下,部署本土招生方案,拓展继续教育,帮助乡村电商企业扩大品牌影响力,实施岗位精细分类、构建电商孵化中心,从而不断优化人才培养机制,助推乡村经济水平提升。

(四)生态旅游产业与大健康产业的融合发展

乡村振兴战略的实施不仅能推动我国新农村的现代化建设,同时也能助力乡村经济实现高效发展。而为了更好地落实乡村经济发展的计划及目标,让当前乡村经济的发展与人民需求相契合,就必须进一步拓展乡村经济发展的业态形式,加大生态旅游产业和大健康产业的投入力度,在实现二者有机融合的基础上,为乡村经济的发展创造更多源动力。而探索乡村振兴战略背景下生态旅游产业和大健康产业的融合发展策略,也具有极强的理论和现实意义。我国地域广阔、资源丰富,部分乡村与森林公园、湿地、湖泊等天然资源景观相邻。在这些区域,乡村经济的发展便对这些天然的景观及环境进行了合理应用,如某乡村周边构建了森林养生基地和相关养生度假区,还根据地域特色推出了太极养生、温泉疗养以及文化养生馆,甚至推出了相应的旅游文化产品,这些

第五章　乡村振兴战略下乡村旅游发展与治理的实施策略

产品不仅与当下旅游者的个性化需求相契合,同时也能修养旅游者的身心,刺激当地旅游业的发展,进而推动乡村振兴。以河南省鄢陵县的花木和健康养老产业融合为例,该地区就通过二者的深度融合,打造了集养老服务和生态旅游为一体的综合性产业集群。该区域的"全域康养"策略,也为乡村振兴产业基础的夯实提供了助力。

我国已开始在乡村生态旅游产业与大健康产业的融合工作中投入大量人力物力财力,但两者的融合仍处于初始探索阶段,其发展模式也在不断丰富,其中还涉及资源的优化整合和市场的交融,而二者融合所带来的功能叠加和高新技术的渗透应用也需引起各行业关注。但从整体角度出发,当下大健康产业与乡村生态旅游产业的融合发展尚未深入,产业之间的联动力度不足,联动方式也相对单一,产业之间的整体融合度仍有待提升。

1. 乡村生态旅游产业与大健康产业融合中的具体问题

（1）相关政策可操作性不强,资金投入力度不足

当下,乡村生态旅游产业与大健康产业的融合已具有相对稳定的市场环境,与其相关的各项政策也接连出台,这说明康养旅游产业的发展已引起政府及相关部门的高度重视。另外,不少地方政府在借助政策优势的基础上,为乡村生态旅游产业和大健康产业的融合发展奠定了良好基础。但出台的这些政策整体可操作性并不强,相关政策的出台虽在一定程度上给予了乡村生态旅游产业和大健康产业相应的发展指导,也规范了产业发展过程中的各项标准,但其并未制定相对应的实施方案,也无法对相应企业的空间布局进行引导。

与此同时,康养旅游产品的创新研发以及推出,都需要大量的资金投入和支持,乡村生态旅游产业和大健康产业的推进也是依托于完善的基础公共服务设施。但就目前形势来看,我国并未针对生态康养旅游业设置相对应的财政资金,专项资金的缺乏导致产业发展资金投入、公共基础服务设施建设难以适应产业发展需求,康养旅游产品的创新研发速度过于缓慢,这也在一定程度上阻碍了生态康养旅游产业的高速发展。

（2）企业整合及创新能力有待提升

推动乡村生态旅游产业和大健康产业的融合发展,落实生态康养旅游项目,是推动乡村经济快速发展的重要途径,而生态康养旅游项目又

隶属于中高端旅游产品行业,在该项目发展过程中,如仅仅依靠当地村民的力量,其发展速度往往过于缓慢。因此,当地政府必须充分发挥自身引导及支持作用,在积极参与生态康养旅游产品的研发创新和生产过程中,相关旅游企业也需充分挖掘自身的优势,推动乡村生态旅游产业和大健康产业的高度融合,为产业基础设施的完善提供助力。

与此同时,相关企业的整合创新能力也将直接影响到生态康养旅游项目的发展状态,以及产业融合的水平,若企业整合创新能力较强,产业融合的步调将得到有效推动,更多创新型旅游产品的研发生产也将更为便利。但若企业自身整合、创新能力不足,产业间的高效融合便会面临制约和阻碍。简而言之,企业是否具备优秀的创新及整合能力,也直接决定着产业融入新产品的具体质量。但目前,我国同时具备优秀整合创新能力的相关企业并不多,这也为生态旅游业和大健康产业的深度融合带来了一定负面影响。

(3)专业人才素质不高

在乡村生态旅游产业和大健康产业融合发展过程中,专业的高素质复合型人才也将对产业的融合深度产生影响。随着乡村振兴战略的提出,推动乡村经济的高效发展已成为大势所趋,而在乡村生态旅游产业和大健康产业融合过程中,也需加大高素质专业人才的培养,但就目前形势来看,相关专业人才的综合素养以及专业能力仍有待加强。致力于产业融合发展的人才,不仅要拥有较为全面的旅游管理知识,同时也需要充分掌握健康养生方面的知识。首先,我国服务行业的发展和人才的培养并未形成优势结合,相关专业人才的培养体系仍有待完善,学校和企业之间也未达成高效沟通和对接,以至于院校设置的相应课程和构建的人才培养体系,难以满足相关企业对人才提出的要求,校企合作的深度和力度仍有待加强。

其次,部分高校在培养人才的过程中,仅将目光聚焦于理论知识的教学,对学生实践能力的培养和锻炼并不重视,开展的校外实践教育活动较少。在此基础上,学生逐渐成了理论知识方面的巨人,但实践能力却有待提升。最后,在人才引进和招聘方面,乡村生态旅游行业及大健康产业对人才的吸引力度不足,以至于行业人才储备不丰富,人才资源的分配也有待优化。

(4)大健康产业品牌优势不足

作为乡村振兴的重要内容和关键支柱,旅游业的发展将直接影响到

第五章　乡村振兴战略下乡村旅游发展与治理的实施策略

乡村经济的发展水平。但从近年来全国乡村生态旅游发展现状来看，我国大部分乡村区域，仍未形成中高端的乡村旅游产业发展模式，所推出的旅游产品以及健康旅游服务也有待完善。部分区域的乡村旅游均由村民自发组织，这也导致旅游产业的发展过于散漫，旅游线路以及整个旅程缺乏科学合理的规划，更未形成具有代表性的乡村旅游品牌和龙头企业，旅游精品的缺乏也导致区域乡村旅游产业发展失去特色。再加上各乡镇未对区域旅游资源进行优势整合及创新，以致其发展速度过于缓慢，产业发展的优势无法凸显。在发展乡村健康旅游，推动乡村旅游经济和大健康产业融合过程中，不仅要高度关注游客的体验，同时也要注意品牌的构建。相关旅游企业更需立足于康旅融合的切入点和游客需求，在构建优势性康养旅游品牌的同时，展现区域旅游产业和大健康产业的发展特色。

2. 推动乡村生态旅游产业和大健康产业融合发展的优化策略

（1）加强政府引导，完善健康旅游发展规划

为推动乡村生态旅游产业和大健康产业的高效融合发展，当地政府必须充分明确自身职能，发挥自身在产业融合中的主导和支持作用，对乡村健康旅游发展规划进行完善。首先，必须充分落实国家以及省市对于乡村振兴规划的政策和措施，并加大产业融合发展相关政策措施的执行力度。其次，需对本区域内的自然文化资源以及产业结构特征进行综合考量，并在此基础上制定与当地生态健康旅游产业发展更相宜的政策措施，为产业融合发展的招商引资、税收优惠以及土地规划工作提供更多便利。与此同时，相关部门还需云集各方面的积极力量，形成由政府部门为主导，各部门协同合作，社会各机构积极参与的工业发展新格局。此外，相关部门需要立足于生态文明角度，对区域内的各类自然旅游资源和文化资源进行深入调查和科学评估，在遵循低碳、健康、环保发展原则的基础上，对区域内的各类资源进行全面整合、落实并统筹规划，在促进产业融合发展的同时彰显地方特色，并针对区域的不同特征打造更具个性化的旅游品牌，向市场推出更具针对性和更为独特的旅游产品，为产业的长效可持续发展打下坚实有力的基础。最后，必须进一步加大政府引导的力度，在发挥政府引导作用的基础上，将乡村生态旅游产业、大健康产业纳入乡村振兴战略的主要支柱型产业行列。并聚焦

资金投入、项目建设、人才培养、营销以及品牌构建等角度,对乡村生态旅游产业和大健康产业进行大力扶持。在此过程中,还需根据区域的资源特征以及区位条件,在综合分析市场需求的同时,落实行业发展的监督监管。

(2)完善产业发展基础设施,增加经济成本投入

现阶段,我国大部分区域的生态健康旅游景点在基础设施建设方面都有待完善,产业发展基础设施建设不健全,旅游管理不到位的现象也较为常见。而在完善产业发展基础设施过程中,将投入大量的人力资源、物力资源以及财力资源。在此基础上,相关部门以及旅游企业必须增加乡村旅游产业以及大健康产业的经济成本投入,为乡村经济的发展奠定良好基础。将国家财政投入优先应用于乡村健康旅游景点的建设,在此过程中必须对投资规模进行合理调整,对投资结构进行充分优化,为乡村经济发展提供充足的扶持力量。

(3)加大人才培养,为生态康养旅游产业增添人才动力

在推动乡村生态旅游产业和大健康产业融合发展过程中,必须高度重视对人才的培养。相关人才培养机构应充分认知自身的职能,发挥自身作用,采取行之有效的措施,为社会和企业培养更具针对性的专业人才。乡村生态旅游产业和大健康产业的融合发展,离不开大量高素质复合型人才的助力,此类人才不仅要具有丰富的生态旅游以及康养理论知识,同时还需具备相应的管理运营能力以及实践能力。在全方位分析当下社会需求的基础上,各大高校必须积极转变自身观念,更新人才培养模式,高度重视学生的职业素质以及专业能力培养。此外,高校还必须加大自身与企业之间的合作,通过校企合作等形式为学生提供更多实践锻炼平台,让学生对自身能力形成正确认知,从而弥补自身的不足,提高学生的实践水平。而相关人才培养机构也需根据学生特性,制定更为科学的分层培养战略计划。普通高校应将目光聚焦康养旅游专业知识人才及管理人才的培养方面,而相关社会培训机构及高职院校则可加大专业技术型人才的培养。

(4)精准定位康养融合落脚点,打造旅游精品

在推动乡村生态旅游产业与大健康产业融合发展过程中,必须对康旅产业融合点进行精准定位,并在此基础上打造生态康养旅游特色产品,进一步丰富游客的康养旅游体验,为其提供各类优质的旅游服务。与此同时,相关单位还需对乡村特色的旅游资源进行优势整合,构建森

林生态及养生旅游为一体的营销板块,形成更全面、完善的健康旅游产品体系,并对乡村区域特定资源进行全面开发挖掘,进而培育出更具乡村特色及品质的康养旅游产品,让游客及消费者在乡村生态旅游的吃住行游购娱等环节,都拥有最佳的服务体验,充分保障乡村生态旅游及大健康产业融合的协调性,提高乡村生态旅游特色产品的知名度、认可度及美誉度,创建乡村生态康养旅游品牌及标志名片。另外,相关单位还可利用新媒体等方式,丰富乡村生态康养旅游路线及产品的营销宣传,加大产品路线推广力度,并借助事件营销、互动营销以及情感营销等方式,让消费者对乡村康养旅游品牌形成更充分的了解及更深入的认知。

第三节 乡村振兴战略下乡村旅游文化发展

一、乡村文化旅游产业

（一）乡村文化服务

按照《公共文化服务保障法》的规定,乡村文化服务是由领导人员,动员和利用各种社会资源,为人民提供更好的乡村文化服务。[1]同时,还应积极组织和实施文化设施建设,打造文化产品,开展文化活动。新时代来临之际,国家和地方各级政府都在大力推进公共文化事业的建设,与此同时,我国公共文化服务的内容也逐步走向系统化、规范化、信息化,为有效地开展旅游公共服务工作提出了新的设想。

（二）旅游公共服务

事实上,旅游公共服务并非公共服务的一部分,而且在推动旅游公

---

[1] 赵皇根;宋炼钢;陈韬.振兴乡村旅游理论与实践[M].徐州:中国矿业大学出版社,2018.

共服务的进程中,还出现了一些与政策和服务之间不能很好衔接的问题。但近几年,人们的生活水平不断提高,对旅游服务的要求也越来越高,国家制定了相应旅游法规,不断完善我国的旅游服务质量,树立良好的旅游品牌,已成为我国旅游业发展的一个重要趋势。在这种大环境下,各级文化管理部门对实现旅游服务标准化、信息化、均等化的现实意义也越来越深刻。在现代旅游业的发展,如何加大对旅游公共服务的投资,提升旅游从业人员的服务质量,是当前乃至今后旅游产业发展的一个重大课题。

(三)促进乡村文旅产业结合

从乡村文化和旅游公共服务的内涵出发,可以认为,乡村文化和旅游公共服务都属于"幸福"范畴,也就是说,这两个行业的发展目标,都是为了加强和提升幸福感。因此,强化乡村文化和旅游业的结合是当今世界经济发展的大势所趋,这不仅有利于提高我国民众的幸福指数,也有利于促进地方公共文化事业的发展。

二、乡村文化旅游与传统文化挖掘的现状

(一)对乡村传统文化认识程度不足

要使乡村传统文化与旅游相结合,就要对传统文化有正确理解和选择。然而,现实中,人们对乡村传统文化的理解往往是片面的,从而使其无法得到充分开发和利用,影响到乡村传统文化与旅游业的融合发展。现在的社会对传统文化的认识还存在着一些误区,比如误解了乡村传统文化是一种地方传统文化,或者是乡村传统文化的传播方式有误,造成了旅游者对乡村化的认识和期望出现偏差,甚至对大众传统文化也有不良的体验。只有系统、全面地认识传统文化,才能更好地吸引更多游客,使乡村传统文化和旅游产业的发展真正结合起来。

第五章 乡村振兴战略下乡村旅游发展与治理的实施策略

(二)缺少经济支持

乡村传统文化和旅游产业的发展已是大势所趋,为促进传统文化与旅游的融合发展,国家和政府逐步加大了对传统文化旅游的支持力度,使大众传统文化对旅游业的发展注入了新的生机和生命力。但同时,也出现了一些问题,如某些地方的传统文化、旅游开发等方面的资金不足和补充不足,加之传媒传播对于传统文化事业的宣传力度不够,从而使我国的旅游发展呈现出一种非均衡的发展态势,同时也对传统文化和旅游产业的整合发展产生了不利影响。

(三)相关产业链发展不完善

乡村传统文化与旅游相结合,是提升传统文化影响力和吸引力的关键。然而,在两者的结合发展中,乡村传统文化对旅游业的发展并没有起到应有的推动作用,同时也没有形成与之配套的产业链条。之所以会产生这样的问题,是因为在发展的时候,缺乏规模化、一体化的发展思路,使得游客在游览的时候,不能够享受到更为完善、更多的旅游服务。此外,乡村传统文化的发展,自身也有规模小和经费不足的问题,在市场定位上也会有偏差,从而会给乡村传统文化的发展造成不利的影响。[1]因此,在我国的旅游业发展中,要想真正发挥其应有的作用,就必须加强其自身的传统文化建设。在我国南方,经济较为发达,乡村传统文化和旅游的结合发展,形成了一个较为完整的产业链。北方地区旅游发展相对缓慢,尤其是陕北地区,文化和旅游产业的结合还没有形成规模化、链条化的趋势。比如佳县,现在的红色传统文化比较突出,民间传统文化如剪纸、刺绣、水船、泥塑、木雕等,在旅游中并未充分发挥游客的体验性传统文化,旅游产品种类很少,大部分都是摆地摊,吸引了很多游客,但是不能留住,只能走个过场。

---

[1] 李晶莹.乡村振兴背景下秦东地区文化产业融合发展路径研究[J].文化产业,2021(17).

（四）旅游传统文化的定位不准确

旅游业是一种新兴的行业，其发展速度非常快，这主要是因为人们对旅游需求的不断上升。然而，由于传统文化在属性、专业性、民族性等诸多因素上存在着一些差别，旅游者对其传统文化的理解不足，此外，由于缺少专门的向导讲解，使游客不能融入传统文化，更不能真正了解传统文化的内涵。在这种环境下，一旦游客缺乏参与意识，随着时间的推移，会有越来越多的人离开。此时就要持续发展体验型旅游，以各种形式开展特色民俗、传统文化体验，提高游客的体验度，并使其充分感受到浓郁的人文和历史氛围。

三、乡村文化旅游与传统文化挖掘的策略

（一）以游客体验为主

旅游核心价值是传统文化，旅游的根本目标在于进行不同的传统文化交往互动。在旅游活动中，人们会在感受和体验各种传统文化的同时，增强自己的审美观和品味，进而增强民族的荣誉感和幸福感。因此，要使生活真正得到改善，就必须加强对大众传统文化的挖掘，使之不断改善和提高其服务的作用。要充分而又认真地认识民众现实的传统文化需要，并把它们与本地的旅游项目紧密地联系起来，不断发展和革新。可以安排游客参加民俗活动，引导人们积极参加民俗活动，比如参加民俗放风筝、转九曲、红枣采摘节、过大年等，以介绍历史和传统的方式，使人们了解这一传统的民俗传统文化，丰富游客的文化生活，提升他们对旅游的满意程度，同时也使他们对当地传统文化产生敬意。①

---

① 张娟,高文洁,聂雅茹,等.基于乡村振兴背景下民族文化与旅游产业相结合的发展路径探究——以广西百色市为例[J].现代商业,2021（16）.

第五章　乡村振兴战略下乡村旅游发展与治理的实施策略

（二）做好发展趋势调查

为了促进传统文化与旅游产业的深度融合，必须加大对大众传统文化的调研力度，同时要根据大众文艺的发展动向和发展趋势，大力弘扬和推广大众传统文化。为了增强传统文化的传播效果，还可以利用本地的传媒进行推广和报道，或者通过制作有特色的小短片，来增加观众的关注度。与此同时，国家还应加大对地方特色产业的支持，促进地方经济的可持续发展。在开发特色旅游时，要坚持和践行"以人民为中心"的思想，充分发掘地方的传统文化特色，同时，要在发展的道路上不断地进行改革，使之能够更好地适应人们的多样化的旅游和传统文化需要。[①]

（三）结合市场开发纪念品

旅游其实是一种重要的传统文化传承，将传统文化与旅游相结合，可以使传统文化的内容更具内涵，从而更好地凸显地方传统文化优势和特点。它可以使景区的各项活动和服务职能更加完善，从而增加游客的数量，使旅游者在景区逗留的时间更长，从而在无形之中提升景区的品位。要推动大众传统文化与旅游产业的结合，必须对其进行全面的调研，才能更好地引导旅游纪念品的发展。按照不同类型、不同的特点，可以大力发展多样化的景点。这些地方既是景区，又是传统文化的载体，让游客对本地传统文化和非遗传统文化有更深入的理解。另外，还可以根据当地的风俗习惯来打造一个传统的文化园区，并开发和设计出一些有地方特色的小型旅游产品。

（四）打造特色文旅品牌

大力培育具有鲜明个性的旅游传统文化素质，是促进大众传统文化与旅游产业相结合、促进地方经济发展、提升地方形象的一条有效途

[①] 张祝平.乡村振兴背景下文化旅游产业与生态农业融合发展创新建议[J].行政管理改革，2021（5）.

径。充分发挥本地的文化资源与优势,强化其传播与弘扬的人文精神,是推动地方经济发展的一项重大举措。首先要充分发挥多种媒体平台的作用,运用媒体平台的特点来增强传统文化的宣传力度,把传统文化建设成为旅游产业发展的中心。例如,可以通过抖音、小红书等软件和娱乐平台,将相关的旅游资讯传播给大众,以此来凸显本地的传统文化,提升大众的传统文化影响力;其次,突出地方民族传统文化,大力弘扬地方特色,以某县为代表,大力推广东方红文化、红枣文化、黄河文化,以吸引更多游客。同时,通过宣传地方传统文化,也可以在一定程度上增强当地人的凝聚力,在感情上也起到重要的作用。这样既可以宣传传统文化,又可以给地方旅游产业注入新的生机;最后,要加大对特色建筑的宣传。以窑洞为主要元素,在各个景点建设一批窑洞旅馆,供游客在这里睡觉,感受当地的传统文化建筑,使游客有更多的体验。

四、乡村文化旅游与传统文化挖掘的思考

(一)坚持政府主导地位

高标准的规划和高质量的管理是政府主导地位的重要体现。城市发展规划的任务明确指出,要实现经济和传统文化的协调发展,要把传统文化和旅游业有机结合起来,创造一个新的发展空间。要在持续推进传统文化与旅游产业的融合发展中,坚持以政府为主导,通过政府的支持,积极搭建招商平台,吸引更多的企业前来投资。这样才能吸引更多的高质量的旅游资源,促进本地的旅游发展。同时,要充分发挥政府对传统文化旅游发展的积极作用。

(二)保证宣传先进传统文化

在推进传统文化和旅游产业发展的同时,也要坚持大力宣传和弘扬社会主义先进传统文化,禁止任何炒作行为。同时,在发展传统文化旅游的同时,也要根据市场的实际情况,对旅游产品进行丰富和扩展,并积极开发和创造新的消费热点。针对不同类型的消费群体,积极推出多样化的产品和服务。

(三)注重专业人才的培养

对社会各领域的发展而言,人才是一个稳定发展的重要因素。因此,要使传统文化和旅游相结合,就要充分利用地方的传统文化资源,同时,还应加强对地方传统文化和旅游业的整合和发展。因此,我们要大力发掘本地的优秀人才,培养出更多的有技术特色的传统文化传承人员,让他们的工作热情和积极性得到充分利用。同时,要吸引更多研究人员投身于大众传统文化和旅游产业的融合,为传统文化旅游产业的发展提供坚实人才基础,使之更好地发展。

(四)融入传统文化

乡村旅游业是城乡一体化发展的必然结果,是新时代农村发展的需要。乡村旅游融入传统文化将会带来质朴的旅游感受,给旅游业注入乡村特有的传统文化底蕴。在传统文化融入发展策略方面:一要强化方针引导和规范,把发展旅游业作为重点,持续完善财政政策、政策准入和政策法规,确保其持续发展;二要加大资本投资力度,持续拓宽融资途径,以行业为导向,以金融服务创新,提升乡村旅游的能力;三要激活行业的内在动力,转变传统的旅游业发展方式,努力发掘具有浓厚乡土人文、高技术含量的项目,以提升核心产品和传统文化环境,提升乡村旅游的知名度。

第四节 乡村振兴战略下乡村旅游环境营造

一、乡村环境设计

当前我国乡村环境设计人员虽然认识到了乡村环境治理的重要性,但在实际设计过程中,却并未将环境设计的实际价值充分发挥出来,导致乡村振兴背景下的环境艺术设计创新仍然难以满足时代的发展需求,因此,探讨乡村环境设计与改造提升路径至关重要。

(一)乡村环境设计的目标与影响

1. 目标

新乡村建设的目的在于改善乡村居民的生产、生活和生态环境,持续提高农民的自我发展能力,最终将目前较为落后的乡村建设成为经济繁荣、设施完善、环境优美、生活幸福、文明和谐的新乡村。[①]通过乡村环境设计与整改工作的落实,能使乡村地区道路环境、景观、经济等各项内容的发展得到优化。现阶段我国乡村地区环境仍存在一些问题,包括农户院内乱搭乱建、垃圾乱丢乱放等。这些行为对乡村环境造成了十分不利的影响,而通过乡村环境的整改,能使这些现象得到合理改善,使乡村环境得到优化,使乡村人民群众的生活质量得到提高,推动乡村振兴,落实社会主义新乡村建设。

2. 影响

在乡村环境得到大幅度整治的前提下,环境艺术设计理念逐渐融入乡村环境设计,乡村建设开始面临机遇与挑战共存的局面。首先,环境艺术设计理念的贯彻,能使乡村建设实现历史记忆与社会记忆的恢复与重建,将历史文明带入乡村建设,对于乡村文明的发展具有重要价值。其次,基于环境艺术设计开展乡村环境设计与改造提升,能使乡村建设更加规范和标准化,使整治工作更具现实意义。最后,将环境艺术设计理念融入乡村环境设计,也使一些乡村呈现出过度设计的现象,这种现象导致乡村环境设计的主体结构被忽视,过于重视设计与艺术性,导致环境设计不再"乡村"。

---

① 段应碧.社会主义新农村建设研究[M].北京:中国农业出版社,2007.

第五章　乡村振兴战略下乡村旅游发展与治理的实施策略

（二）乡村环境设计及改造提升途径

1. 生活环境与生态环境共同整改

在进行乡村环境设计与改造提升过程中，相关部门需要对生活环境与生态环境实现共同整改，构建可持续发展的乡村环境体系。乡村环境设计与改造提升应符合可持续发展理念，在避免乡村生态环境受到破坏的同时，对原有的乡村环境展开规划。在实际进行乡村环境设计与改造提升时，设计人员应充分考虑地方自然特征，找到乡村环境设计与改造提升和生态保护的平衡点，尊重乡村自然环境，做到生活环境与生态环境共同发展。在实际进行乡村环境设计与改造提升时，设计人员应充分考察改造地点，不可一味追求设计目标，过度进行资源开发，应在原有的乡村治理主体结构基础上进行优化与调整，保证乡村环境设计与改造提升的有效性能得到充分发挥，同时还要确保在进行乡村环境设计与改造提升过程中，不会对乡村原本的环境体系造成损害，从而推动乡村可持续发展。

2. 因地制宜，注重经济发展价值

在实际开展乡村环境设计与改造提升过程中还需做到因地制宜，注重对经济发展价值的突出，全面构建生态、经济、文化协调发展的新格局。分类施策是当前我国乡村环境设计的必然选择，在实际进行乡村环境设计与改造提升过程中，设计人员应对改造地区的环境进行全面了解，发现其存在的潜力，并将其价值充分发挥出来，利用其原本的生命力与自然资源推动乡村的可持续健康发展。在实际进行乡村环境设计与改造提升时，设计人员应坚持人与自然和谐相处的基本原则，充分融入乡村文化与产业特色，将其贯彻到环境设计的各个环节，尊重自然资源的本来成分，在原有空间格局上进行层次感的延伸，凸显传统文化特色，遵循自然规律，在重视乡村生活气息的基础上实现传统与现代的融合，推动乡村振兴进程。

3. 积极对环境艺术设计展开创新

乡村环境设计与改造提升还应重视环境艺术设计的创新。在实际进行乡村环境设计与改造提升时,应积极对环境艺术设计展开创新,以构建乡村特色环境推动乡村振兴。乡村振兴并不等于城镇化建设,因此在进行乡村环境设计与改造提升时,也不可完全依据城市环境建设思路,设计人员应使环境艺术设计贴合乡村特色,以地方自然资源为中心。比如北方乡村地区可以冰雪资源为基础展开建设,北方地区的冰雪资源十分丰富,设计人员可以利用冰雪资源进行文旅产业开发,带动乡村地区经济发展。在进行乡村生态环境建设时,也应秉承绿色无污染的原则,设计人员不仅需要不断增强自身的设计能力,还需要向地方村民强调保护环境的重要价值,保证乡村环境建设的有效性能得到充分发挥。

二、乡村生态文明

(一) 乡村振兴战略下乡村生态文明建设的重要意义

乡村要想振兴,首先就要促进乡村经济的发展,只有经济发展起来了,才能有效实现乡村振兴。而要做到绿色的可持续发展就必须注重乡村生态文明建设,在保护生态环境的前提下去进行生活和生产。因此,生态文明建设是乡村振兴战略中的重要环节,也是其追求的重要目标。

1. 生态文明建设是乡村振兴的驱动器

所谓的"绿水青山就是金山银山",要想发展乡村经济就要学会把生态优势转化为发展优势,相反,以破坏生态环境为代价的生产和发展是不会长久的。只有乡村的生态环境越来越好,乡村的经济发展才会越来越好。所以,只有生态文明建设得以有效推进,才能推动乡村振兴的进一步实现。

2. 乡村生态文明建设推动乡村振兴战略的发展

"三农"问题是关系乡村振兴的根本性问题。乡村振兴,人才是最关键的。所以,乡村要实现生态文明建设,就要坚持以人为本,坚持人与自然和谐发展。其中,农民不仅是乡村振兴的关键,更是乡村生态文明建设的参与者。只有正确处理好"三农"问题,促进其和谐发展,才能更好地推进乡村生态文明建设,从而推动乡村振兴战略的发展。

3. 乡村生态文明建设是满足人民对美好生活需要的重要举措

随着社会的进步和科技的发展,人民的生活水平也得到了很大提高,丰富多样的生活用品以及现代化的物品也逐渐进入乡村以及人民的生活中。这些物品的出现给人民带来便利的同时,也给乡村环境带来了一定的污染。随着人民生活水平的提高,人民的环境保护意识也日渐提高,对生活质量以及生活环境的要求也随之提高,不仅仅满足于以前的吃饱穿暖,大部分人开始追求更高的生活质量,希望自己生活的环境是一个绿色、舒适、宜居的生活环境。乡村生态文明建设是满足人民对美好生活需求的重要举措。提高居民的整体素质和环境保护意识,是乡村生态文明的前提和重要途径。只有居民的环保意识提高了,才能更好地保护我们居住的环境,加快乡村生态文明建设,从而满足人民对美好生活的需要和向往。

(二)乡村振兴战略下乡村生态文明建设现状

1. 农民的生态文明意识淡薄,生态文明宣传力度较弱

由于乡村地区的经济相对落后,很多农民把重心放在经济的发展和脱贫致富上,从而忽略了对环境的保护和生态文明的建设。例如,很多农民缺乏种植经验,为了提高农作物的产量就一味施肥和喷洒农药,从而导致土地资源和水资源遭到破坏。长期不适宜的耕种方式会造成土壤坏死,这些都是农民缺乏文化和生态保护意识造成的。日常生活中,

农民长期以来形成随处乱扔垃圾和随地吐痰的习惯；平时的生活垃圾不仅没有分类，而且随处乱扔或者露天焚烧垃圾；农户自建猪舍、鸡舍，随意排放其粪便以及污水，等等。这些都是由于农民缺乏生态文明保护意识，从而导致对环境的破坏。乡村由于教育条件和资源有限，所以农民文化水平普遍较低，再加上一直以来受封建思想以及祖辈不环保做法的影响，很多农民觉得祖祖辈辈都是这样过来的，并没有觉得有什么不对和不好的地方。长期以来养成的习惯很难短时间内去改变，而且他们也意识不到环境恶化所带来的各种问题。由于乡村远离城市，地理位置僻远，导致生态文明宣传不及时；且形式单一，内容简单，从而导致宣传效果不理想。宣传标语悬挂得很少，且长时间没有人及时更换和更新，农民也很少有人去看，更别说去实施了。在悬挂标语和更新标语的同时应组织村民进行集中学习，带领村民一起参与到生态文明建设的实践中。把理论和实践相结合，真正做到让生态文明思想深入人心，从而推动生态文明建设的进一步发展，实现乡村振兴。

2. 乡村生态文明建设的资金短缺

乡村经济发展相比城市落后很多，农民的收入主要依靠养殖和种植，养殖和种植的周期长而且前期需要资金的投入，产量和收益又不太稳定，受天气、价格等各种因素的影响较大。农民的收入只能保障自己的日常生活开支，没有多余的资金可以用来进行生态文明建设，无法购买用于生态文明建设的基础设备，比如垃圾桶、喷灌和滴灌设备等；先进技术和优秀人才的引进也因为资金短缺的原因无法实现。这些都直接影响到了乡村生态文明建设的实施和推进。乡村生态文明建设的资金无法从乡村的经济发展中获得，只能争取外界的支持和帮助。由于企业和乡村经济发展不起来，导致政府的资金也出现不足，所以当地政府的资金援助也是非常有限的。基于以上种种原因，导致乡村生态文明建设的资金短缺，从而导致乡村生态文明建设无法有效推进。

3. 乡村生态文化建设缺乏科技创新，专业人才匮乏

广大农民种植方面主要依靠自己长期以来的经验和祖祖辈辈传下来的方法，例如，有虫了就喷洒农药，叶子黄了、生长缓慢了就施肥，过

第五章　乡村振兴战略下乡村旅游发展与治理的实施策略

度施肥和喷洒农药往往没有真正解决问题,反而造成土壤被过度破坏。要想直接有效地解决种植过程中遇到的问题,提高产量,就要引进种植方面的先进科技和专业化人才。通过专业人才的指导和先进科技、设备的帮助,从根本上解决种植方面的各种问题,提高产量,促进经济的可持续发展和生态文明建设。

但是由于现在的年轻人普遍怕苦怕累,不想深入乡村开展工作,所以学习相关知识的人员较少。而科技的创新、好设备的引进需要大量的资金,部分农民不愿意花钱引进用于种植的喷灌、滴灌等先进技术。由于技术无法大规模地推广、引进和使用,导致大部分乡村地区仍然在使用传统且效率低下的生产方式。

4. 乡村生态文明建设基础服务设施不足

由于乡村基础服务设施不足导致生态文明建设无法有效推进。例如,由于没有投放相应数量的垃圾桶,导致广大居民随意乱扔垃圾,更别说垃圾分类了。走进乡村随处可见生活垃圾,那些无法降解的垃圾由于无人清理,长期以来堆积在河道旁、田埂上,不仅影响环境的美观,对生态环境的破坏也是十分严重的。如果能加大投入基础服务设施,就能在很大程度上有效促进乡村生态文明建设。比如,在村头、村尾或者其他地方定点投放垃圾桶,集中收治和处理广大居民产生的生活、生产垃圾,将会大大减少各种垃圾对生态环境的破坏。只有基础服务设施的投入和完善,才能真正有效地改善居民的生活环境,促进乡村生态文明建设的发展。

(三)乡村振兴战略下乡村生态文明建设的对策

1. 加强思想引领

思想是一切行动的基础和前提,要把党中央对于生态文明建设的指导思想,作为各级各部门学习、教育、培训的主要内容,将人与自然和谐共生、绿水青山就是金山银山等理念真正地在广大乡村干部和居民中得到认识和牢固树立。广大人民群众是一切行动的直接参与者,只有广大人民群众的思想觉悟提高了,才能把思想和行动有效结合。很多农民受传统文化和习俗的影响,思想比较落后和封建,尤其体现在环保意识差,文化水平和素质水平低下。例如,为了自己方便,垃圾随手扔弃,生活垃圾随意倾倒,好焚烧,随地吐痰等。只管自己方便,不管环境是否干净整洁,更不知道会破坏生态环境。因而要通过学习和培训,增强广大人民群众的环境保护意识,增强生态文明建设的意识,坚定环保立场,促进生态文明的发展和经济的可持续发展,做到思想为先、行动在后,自觉提高、思行一致。

2. 加强财政资金投入,健全乡村物质基础

资金的投入对于乡村生态文明建设起到关键且直接的作用。资金的投入可以帮助乡村添置农业、生产、清洁化设备配置,例如,垃圾桶、垃圾箱的购买和投放,污水池的建造,土厕所的改造,喷灌滴灌技术的投入等。这些投入和使用能从最基础的方面真正使乡村环境变得整洁、干净,使土壤和空气不再继续遭受破坏,从而有效促进乡村生态文明的建设,提高人民的幸福感。健全生态文明发展的物质基础,不但能惠及周边更多的村民,也能惠及更多的企业。

3. 完善配套基础设施,倡导农业绿色发展

配套基础设施的完善对于乡村经济的发展也是至关重要的。如果只是单纯地提高农民种植的产量,而没办法成功地将商品销售出去,经济也是无法有效发展的。"要想富先修路",交通网的建设有利于农产品的销售,促进乡村经济的可持续发展。只有完善了交通网,修好了路,销售商才能进来收购农民种植的农副产品,而农民也可以将农副产品运出去自行销售;交通网的完善同时也方便了村民的出行,给村民的生活、生产带来很多便利。信息网的建设可以帮助村民在网上销售产品,比如,拼多多的助农活动,线上直播和销售等方式,帮助农民多渠道地销售农副产品,促进经济的发展。借此还会真正实现"业兴,家富,人和,村美"的发展目标,真正改善乡村村民的生活,让他们及时感受到党的亲切关怀和国家的温暖。

4. 加强生态保护宣传,培养农民文化素质

广大农民是乡村生态文明建设的参与者和执行者,通过加强生态保护宣传和文化素质的培养,让大家能通过生活中的每一件小事去努力改善自己生活的环境,例如,垃圾不落地,将垃圾分类扔进相应的垃圾桶,对不同的垃圾进行不同的处理。只有大家都积极地参与其中,自觉保护、爱护我们生活的环境,才能从中获取幸福感和成就感。其次,通过多种渠道、多种方式向农民普及环保意识,改善农民的生活方式,提高农民的生态文化素养。

三、美丽乡村建设

(一)美丽乡村建设问题分析

当前,随着经济发展的进步,人们从过去"求生存"变成了现在的"求生态"。从生态文明思想视角建设美丽乡村还存在着很多问题。

1. 美丽乡村建设中生态自然方面的问题

(1)土地资源矛盾升级
随着乡村经济水平的提高,人们开始追求更高质量的生活。改善居住条件,重新建造住宅,但大部分村民在建造住宅时没有科学地规划。同时,乡村经济的发展需要对土地资源进行开发与利用,但往往存在不合理开发的现象。不科学的住宅规划和不合理的开发导致土地资源矛盾再度升级。

(2)自然生态破坏严重,乡村风貌失色
自然生态是打造美丽乡村的关键因素。传统的乡村,没有高楼大厦,没有灯红酒绿,但是我们可以看到原生态的风景,可以感受乡村夜晚的宁静与安详。为了实现经济的发展,不管不顾生态自然的保护,缺少对生态文明的建设,原本绿色的生态面貌现在却变得五花八门,这些展现田园特色的载体逐渐消失。

2.美丽乡村建设中生态经济方面的问题

（1）绿色发展意识不足

乡村经济的发展要靠全体村民。但目前来看,乡村经济发展对资源的依赖性难以快速消除。一方面,村民没有意识到环境保护的重要性,在农业的种植上采用化肥和农药,对土地资源造成严重污染。另一方面农民没有理清经济发展与生态保护的关系,认为保护生态就是对经济发展的限制。总而言之,乡村生态经济在发展上缺少绿色发展理念。

（2）传统的经济发展模式

传统经济发展的缺点是资源浪费与环境污染严重,产品质量得不到保障,农民的收入比较低。目前,农产品的种植上仍然存在使用化肥、农药的现象,对土地资源污染严重。种植方法和技术落后,这与现代有机农业存在一定差距。在当前的网络时代,农产品的销路显得单一。农业经济结构单一,与打造"线上"的一体化生态经济存在很大差距。

3.美丽乡村建设中生态社会治理方面的问题

（1）乡村治理主体存在缺失

首先表现为地方政府主体的错位,美丽乡村的建设不是靠哪一个村干部,而是靠全体村民。发扬全过程人民民主,在生态治理上需要听取村民的意见,与村民共建美丽乡村。其次,村民的生态主体意识不强,认为在生态保护问题上发挥不了太大的作用,也不懂得生态的治理,村民们没有从根本上认识到自己的价值和在美丽乡村建设中的地位。

（2）乡村治理体系不完善

乡村治理体系与现代化乡村治理的要求存在一定的差距。村民的整体素质普遍较低,自治型的乡村治理体系要求一定的综合素质,目前,大部分乡村地区受传统治理模式的影响较深,现代的这种自治型乡村治理模式难以推进。乡村治理体系缺乏一定的科学性。由于大部分乡村地区地理位置偏远,交通不便,接受新信息的速度相比于其他地区较慢。因此,在治理体系上就缺乏一定的科学性。就目前来看,大部分乡村地区缺少对科学的认知,现代的治理体系难以推进。

第五章 乡村振兴战略下乡村旅游发展与治理的实施策略

4.美丽乡村建设中生态制度方面的问题

（1）法律制度不健全

随着我国经济的不断提高,人民日益渴望更加美好的生活,对于乡村生态环境保护的诉求也不断增强,但是法律制度的不健全与人民之间的诉求产生了矛盾。我国起初出台的环境立法大部分是针对城市的建设,对于乡村环境保护的立法很少。对于乡村生态文明法律体系的建设,大部分是借鉴我国已经出台的相关环境立法,但是这些立法是针对城市环境的建设,与乡村建设存在一定的差距。

（2）生态考核体系不规范

生态文明建设需要法律制度来保障,同样也需要生态考核。各级领导干部在生态文明的建设上责任重大,要进行严格的考核,明确其所做出的决策有利于生态文明的发展。目前,我国生态考核体系存在着很多问题。如生态考核的内容和形式比较单一;考核标准不全面,针对不同的生态问题没有详细的考核标准,缺少差异性和针对性;对于最后的考核结果没有具体的转化形式。

（二）美丽乡村建设的路径分析

美丽乡村建设是我国实现乡村振兴战略的具体体现,坚持具体问题具体分析,对美丽乡村建设存在的问题进行分析,从而提出相应的路径。

1.将生态共生观融入乡村自然生态

（1）树立生态保护意识

正确的意识是对客观事物的正确反映,对我们起着指导作用。保护自然生态,从根本上树立生态保护意识。首先,可以利用公共资源,如广播站和宣传栏等,定期开展对生态保护的宣讲,让村民意识到保护生态环境的重要性。其次,通过举办丰富多彩的文化活动,如环保知识竞赛、"最美乡村"称号的评比活动,加强对村民的生态意识教育,帮助村民树立符合美丽乡村建设的生态道德观,包括新的资源观、伦理观、利益观、消费等。

（2）加强生态文明建设

原生态的乡村风貌是美丽乡村建设的重要标志。生态文明建设与文化建设是密切相关的。因此，首先要加强乡村教育体系的建设，增设科学与环境保护等相关课程，从小抓起，从教育抓起，从行为上落实，提高乡村人文素质。其次，地方政府要加大对生态文明建设上的投资，如做好垃圾分类管理建设，加大对水污染、环境污染等污染问题的治理。

2. 将生态财富观融入乡村生态经济

（1）坚持"绿水青山就是金山银山"的经济发展观

"绿水青山就是金山银山"，这是习近平总书记在浙江考察时提出的科学论断。通过树立绿色发展理念来引领乡村经济的建设，向着绿色方向不断发展。

首先，加强领导干部对"绿水青山就是金山银山"的理论学习，通过开展集体性教育，阶段性地加强教育，从而保证相关领导干部所做出的决策符合生态经济的发展要求。

其次，加强农民的生态经济发展意识，深刻理解"绿水青山就是金山银山"的经济发展观，确保在农业种植上减少对农药等有害土地资源的农业化学品的使用。

（2）转变传统乡村经济发展模式

传统的乡村经济发展模式主要依靠对自然资源的开发和利用，不论是农业的发展还是工业的发展，往往呈现出高成本、高耗能的态势。现代化的农业经济必须摒弃高成本、高耗能的发展模式。首先，在农业的发展上，突破传统模式，发展新型的生态农业。政府要提供经济和政策的扶持，提高农民的经济效益。引进先进技术，邀请权威的专家作指导，组织农民代表学习先进技术，加强农业科技创新，提高产量和效率。其次，在生态工业上，摒弃环境污染严重、自然资源浪费严重的高耗能工业，发展绿色低碳的生态工业。最后，乡村地区具有特色地貌优势，深入挖掘本地的特色，结合本地发展特色生态旅游业，打造一体化的生态旅游产业，形成自己的品牌。在乡村经济发展上最终形成既有利于经济发展，又具有良好生态效益的发展模式。

第五章　乡村振兴战略下乡村旅游发展与治理的实施策略

3.将生态民生观融入乡村生态社会

（1）坚持以人为本的理念

中国共产党从建党伊始,就将为中国人民谋幸福,为中华民族谋复兴作为自己的初心和使命,坚持以人为本的执政理念。在美丽乡村建设中,村民要求更好的生活环境,更高的幸福感。因此,首先要加强乡村基层党组织的建设,纠正薄弱和松懈的村党组织,优化乡村领导班子。地方政府要不断提升治理能力,健全治理体系,尤其是基层领导干部、基层组织建设,要更加注重与人民群众保持密切的联系,时刻将人民对美好生活的期望牢记在心。领导干部在进行治理上始终要将人民的利益放在第一位。其次,领导干部要积极接受人民群众的监督。领导干部在乡村生态治理上发挥着关键的作用,但是社会生态的治理是全体人民共同参与的行动,全体人民要对治理成果进行检验,以便取得更好的治理成果。

（2）加快社会生态治理体系现代化

不完善、不科学的社会生态治理体系制约着美丽乡村的建设,因此要打破传统的社会生态治理体系,加快生态社会治理体系现代化。首先,要加强乡村的文化教育建设。文化建设与生态文明建设密切相关,一个美丽的乡村必定是物质财富丰富,精神财富也十分丰富。通过文化教育,村民们知识得到丰富,综合素质和能力得到提升。对于出台的相关政策,能够形成自己的理解和思考,从而达到能够自治的高度,向着治理现代化的方向迈进。其次,要加强科学技术进乡村。由于大部分乡村地区比较偏远,交通不便利,而且在大部分乡村地区主要是以老年人、妇女和儿童为主,科学技术对她们的渗透少之又少。因此,要加强科学技术融入乡村发展。

4.将生态制度观融入乡村生态制度

（1）健全法律制度

习近平总书记指出,"保护生态环境必须依靠制度、依靠法治。只有实行最严格的制度、最严密的法治,才能为生态文明建设提供可靠保障。"[①]在生态文明保护上,我们始终要坚持底线思维。首先,要加强法

---

① 中共中央宣传部,中华人民共和国生态环境部.习近平生态文明思想学习纲要[M].北京人民出版社,2022.

律制度的科学性,提高法律制度的适用性。现行的制度无法满足现实的情况,我国城市建设和乡村治理大有不同,我们要结合乡村经济、文化的发展,以及乡村地区自身的特色和传统观念等,制定适合我国乡村发展的环境保护法律。① 其次,要做到严格地执行。这对生态保护起着关键的作用。要严厉打击肆意破坏生态环境的行为,加大处罚力度,对于包庇犯罪的行为严肃处理。同时,提高村民法律意识,做到知法守法。

(2) 规范生态考核体系

基层政府在美丽乡村建设中占据主导地位,统筹协调全局,把握整体态势,致力于生态文明建设。目前,对于生态政绩考核上还延续以往的考核方式,比较单一,所取得的效果不明显。因此,要创新生态政绩考核体系。可以从以下几个方面入手：第一个方面是将基层领导的生态素养加入政绩考核,在参与生态文明治理上,具备生态素养是最基本的,如果没有生态文明素养,何谈治理。通过集体教育等方式来增强基层领导的生态意识,在每一次进行集体教育之后,进行一个量化的考察；第二个方面是建立科学合理的考核体系。不同的地区有着不同的生态环境问题,因此在考核治理能力和治理水平上要有不同的标准；第三个方面是要合理运用考核结果。生态政绩的考核只是一方面的考核,对一个基层领导的评价要综合分析。也可以通过考核结果的比较,激励基层领导治理的积极性和主动性。

美丽乡村建设是生态文明建设的一个重要组成部分。在坚持习近平生态文明思想的引领下,结合在美丽乡村建设中存在的问题,具体问题具体分析,从而提出美丽乡村建设的有效路径。在建设美丽乡村的目标下,突破传统的乡村经济发展模式,发展生态农业、生态工业等打造一体化乡村生态经济发展模式。坚持人与自然和谐共生,通过加强对村民的自然保护意识教育,明确保护自然资源是大家的责任和义务,形成人与自然和谐共生的人类文明新形态,建设人们满意度高的美丽乡村。在生态社会治理上坚持以人为本的理念,同时充分调动村民的积极性和主动性,加强村民在生态建设上的主体性意识。制度是保障,通过健全生态法律制度和规范生态考核制度,加强对乡村生态建设的监督,确保乡村生态文明建设取得有效的成果,对已取得的成果进行保护。

---

① 潘家华. 生态文明建设的理论构建与实践探索 [M]. 北京：中国社会科学出版社, 2019.

第六章 乡村振兴战略下云南乡村旅游发展与治理的实践探索

云南省有着丰富的旅游业资源条件。其地理条件复杂、生物资源丰富、民俗人文多元,在此背景下产生的云南省旅游资源也有着多元化、差异性的特征。随着我国西部各省市都开始大力发展旅游产业,旅游业市场的竞争形势日趋严峻。在我国西部,大多数省市的自然和人文资源比较类似,旅游产品也比较相近。由于西部地区不断深化对发展旅游产业的认识,以及我国西部大开发战略的顺利实施,各个省区开始着重强调旅游产业的发展,并将其作为重点产业甚至是支柱产业给予大力扶持,这对云南省的旅游业形成了极大挑战。因此,对云南省旅游业展开研究就显得非常重要了。

第一节 乡村振兴战略下云南乡村旅游发展的治理措施

一、充分发挥云南自然资源优势

云南旅游资源丰富,特色鲜明,区位优越,发展潜力巨大,囊括了我国从海南岛到黑龙江的各种气候带,素有"动物王国""植物王国""有色金属王国"之誉,自然保护区数量和面积均居全国第一;容纳了除沙漠和海洋以外的所有自然景观,还拥有世界自然遗产、世界和国家级地质公园。云南又是人类的发祥地之一,中国历史的第一页从这里翻开。在漫长的历史发展过程中,形成了 25 个少数民族,成为中国少数民族最多的省份。云南得天独厚的旅游自然资源、多姿多彩的民族文化风情、优越独特的地理区位以及良好的生态环境、宜人的气候条件,为旅游产业的培育和发展奠定了坚实的基础。

云南省有景区、景点1000余个,国家级A级以上景区有474个,其中,有9个5A级景区,分别为文山州普者黑旅游景区、保山市腾冲火山热海旅游区、昆明市昆明世博园景区、迪庆州香格里拉普达措景区、大理市崇圣寺三塔文化旅游区、丽江市丽江古城景区、中国科学院西双版纳热带植物园、丽江市玉龙雪山景区、昆明市石林风景区;列为国家级风景名胜区的有石林、大理、西双版纳、三江并流、昆明滇池、丽江玉龙雪山、腾冲地热火山、瑞丽江—大盈江、宜良九乡、建水等12处,列为省级风景名胜区的有陆良彩色沙林、禄劝轿子雪山等53处。有昆明、大理、丽江、建水、巍山、会泽和通海等7座国家级历史文化名城,有腾冲、威信、保山、石屏、广南、漾濞、香格里拉、剑川8座省级历史文化名城,有禄丰县黑井镇、会泽县娜姑镇白雾街村、剑川县沙溪镇、腾冲市和顺镇、云龙县诺邓镇诺邓村、石屏县郑营村、巍山县永建镇东莲花村、孟连县娜允镇等22座国家历史文化名镇名村,有15个省级历史文化名镇、27个省级历史文化名村和34片(个)省级历史文化街区。云南拥有丽江古城、三江并流保护区、中国南方喀斯特之石林、澄江化石地、红河哈尼梯田5项世界遗产,排名全国第二,是名副其实的世界遗产大省。

发挥云南丰富的自然旅游资源优势,不仅能推动第三产业的快速发展,还能缓解云南的就业压力,提供更多的就业机会,完善云南的经济发展模式,充分体现社会文明、人与环境的和谐。

二、深入开发云南人文旅游资源

人文旅游资源是为开展人文旅游活动而开发的,与当地人文事象密切相关的各种有形和无形资源的总称。它既包括旅游目的地居民在长期历史发展中形成的独具特色的语言、服饰、住房、宗教信仰、节日庆典和传统工艺生产及文学作品,又包括他们在生产和生活中形成的,用以规范和指导言行的意识形态体系。

云南是中国的少数民族大省,有25个少数民族,其中有15个是云南独有的少数民族,有16个民族跨境而居。这些民族各有自己的语言、习俗、节日和服饰,形成了云南独特的文化多样性。每一个民族都有自己的特色,如彝族的火把节,傣族的泼水节,纳西族的东巴文化等,都深深地印刻在这片土地上。

云南的人文历史源远流长。早在3000多年前,云南就有人类在这片热土上繁衍生息。随着时间的推移,古代王国和文化中心的兴起和衰落,留下了大量的历史遗迹和文化遗产。例如,古滇国、大理国、西双版纳孟定国等古代国家,以及云南的古城丽江、大理等,都是著名的历史文化名城。

云南的佛教文化也非常繁盛。西双版纳大佛寺、大理崇圣寺、宾川鸡足山、昆明圆通寺、筇竹寺等都是闻名遐迩的佛教圣地。这些寺庙不仅具有宏伟壮丽的建筑风格,而且承载着深厚的人文内涵和宗教信仰。

云南还以多种民间艺术表演而著名。例如,彝族的"火把节"、哈尼族的"露营歌节"、白族的"三月三"节日等,都是具有浓厚民族风情的民俗活动。这些活动集中展示了云南各族人民的智慧和创造力。

云南的人文资源富集,是云南旅游重点开发的对象,也是云南的重点人文旅游区。归纳起来,云南人文旅游资源有如下几类。

(1)民居有白族的"三房一照壁"、彝族的土掌房、傣族的吊脚楼、纳西族的四方街、摩梭人的木楞房等。

(2)工艺品有白族的扎染及大理石制品、纳西族的铜制品、布依族的竹木制品、哈尼族的锡制品等。

(3)民族婚恋有摩梭人的"阿夏"婚、彝族的口弦传情、阿昌族的"抢亲"、傣族的"倒插门"等。

(4)歌舞类包括傣族的孔雀舞、白族的"霸王鞭"、彝族的"阿细跳月"、独龙族的"剽牛舞"等。

(5)宗教信仰方面,傣族信奉小乘佛教、回族信奉伊斯兰教、纳西族信奉东巴教、白族信奉本主、其他少数民族信奉原始宗教。

(6)历史文化名城类有丽江古城、大理古城、会泽、禄丰县黑井镇、石屏县郑营村、剑川县沙溪镇、香格里拉等。

(7)饮食类有彝族的酸笋煮鸡(鱼)及竹筒饭、白族的"三道茶"、佤族的鸡肉稀饭、傈僳族的"同心酒"等。

(8)服饰类有傣族筒裙、白族的"风花雪月"头饰、纳西族的"披星戴月"、彝族的虎头鞋(帽)等。

(9)民族体育活动有彝族的斗牛、白族的赛马、苗族的爬滑竿、独龙族的"溜索"等。

(10)节庆有拉祜族的葫芦节、景颇族的"目脑纵歌"、独龙族的"卡雀哇"、傣族的泼水节、彝族的火把节等。

（11）文学类有彝族的"阿诗玛"、佤族的"射日"、白族的"望夫云"等。

（12）古建筑、古遗址类有元谋猿人遗址、"二爨"碑、太和城遗址、云南陆军讲武堂旧址、国殇墓园、元世祖平云南碑、李家山古墓群等。

云南绚丽多彩的民族风情，为发展人文旅游提供了丰富的资源条件。

三、深入发展云南边境旅游

云南边境地区发展跨境旅游经济具有得天独厚的区位优势。云南毗邻越南、老挝、泰国、缅甸等国家，地处中国与南亚、东南亚三大区域的结合处，基于这样的地理区位特点，云南是中国面向南亚、东南亚辐射中心的前沿窗口和重要门户，也是中国发展跨境旅游经济的重要战略之地。

其特殊的地缘关系促成了云南与边境各国文化交流与边境贸易的发展，地缘优势凸显，云南与东南亚、南亚和印度洋沿岸联系更加紧密。所以，云南要充分发挥其区位优势发展跨境旅游经济，带动地区经济发展。

夏无酷暑、冬无严寒的气候特征，造就了云南边境休闲度假旅游胜地。云南广袤的热带雨林气候下，生存着丰富的珍稀动植物和有色金属，云南边境地区与接壤的各国，常常以"一族两国，一寨两国"特殊的边关、边贸，形成独树一帜的边境、边贸风情，给边境区域的旅游业增添了不少吸引力，也成为中缅旅游合作的重要依托。云南边境地区拥有的这些丰富独特的旅游资源和原始优美的生态环境，使云南边境成为一个天然的边境旅游区。

国家"桥头堡"战略的实施和"一带一路"倡议的提出，为云南边境旅游业的发展提供了重大机遇，使云南边境旅游拓展了新的发展空间，云南可以充分利用国内外"两种资源"和"两个市场"发展边境旅游业，将边境旅游产业做大做强，云南已然成为毗邻国家边境旅游的重要市场。这不仅是云南跨境合作经济发展的新起点，也是稳固边境安定、振兴跨境地区产业经济的重要措施，还是实施"走出去"战略的重要一环。

在新时代背景下，"一带一路"作为国家重要战略一直在紧锣密鼓

第六章 乡村振兴战略下云南乡村旅游发展与治理的实践探索

地落实,在国家政策的引领下,云南省与南亚地区目前形成的合作机制有孟中印缅地区经济合作论坛,云南省与南亚中的印度、孟加拉国等国家为推动区域内旅游业的发展,积极推进"孟中印缅大旅游圈"计划,推动了各方的旅游业合作,也扩大了云南与印度、孟加拉国的旅游业合作内容与范围,提升了云南省旅游产业的知名度。

发展边境旅游是双边和多边国家进行合作的重要领域,也是国家旅游外交的重要议题,已经成为提升国家文化软实力和增强国际话语权的重要渠道。[1]在新时代大背景下,我国要充分发挥旅游业带动经济发展的战略性作用。云南省具有独特的自然风光和民族风情,非常适合发展旅游业,且旅游业产业关联性强,依托旅游业带动其他产业发展,并实现经济的可持续快速增长,才是长久之计。因此,云南应该注重对边境旅游业的发展。

持续推动云南与周边国家的跨区域旅游合作,以旅游先通带动"一带一路"的互联互通。新时代背景下,旅游作为一种文化软实力,是国际竞争的重要因素。因此,云南边境地区发展跨境合作旅游经济应引起国家层面的重视,得到国家各行各业的支持,在跨境经济合作的过程中,积极吸取国内外跨境旅游经济的成功经验与教训,取其精华去其糟粕,结合云南自身发展特点,因地制宜地把云南边境地区跨境经济发展得有声有色,推广云南边境旅游业走上国际化道路,提高中国的旅游知名度。

第二节　乡村振兴战略下云南乡村旅游发展的实践案例

一、大理洱海周边乡村生态旅游发展

（一）乡村生态旅游研究现状

生态旅游最早由国际自然保护联盟的特别顾问谢贝洛斯·拉斯喀

---

[1] 明庆忠,王丽丽,张红梅,等.我国边境旅游政策演进及旅游安全评价研究[M].北京:中国旅游出版社,2021.

瑞进行了系统的阐述。关于生态旅游定义的研究,是由国际生态旅游协会提出的,指在自然保护区域发展旅游的同时保护环境为当地居民带来经济效益的行为。发展生态旅游经济的最初目的是给当地居民提供有益的经济效益,进行农副产品宣传,带动当地经济发展,同时不能干扰自然生态环境。目前,对乡村生态旅游的研究最多的是关于发展模式的研究,如魏小安、张建雄提出了许多发展模式并进行分类,程道品、梅虎在调研了桂林市乡村生态旅游业的基础上,提出了生态种植观光、乡村农家乐等发展模式。对于大理洱海旅游业的研究,有部分学者从研究旅游公司上市运营模式的角度,或是关于昆明市周边乡村旅游发展现状进行分析,而大理洱海周边乡村生态旅游的发展对策,还鲜有学者涉及。

(二)大理洱海乡村生态旅游产业发展现状

1. 云南省大理州洱海周边乡村概况

洱海是云南的第二大淡水湖,位于云南省西部大理白族自治州境内,承载着重要的生态屏障功能,是许多候鸟的栖息地,也是周边乡村居民赖以生存的重要水源地,被大理人民称为"母亲河"。随着"建设社会主义新农村""乡村振兴战略"的实施,洱海周边许多乡村进行改革,除了传统的种植业,还衍生出农家乐、民宿、乡村旅游等多种产业。大理风景秀丽,吸引了许多国内外游客前来,大理也因此成为旅游胜地,主要旅游区域是双廊镇和大理镇,形成了以"崇圣寺三塔""苍山""大理古城"等为主要景点,且周边均有分布的乡村旅游发展格局,但是由于缺少有效监管,过分追求经济利益以及滨湖地区人口的增加,洱海周边乡村旅游业的发展,给洱海的生态环境造成了极大的负担,洱海的水质遭到严重破坏。

2. 云南省大理州洱海周边乡村生态旅游产业发展现状

(1)文化旅游。大理在古代称"南诏国",有着婚俗、民族风情等在内的各类文化旅游要素,其深厚的历史底蕴和神秘的人文景观以及白族特色文化吸引了许多游客,在政府的引导下,各村镇通过举办白族文化

第六章 乡村振兴战略下云南乡村旅游发展与治理的实践探索

歌舞表演、建设白族特色扎染体验区等形式,全方位展示白族的特色手工艺品和历史悠久的白族文化,通过表演还原了白族的风俗习惯。

(2)生态有机农产品。早期,洱海周边乡村采取传统农耕方式,造成了大规模的污染,中央环境保护督察组对洱海流域的督察结果指出,洱海流域农户种植大蒜,过量施放含氮磷的化肥及有害农药,给洱海保护带来面源污染问题。此后,大理州开展洱海保护"七大行动"整改,禁种大蒜,为了维护农户的利益,大理州开始推广有机肥和绿色生态种植,开辟了鱼类、蟹、稻田等为一体的国家级稻渔综合种养示范园区。

(3)湿地公园。洱海湿地动植物资源丰富,承载了子生态系统的功能,对恢复洱海生态环境起到重要的作用。洱海湿地对周边11个乡镇有着调节气候、蓄洪抗旱、渔业生产等重要的作用,但近年来湿地公园旅游业蓬勃发展也造成了湿地污染问题。

3.大理洱海周边乡村生态旅游产业发展优势劣势分析

(1)大理洱海周边乡村生态旅游优势分析

①政府政策支持和宣传。近年来,为发展乡村生态旅游,大理政府同时围绕经济发展和环境保护两手抓,制定了相关的政策,在《大理白族自治州国民经济和社会发展第十三个五年规划纲要》第五篇中提出"要打响生态文明品牌,提供宜居大理"。此外,大理政府积极探索适合大理实际情况的乡村旅游发展模式,从生态产品、湿地公园、乡村文化等方面着手,以大理的特色产品产业、白族传统文化、历史建筑为特点,通过大众媒体、广告宣传等多种渠道宣传大理旅游。

②群众支持乡村生态旅游发展。当地群众也是大理州洱海周边发展生态旅游业的重要基石。大理的人民群众也渴望改善人居环境,改变传统的农耕方式。生态旅游业的发展不仅为当地居民带来新的红利和机遇,还增加了农产品的销量,提高了农民的收入,同时也是建设绿水青山,建设美丽大理的需要。

③自然生态环境优美。苍山洱海保护区是国家级自然保护区,洱海周边乡村有多条溪流,这些溪流蜿蜒曲折汇入洱海。苍山与洱海相接形成一道水山环抱的秀丽景色,环境优美,同时吸引了许多珍稀鸟类,自然资源也极其丰富,为周边居民提供了农灌、供水、发电、渔业、旅游、调节气候等功能。

④有机农产品丰富。大理不仅有优美的自然景观、历史人文景观，还有生态种植园，这些都是最稳定的收入来源。目前，云南省内已经陆续建设生态种植示范区，为游客提供有机农产品，让游客亲身体验采摘过程，增加农民收入的同时吸引游客重复游玩，虽然生态种植园总体数量不多，正待发展当中，但是对洱海周边乡村旅游产业的发展提供了可持续性。

（2）大理洱海周边乡村生态旅游劣势分析

①资源开发利用率不高。由于洱海周边乡镇缺乏高效率的农机设备，造成农作物产量低，虽然有丰富的自然资源，但是对自然的开发利用率却不高。大理州的自然和人文景观很多，但是相关的成规模的生态旅游企业太少，散落的小旅行社、民宿众多，没有形成健康有序的发展模式，缺少引导而造成管理混乱，建设旅游城市等相关政策在与实际相结合上有难度。这种脱节也使得无论是农产品、自然资源、人力资源等都得不到有效的资源配置。

②经济发展滞后，交通不便利。在旅游城市建设方面，大理州最出名的自然景观是大理古城、苍山洱海，乡村生态旅游并没有多大的知名度，和其他地区乡村生态旅游的发展相比有差距，大理州周边乡村的发展路径较为单一，生态产品形式单调，并不能满足多样化需求。大理州的主要经济来源就是农业和旅游业，而这全是依赖其丰富的自然资源，如果自然环境被破坏，大理州的经济发展优势就不复存在。大理州各地主要交通工具是汽车，除大型交通工具可到达市区外，各景点之间交通并不便利，旅游公司规模小，服务产业标准化进程缓慢。对村民的农家乐形式，非法经营者的监管范围广、难度大，无论从卫生安全、环境督察等方面都给有关部门带来了巨大的挑战。

③服务能力有待提高。大理州洱海周边乡村生态旅游吸引了越来越多的游客，但基础设施和服务水平并没有明显提高，无法满足人们多元的需求，服务缺乏标准化，旅游行业乱象百出，比如，村民自办营业性娱乐项目多，无统一的培训，服务人员素质低，容易出现问题和纠纷。村民过分追求经济效益，忽略环境保护，造成大量垃圾堆放。

第六章　乡村振兴战略下云南乡村旅游发展与治理的实践探索

（三）促进大理洱海周边乡村生态旅游产业发展的对策

1. 大理洱海周边发展乡村生态旅游需要机制创新

用牺牲生态环境换取大理州的经济发展是不可取的，因为生态破坏短期内是不可逆的，这是由大理洱海禁止开发区域的特殊地位决定的。但是保护洱海生态的规章制度，奖惩和监督机制还有待根据实际情况进行改进，虽然颁布了一些管理条令和环境保护条例，洱海周边乡镇还是会出现倾倒垃圾、违章建造、滥用农药的情况，这就要求政府必须以法的形式对此类行为进行规范，制定切实可行的奖惩制度，以多种形式展开环境保护教育工作，调动农民保护自己家园的积极性。

2. 大理洱海周边以乡村生态旅游推进绿色发展

洱海周边地区不可走"先污染后治理"的老路，要实现大理乡村生态保护和旅游业发展"双赢"，就要寻求人与自然和谐相处的发展路径，政府政策也应当根据自己实际资源状况，发挥并扩大优势，认清短板，对症下药，调整农业产业结构，因地制宜地发展绿色低碳经济，利用自然资源发展生态农业，进行无公害蔬菜种植。

3. 提高服务人员素质以及农民的环保意识

人民群众才是历史的创造者，我们国家离不开人民群众，建设美丽乡村还是要依靠当地的人民群众。要解决洱海污染问题，重点是要加强村民的环保意识教育，提高洱海周边乡村村民的整体素质。此外，还要定期对从事旅游业的人员进行培训，提高他们的服务水平。

4. 加强对洱海周围乡村旅游业的监管力度

政府部门可以尽快完善景区基础设施建设和交通设施建设，鼓励品牌旅游企业入驻，进一步规范旅游行业标准，提高服务质量，对破坏环境的行为软硬兼施，拆除环洱海违章建筑，但是可以加以引导，让其明白如何开发是合理的，将生态保护三线告知农户，引导农户发展生态种植，对周边乡镇改革提供方案和技术，制定严格的奖惩监督机制等。

综上所述，生态兴则文明兴，生态文明建设关乎国家未来，关乎人民福祉，关乎中华民族的永续发展。大理洱海虽然面临经济和环境保护的困难境遇，但也有其优势，政府应当响应"两山论"的号召，推动绿色发展，在保护好生态的前提下发展旅游业，同时大胆改革旧的阻碍发展的体制机制，用新发展理念振兴乡村生态旅游业，将乡村生态旅游业的发展红利与当地居民共享，把习总书记关于生态文明建设的思想讲给当地人民听，抓住关键的动力，鼓励他们投入到生态环境的保护中，在共享发展红利的同时，主动承担起共建美好家园的责任。

二、云南石林五棵树村乡村旅游高质量发展

五棵树村是石林县典型的彝族聚居村寨，又名"彝族第一村"，世代居住在石林风景区核心区内。2010年，五棵树村按照世界自然遗产地保护管理要求，集中搬迁到离石林风景区2千米外的石林中路。统规统建的新村庄经过10余年的发展和打造，成为全国美丽宜居示范村，客栈、民宿、餐饮、生态果园、村史馆、电商馆、彩玉手工艺馆等一应俱全，初步建成了具有撒尼民间民俗特色的生态新村、文化新村、旅游新村。

村企融合助力五棵树村乡村旅游高质量发展。在国家大力发展乡村旅游的大背景下，旅游企业和社区如何协调发展是乡村旅游面临的主要课题。乡村企业的迅速发展，不仅活跃了城乡经济，还转移吸纳了农村的剩余劳动力资源。乡村旅游企业正是伴随乡村企业和旅游业的发展衍生出来的结合物，它既具有乡村企业的共性，又具有旅游企业的一般特征。随着乡村旅游的蓬勃发展，很多乡村旅游地选择创办旅游企业参与运营，旅游地居民被赋予"村民+员工"的双重身份。下面以此为切入点，通过调查研究，分析探讨旅游发展进程中村企融合的意义，这既是对现有旅游社区理论的丰富，同时也给其他相似地区旅游发展过程中，可能出现的村企关系问题提供借鉴。

本篇研究方法为实地调研法和文献研究法。其中实地调查4次、累计16天，先后走访二十多人次，主要访谈对象有石林管理局相关领导及工作人员、五棵树村党支部书记、村主任与副主任、个体商贩、五棵树村

第六章　乡村振兴战略下云南乡村旅游发展与治理的实践探索

村民、邻村村民、外来打工者等。研究采用自由访谈方式随机提问,对所得口述资料进行梳理分析,获得第一手材料。参考文献分两部分,一是国内外专家学者的前期研究文献;二是案例的资料,包括石林县县志、镇志、统计年鉴以及村委会存档的文件资料。

（一）五棵树村概况

关于"五棵树"的记录最早出现在《康熙路南州志》（由清朝澄江府路南州知州金廷献主持编纂,于康熙五十一年刊印出版）中,因老村在石林景区石林湖畔,村里有五棵大树而得名,彝语发音"卓切",意为"富有的村子"。五棵树村是彝族撒尼人世代居住的古老村落,原址位于石林主景区入口的两侧,发展旅游以前,村庄以种植、养殖为主要产业。随着石林旅游业的不断发展,几乎所有具有劳动能力的村民都在石林景区工作,工作内容涉及为游客拍照摄像,对外出租民族服装,年龄大一些的参与景区的绿化保洁等。1993年,随着石林景区旅游业兴起,石林风景名胜区农工商集团总公司在五棵树村成立,村民成为公司员工,由于参与石林旅游业,大部分村民获得了较大的经济收益,人均年收入也从之前的不足1000元,达到了万元以上。2007年,石林景区不仅成功入选国家5A级旅游景区、最佳资源保护地中国十大风景名胜区,还被世界遗产委员会列入"世界遗产名录"。因五棵树村分布于进入石林景区的主干道两侧,按照《世界遗产公约》的要求,该村必须进行整体搬迁。

2009年,五棵树村整体搬迁到距离石林景区仅1千米的"彝族第一村"。统规统建的新村庄经过10余年的发展和打造,成为全国美丽宜居示范村,客栈、民宿、餐饮、生态果园、村史馆、电商馆、手工艺馆等一应俱全。浓郁的民族风情、彝家特色宴席、风格各异的乡村民宿、丰富多彩的旅游活动、络绎不绝的游客,"彝族第一村"已初步建成具有撒尼民俗特色的生态文化旅游新村。五棵树村民对参与石林旅游持积极态度,因为石林旅游的发展让村民的可支配收入增加,生活水平显著提高,所以村民不仅非常希望发展旅游业,欢迎游客来到石林,还表示自己也会努力学习旅游服务技能,以适应旅游业的发展。

（二）五棵树村村企融合发展的路径

1993年,五棵树村在石林县政府指导下组建石林风景区农工商集团总公司,隶属于石林风景名胜区管理局,性质为集体所有制企业。这一阶段,五棵树村的相关行政工作直接划由管理局负责。村民也变身成为公司的员工,在公司的统一安排下在景区内工作。公司在管理局的扶持下,为五棵树村的发展做出了很大贡献：积极争取管理局资金支持,用于村民的生产生活、养老保险、基本生活保障；依托石林景区大力发展旅游业,将租衣摄影等项目经营权收归五棵树村专营,为村民解决就业问题；加强基础设施建设、改造供水管线、统一规划村庄生态,着力改善生产、生活、生态环境；村民依托紧邻石林风景区的优越地理位置,把自家住房进行装修改造后开起了民族特色客栈、特色餐馆等经营项目,吸引了大量游客来村里游玩等。总体来说,村企关系非常和谐,公司在带领村民壮大集体经济、增加村民收入、提高生活质量方面取得了有目共睹的成绩,被广大村民所认可,村民也由此走上了富裕之路。

（三）五棵树村村企融合演变的动力机制分析

所谓"村企合一"也叫"村企共建",是指大企业或企业集团凭借自身的经济实力,通过整合村庄土地、劳动力等资源,实现"大资本"与小农户、小土地等农村生产要素的连接,从而实现村企"双赢"的发展模式。[1]若想通过村企共建实现村企共赢,需要各方面的支持和共同努力。

1.政府层面

政府层面：更好地服务村民和游客,做大做强石林旅游业。政府是公共利益的代表者,很多成功的乡村旅游发展案例表明,在乡村地区发展旅游,政府的介入是非常关键的。不管是环境的规划、规章制度的制定,还是提供基础设施建设、资金支持等方面,政府都承担着重要的角色。1978年石林风景区正式对外开放,世界各地的游客纷纷慕名而来。

---

[1] 郝炳艳,崔云阁.村企共建新农村模式探究[J].学理论,2011(32).

第六章 乡村振兴战略下云南乡村旅游发展与治理的实践探索

祖祖辈辈以务农为生的五棵树村民看到了商机,在经济利益和市场意识的引导下,他们自发地去接待游客,赚取一份额外收入。旅游发展初期,石林接待的游客多为研究喀斯特地貌的专家学者及外国旅客,村民的语言和能力跟不上成为一个大问题。除此之外,当时的五棵树村房屋破旧,生产生活条件较差,牛羊等牲畜随处可见,它们产生的噪音、粪便等环境卫生问题都降低了游客的满意度,再加上当时的石林景区未经规划,各项基础设施建设均不完善,像样的旅馆只有石林宾馆,根本满足不了日益增长的游客量。为了更好地服务游客,1992年6月,经多方斟酌,石林政府成立石林风景名胜区管理局,五棵树村也委托管理局进行管理。1993年,为抓住机遇做强做大石林旅游业,县政府经过多番研究讨论,组建了石林风景区农工商集团总公司,五棵树村村委兼任公司领导班子,村民变成公司员工。

2. 村民层面

旅游参与能力低,迫切需要强有力的帮助。从旅游资源理论上讲,乡村旅游的居民是乡村旅游发展的主体,尤其对于风土民情突出的民族地区,居民正是旅游资源非常重要的组成部分,他们的生产生活、饮食穿戴、节庆习俗等本身就是独特的人文景观。所以,发展乡村旅游,获得当地居民的支持是头等大事。自石林对外营业,居住在景区中心位置的五棵树村村民很自然地参与到旅游业中来。由于世代务农、文化水平不高、市场意识淡薄,在参与旅游发展的过程中,大多数村民信心不足、技能欠缺、方法粗浅。就连当时的村委会,也没办法将村民有效组织起来参与到石林旅游业中。在这种背景下,成立了农工商集团总公司。如今,通过公司层面的正确引导、积极组织和专业运营,五棵树村充分发挥毗邻石林风景区的独特区位优势和特色彝族文化资源优势,不断创新和丰富旅游业态,使当地的旅游产业有了飞速发展,村集体和村民的纯收入均有显著提高。同时,五棵树村在乡村旅游方面的成功经验,也在一定程度上助推了石林乃至云南的全域旅游发展,实现了以旅游助力乡村振兴。

依托美丽乡村建设走出农旅融合、以旅哺农新路子。乡村旅游与乡村振兴的关系密不可分,但乡村旅游的模式也要与时俱进,才能满足游客不断变化、升级的旅游需求。毫无疑问,如今人们的旅游需求已经从追求"美丽风景"向追求"美好生活"转变,乡村旅游的内容也由此发生了巨大变化,人们更关注那些独具特色的田园风光、乡土文化、民俗风情等乡村旅游资源,独具韵味的乡村旅游资源,也日益成为农民致富和建设美丽乡村的重要途径。五棵树村在这方面走在了全国前列。

2022年,为进一步推动旅游产品开发,五棵树村打造了"天天火把节"、啤酒广场、夜市小吃等,以网红打卡点等形式不断厚植品牌,培育根基。五棵树村从过去唱"独角戏"到积极谋划旅游村寨建设,加大投入提升改造旅游基础服务设施,不断创新和丰富旅游业态,通过旅游实现了乡村振兴。在通过旅游实现乡村振兴的路上,五棵树村付出了很多努力,也收获了很多荣誉:2016年被评为"云南省民族团结进步示范村";2017年被评为"全国美丽宜居示范村";2020年被评为"云南省旅游名村";2021年被评为"云南省少数民族特色村寨"。

五棵树村充分利用互联网带来的便利,以当地特色的彝族手工刺绣、农产品等为基础,发展农村旅游产业,并以旅游产业为带动力量,发展康旅融合、农旅融合、文旅融合。面对旅游市场不断发生的新变化,五棵树村也不断地谋划转型发展,主动适应新变化,向着更好的方向发展。面对新形势、新变化,五棵树村在闯出"党总支+公司+员工"的"农旅融合、以旅哺农"路子基础上,带领全村村民聚沙成塔,奔向美好明天。

三、云南大理:文化点亮传统村落

云南省大理白族自治州拥有中国传统村落162个,在云南省居于首位。为活化利用好这些文化底蕴深厚、民族特色鲜明的传统村落,当地统筹保护与利用关系,在保持传统村落街巷肌理、环境格局的同时,着力于文化挖掘、非遗传承和文旅融合,探索出传统村落活化利用的文化路径,积极助力乡村振兴。

(一)诺邓:深耕"盐文化"

装着300千克卤水的大锅热气囊,33岁的赵贵兰不断用瓢打捞水中杂质。赵贵兰告诉《希望》新闻周刊记者,村里的盐井至今仍可抽取卤水。晚上抽出的卤水运回家沉淀到第二天早上,然后生火熬煮,10多

第六章　乡村振兴战略下云南乡村旅游发展与治理的实践探索

个小时后即结晶出盐。"一天熬一锅卤水,可熬盐15千克左右,一部分销售给游客,一部分用来腌火腿、咸菜。"谈起盐,赵贵兰如数家珍。赵贵兰所在的诺邓古村位于云龙县城西北约7千米的山谷,住有224户1080人,其核心景观面积1.2平方千米。远远望去,村子依山就势而建,一座座土木结构的白族小四合院前后人家楼院重接、台梯相连,层层叠叠布满山坡。沿村内干净整洁的石板路拾级而上,还能看到部分村民家院外建有熬盐用的灶台。诺邓镇镇长蒲超介绍,诺邓古村的这口盐井自西汉开始开采,时至今日,当地村民依旧可从中抽取卤水熬制食盐,诺邓古村的熬盐技艺代代传承。历史上,诺邓曾因盐业经济发达,一度成为滇西地区商业中心。络绎不绝的运盐马帮从此地出发,穿行在东向大理、南向保山、西向腾冲、北向丽江的"盐马古道"上。诺邓盐业在明清达到顶峰,这里至今仍保留着建于明清时期的文庙、武庙、龙王庙等庙宇,以及盐局、盐课提举司衙门等建筑。

"云龙的盐马古道是云南盐业发展史、对外交流史、滇西边疆地区治理史、民族交融史的有力见证。"同济大学建筑与城市规划学院教授邵甬认为,盐马古道的保护利用,能够为云龙的乡村振兴注入新活力。为完善保护发展体系,2006年以来,云龙县先后编制《云南省云龙县诺邓国家级历史文化名村保护详细规划》《诺邓特色小镇建设规划》《诺邓旅游发展规划》等,为诺邓古村的保护、规划、建设和管理提供保障。云龙县按照"保护为主、抢救第一、合理利用、加强管理"的原则,抢救性修缮古旧建筑,将具有较高历史、文化、艺术价值的公共建筑和民居院落列入文保单位,最大限度维系古村的原真性和完整性。在此基础上,云龙县提升完善诺邓古村的基础设施建设,包括电网改造工程、生态河道治理等项目,并建成诺邓景区游客服务中心、旅游厕所、景区标识标牌等旅游服务设施等。诺邓古村的基础设施条件明显改善,旅游相关配套设施逐步健全。

诺邓还修复了古巷道、人马驿道,重修了古戏台、盐井房,建成诺邓盐文化博物馆,着力挖掘、传承、展示井盐制作技艺,让井盐更好地串联起诺邓的自然文化资源。与此同时,诺邓深耕"盐文化",成功推出代表性旅游产品——诺邓火腿。依托诺邓火腿的品牌宣传,诺邓古村进一步进入大众视野,旅游业逐渐成为诺邓经济发展的新路径。

"自诺邓古村创建为国家AAA级旅游景区,县镇村三级因地制宜发展旅游业和高原特色产业,围绕古村旅游和诺邓火腿抓产业、抓就业,为诺邓古村群众脱贫致富和产业兴旺增添了强劲动力。"蒲超说。据蒲超介绍，村民发展旅游的意识不断提高，对古村保护的自觉性和主动性不断增强，许多外出务工村民返乡创业，目前从事旅游相关工作的诺邓居民已接近200人。2022年，诺邓古村人均纯收入过万元。目前，诺邓正谋划旅游新业态、新项目，重点围绕盐文化体验、火腿制作品尝体验、民俗演艺、民俗节庆等沉浸式旅游体验，强化诺邓文化IP，形成全新的游览体验，不断扩大诺邓知名度和影响力，让村落保护与活化利用同步迈上新台阶。

（二）喜洲：聚力抓非遗

"五一"小长假期间，每天11时不到，大理市喜洲镇喜洲村的"杨顺宝喜洲粑粑店"店外就会排起长队——慕名而来的游客都想亲口尝尝喜洲粑粑的滋味。店内，杨顺宝有条不紊地把面擀成饼，再根据游客口味，咸的加上鸡蛋、肉末再撒上葱花，甜的加上豆沙、玫瑰酱。调好味的饼送入炭火炉，大约10分钟后饼子出炉，香气四溢。"这是我第三次到喜洲旅游，每次来都要吃一个喜洲粑粑。"武汉游客吴宝东笑着告诉记者："饼子的味道多年未变，但排队的人一次比一次多。"喜洲粑粑在2011年11月被评为大理州第三批非物质文化遗产。为更好传承这一传统技艺，喜洲镇引导喜洲粑粑从业者成立协会，让杨顺宝等喜洲粑粑师傅传授技艺，壮大人才队伍。

喜洲东临洱海，西枕苍山，素有"白族风情第一镇"美誉，民族文化浓郁、田园风光旖旎。截至目前，喜洲有非遗项目30余项（含国家级6项），非遗代表性传承人90余名（含国家级2名）。丰富的非遗资源给喜洲发展注入了不竭动力。喜洲持续加大资金投入，推进"非遗＋文创＋旅游"发展模式，全力打造匠志集民艺中心、喜洲客厅、苍逸图书馆等一系列文化产业项目。传统文化和时尚创意的激情碰撞，有力促进了喜洲非遗旅游、文博观光、研学体验等蓬勃发展。

据了解，喜洲已形成以非遗文化为核心，集田园观光、文化体验、乡村旅游为一体的农文旅发展"喜洲模式"，辐射带动4个村委会、8个自然村聚集发展，带动周边务工就业人员4800余人，文旅从业人员中超过70%为当地群众。

(三)凤阳邑:"触电"谋流量

2023年2月,李慧和朋友放下手头工作,专程从成都到大理"追风"。年初,电视剧《去有风的地方》热播,让苍山脚下名不见经传的凤阳邑村迅速走进人们视线。"每一集我都细细看过,迷上了田园牧歌式的生活。"李慧说。

"电视剧播出后,村子的游客量从单日不足百人增加到春节期间单日近万人,目前每天也还有两三千游客。"驻村第一书记、乡村振兴工作队队长陈琴说,通过乡村振兴与影视产业融合,村子实现文旅产业快速发展,有力带动周边村民就业创业。在成为大理州文旅新IP前,凤阳邑已经在酝酿发展文旅产业。2020年,凤阳邑被列入全国传统村落集中连片保护利用示范项目重点村;2021年,大理州、市政府决定在大理洱海海西片区开展国家级乡村振兴示范园创建工作,凤阳邑是重点示范创建村之一,州、市两级政府投入资金逾2000万元,实施凤阳邑道路提升改造、风貌整治、停车场、旅游公厕建设等共计28个项目。

据了解,大理州高度重视传统村落保护利用,获得中央财政补助1.5亿元,集中实施传统建筑修、基础设施提升、村庄风貌整治、历史要素保护修复等,带动全州主要传统村落集聚区域基本得到整体保护。大理州住房和城乡建设局局长李文荣说,传统村落保护需要物力挖掘其文化价值和文化竞争力,在巩固提升中开展历史文化遗存的活化利用,以原真性保护、活态性传承的思路,激发文化活力,推动永续传承,在保护好传统村落原址、原状、原物的同时,抓好文化遗产的活态呈现、历史遗存的活化利用。

结 论

当前乡村旅游已经成为国内旅游发展新的热点,乡村旅游发展而引起的农村产业升级和产业融合发展已是当下我国实现乡村振兴的重要途径。乡村旅游的发展对乡村生态环境、乡风文明、治理有效、资源开发提出了新的要求。乡村治理是国家治理体系中的一个重要环节,是乡村振兴的基础,而乡村旅游是实现乡村治理的有效路径。乡村旅游以乡村自然风光、乡村民俗文化、乡村生活环境、乡村生态环境等为旅游资源吸引旅游消费者,乡村通过对这些旅游资源进行合理开发与有效治理,亦能反向推动乡村旅游的发展。乡村实现治理有效对丰富旅游乡村的旅游价值有着重要的意义。

以旅游发展促进乡村治理发展既顺应中国的国情和乡村旅游发展形势,也得益于乡村振兴战略的出台为这条道路指明了发展方向。乡村旅游的发展推动乡村治理有效既保障了旅游业发展依赖的资源促进了旅游业的发展,也为乡村治理提供了新的治理方向。本书的主要结论:

(1)以旅游推动乡村治理,既能促进旅游业的发展,又能实现治理能力现代化。这两大板块也是近几年我国实现乡村振兴、解决三农问题的主要抓手。通过深入理解乡村旅游和乡村治理的含义,理清两者之间的交融点,为乡村旅游如何作用于乡村治理提供理论依据。

(2)通过分析乡村治理和乡村旅游的互动关系,探索乡村旅游促进乡村治理的路径。乡村旅游是实现乡村治理现代化的有效路径,而乡村治理有效又能反作用于乡村旅游,提高乡村旅游的质量。

本书以"乡村振兴战略下的乡村旅游发展与治理路径研究"为研究对象,探索乡村旅游促进乡村治理的路径。首先阐述了本书的相关概念和基本理论;其次分析了乡村旅游发展的客观基础和乡村治理的反向推动作用,探索两者的相关性、契合点。从理论上分析乡村旅游发展促进乡村治理水平提升的内在机理,系统地探讨乡村旅游促进乡村治理的

结 论

基本路径；最后，提出完善振兴村旅游促进治理路径的对策。本研究的成果和建议可以为我国乡村旅游发展和乡村治理现代化提供一定的参考。对于不同的地区、不同乡村其资源状况、发展水平、文明程度、治理现状都有自己的特点，其旅游促进乡村治理的路径也会有所不同，需要结合具体地区具体研究对象进行研究和探讨，这是后续研究应该给与关注的。此外，乡村旅游促进乡村治理的路径是一个系统工程，研究涉及公共管理、区域经济和旅游管理等多学科，有许多交叉的问题需要做进一步研究，研究的角度仍需不断拓展。

参考文献

[1] 柏莉娟.乡村治理方式变迁与创新方法研究[M].北京：中国商务出版社,2018.

[2] 卜华.地方党组织引领乡村振兴研究[M].青岛：中国海洋大学出版社,2019.

[3] 蔡竞.产业兴旺与乡村振兴战略研究[M].成都：四川人民出版社,2018.

[4] 陈锡文,韩俊.乡村振兴制度性供给研究[M].北京：中国发展出版社,2019.

[5] 陈锡文,韩俊.农村全面小康与实施乡村振兴战略研究[M].北京：中国发展出版社,2021.

[6] 陈源泉.穿越2050的乡村振兴愿景[M].北京：中国农业大学出版社,2018.

[7] 方银旺.乡村治理的紫南智慧[M].广州：广东人民出版社,2019.

[8] 冯肃伟,戴星翼.新农村环境建设[M].上海：上海人民出版社,2007.

[9] 付翠莲.乡村振兴战略背景下的农村发展与治理[M].上海：上海交通大学出版社,2019.

[10] 苟文峰,等.乡村振兴的理论、政策与实践研究[M].北京：中国经济出版社,2019.

[11] 郭艳华.乡村振兴的广州实践[M].广州：广州出版社,2019.

[12] 贺雪峰.乡村的前途：新农村建设与中国道路[M].济南：山东人民出版社,2007.

[13] 贺祖斌.广西乡村振兴战略与实践社会卷[M].桂林：广西师范大学出版社,2019.

[14] 贺祖斌.广西乡村振兴战略与实践文化卷[M].桂林:广西师范大学出版社,2019.

[15] 贺祖斌.广西乡村振兴战略与实践政治卷[M].桂林:广西师范大学出版社,2019.

[16] 胡登峰,潘燕.安徽乡村振兴战略研究报告2018版[M].合肥:合肥工业大学出版社,2018.

[17] 蒋高明.乡村振兴选择与实践[M].北京:中国科学技术出版社,2019.

[18] 金太军,施从美.乡村关系与村民自治[M].广州:广东人民出版社,2002.

[19] 九三学社江苏省委员会编.科技创新与推进江苏乡村振兴[M].南京:东南大学出版社,2018.

[20] 孔祥智.乡村振兴的九个维度[M].广州:广东人民出版社,2018.

[21] 赖海榕.乡村治理的国际比较[M].长春:吉林人民出版社,2006.

[22] 李松玉,张宗鑫.中国乡村治理的制度化转型研究[M].济南:山东人民出版社,2014.

[23] 梁军峰.乡村治理模式创新研究[M].石家庄:河北人民出版社,2015.

[24] 刘汉成,夏亚华.乡村振兴战略的理论与实践[M].北京:中国经济出版社,2019.

[25] 刘奇.乡村振兴,三农走进新时代[M].北京:中国发展出版社,2019.

[26] 吕德文.乡村社会的治理[M].济南:山东人民出版社,2013.

[27] 毛粉兰,齐欣作.乡村振兴与高质量发展研究[M].北京:九州出版社,2020.

[28] 彭勃.乡村治理:国家介入与体制选择[M].北京:中国社会出版社,2002.

[29] 彭真民.用脚步丈量茶陵县乡村振兴与基层治理探索[M].长沙:湖南师范大学出版社,2020.

[30] 彭震伟.乡村振兴战略下的小城镇[M].上海:同济大学出版社,2019.

[31] 权丽华. 国家治理能力现代化背景下的乡村治理研究 [M]. 北京：光明日报出版社, 2016.

[32] 冉勇. 基于乡村振兴战略背景下的乡村治理研究 [M]. 吉林人民出版社, 2021.

[33] 师慧, 季中扬. 决胜小康 探索乡村振兴之路·鲁家村卷 [M]. 北京：北京美术摄影出版社, 2020.

[34] 王华斌. 乡村治理实务及案例分析 [M]. 合肥：安徽科学技术出版社, 2022.

[35] 王玲, 车生泉. 保加利亚乡村振兴研究 [M]. 上海：上海交通大学出版社, 2019.

[36] 王美玲, 李晓妍, 刘丽楠. 乡村振兴探索与实践 [M]. 银川：宁夏人民出版社, 2020.

[37] 王少伯. 新时代乡村治理现代化研究 [M]. 北京：知识产权出版社, 2021.

[38] 王遂敏. 新时期乡村振兴与乡村治理研究 [M]. 北京：中国书籍出版社, 2019.

[39] 王文祥. 新农村干部工作实务 [M]. 北京：中国农业出版社, 2007.

[40] 王雄. 乡村振兴陕西实践 [M]. 西安：西北大学出版社, 2021.

[41] 王振海, 王义, 等. 农村社区制度化治理 [M]. 北京：中国海洋大学出版社, 2005.

[42] 温铁军, 周谊, 卢祥之. 农村基层干部政策指南 [M]. 长沙：湖南科学技术出版社, 2007.

[43] 许维勤. 乡村治理与乡村振兴 [M]. 厦门：鹭江出版社, 2020.

[44] 杨嵘均. 乡村治理结构调适与转型 [M]. 南京：南京师范大学出版社, 2014.

[45] 姚兆余. 乡村社会事业管理知识 [M]. 北京：中国农业出版社, 2006.

[46] 印子. 乡村治理能力建设研究 [M]. 西安：陕西人民出版社, 2021.

[47] 游祖勇. 中国乡村振兴中的经典样板和传奇故事 [M]. 福州：福建教育出版社, 2021.

[48] 袁建伟. 乡村振兴战略下的产业发展与机制创新研究 [M]. 杭

州：浙江工商大学出版社，2020.

[49] 张锋. 乡村振兴视域下农村社区协商治理研究[M]. 武汉：武汉大学出版社，2021.

[50] 张晓山. 乡村振兴战略[M]. 广州：广东经济出版社，2020.

[51] 张孝德. 大国之本乡村振兴大战略解读[M]. 北京：人民东方出版传媒有限公司，2021.

[52] 赵斌，俞梅芳. 江浙地区艺术介入乡村振兴路径选择与对策研究[M]. 北京：中国纺织出版社，2021.

[53] 赵先超，周跃云. 乡村治理与乡村建设[M]. 北京：中国建材工业出版社，2019.

[54] 郑黎芳. 和谐社会与新农村建设[M]. 上海：上海大学出版社，2007.

[55] 郑长德. 减贫与发展（2019）：2020年后的乡村振兴与贫困治理[M]. 北京：中国经济出版社，2019.

[56] 中国（海南）改革发展研究院编. 中国新农村建设乡村治理与乡政府改革[M]. 北京：中国经济出版社，2006.

[57] 中国农网. 我们的美丽家园. 中国乡村振兴故事生态宜居篇[M]. 合肥：黄山书社，2022.

[58] 中国农网. 我们的美丽家园. 中国乡村振兴故事治理有效篇[M]. 合肥：黄山书社，2022.

[59] 晋文，周雨风. "三治融合"视角下重庆市乡村治理困境及发展路径研究[J]. 农业经济，2022（12）：61-62.

[60] 王艳龙，李广. 我国乡村治理路径研究现状、热点主题与发展脉系——基于CiteSpace知识图谱可视化分析[J]. 行政与法，2022(07)：17-28.

[61] 嵇淋. 乡村治权与土地产权互动下乡村空间内生治理路径研究[D]. 苏州科技大学，2022.

[62] 翁巧倩（EngChiaoChian）. 马来西亚乡村治理的现状、问题及优化路径[D]. 西北大学，2022.

[63] 文丰安. 数字乡村建设：重要性、实践困境与治理路径[J]. 贵州社会科学，2022（04）：147-153.

[64] 张志慧. 基于人居环境质量评价的洋县空心村治理及规划策略研究[D]. 长安大学，2022.

[65] 吴欣玥.全域土地综合整治背景下的乡村"三生空间"治理路径——以山水乡旅乡村振兴示范走廊为例[J].四川环境,2022,41(01):200-208.

[66] 石欣欣.乡村人居建设内生动力的制度逻辑[D].重庆大学,2021.

[67] 沈费伟.数字乡村韧性治理的建构逻辑与创新路径[J].求实,2021(05):72-84,111.

[68] 吴梦鸰.乡村振兴战略背景下乡贤参与温州乡村治理路径研究[D].华东政法大学,2021.

[69] 周书刚.浅析乡村振兴进程中的困境与治理路径[J].就业与保障,2020(11):179-180.

[70] 张瑜茜.基于行动者网络理论的乡村治理研究[D].长安大学,2020.

[71] 刘菁华.乡村振兴战略背景下乡村治理路径[J].乡村科技,2020(13):25-27.

[72] 梁庆宇.吉林省乡村治理现代化发展路径研究[D].吉林财经大学,2020.

[73] 邵珂硕,范衬衬.农村人力资源开发助推乡村振兴:实践困境与治理路径[J].中国成人教育,2020(01):90-93.

[74] 黄兴.岳池县农村空心化治理路径研究[D].四川农业大学,2019.

[75] 涂丽.村庄组织对乡村治理的影响研究[D].中南财经政法大学,2019.

[76] 詹国辉.社会质量框架下乡村治理研究[D].南京农业大学,2018.

[77] 马璐.我国乡村治理路径比较研究[D].湖北大学,2018.

[78] 姚华松,黄耿志,冯善富,等.文化认同和参与能力视角下的乡村治理路径探索——基于鄂东某村落春节期间的乡村治理实践[J].热带地理,2018,38(03):405-412.